Die Haftung des GmbH-Gesellschafters aus existenzvernichtendem Eingriff

Europäische Hochschulschriften
Publications Universitaires Européennes
European University Studies

Reihe II
Rechtswissenschaft

Série II Series II
Droit
Law

Bd./Vol. 4421

PETER LANG
Frankfurt am Main · Berlin · Bern · Bruxelles · New York · Oxford · Wien

Ahmad Khonsari

Die Haftung des GmbH-Gesellschafters aus existenzvernichtendem Eingriff

PETER LANG
Europäischer Verlag der Wissenschaften

Bibliografische Information der Deutschen Nationalbibliothek
Die Deutsche Nationalbibliothek verzeichnet diese Publikation in der Deutschen Nationalbibliografie; detaillierte bibliografische Daten sind im Internet über <http://www.d-nb.de> abrufbar.

Zugl.: Berlin, Humboldt-Univ., Diss., 2006

D 83
ISSN 0531-7312
ISBN 3-631-55371-4

www.peterlang.de

Meinen Eltern

Vorwort

Die vorliegende Arbeit wurde vom Fachbereich Rechtswissenschaften der Humboldt-Universität zu Berlin als Dissertation angenommen. Meinem Doktorvater, Herrn Prof. Dr. Eberhard Schwark, danke ich für das entgegen gebrachte Vertrauen und die Bereitschaft zur Betreuung. Frau Prof.'in Dr. Christine Windbichler danke ich für die zügige Zweitkorrektur.

Mein unendlicher Dank gilt meinen Eltern, die mich in jeder Phase meines Lebens bedingungslos und aufopferungsvoll unterstützt haben. Ihnen ist dieses Buch gewidmet.

Die Arbeit befand sich in der Promotionsfassung auf dem Stand Juli 2004. Rechtsprechung und Literatur wurden vor Drucklegung bis Dezember 2005 berücksichtigt.

Hamburg, im März 2006 Ahmad Khonsari

Inhaltsverzeichnis

Kapitel 1: Einführung

Die vorliegende Arbeit befasst sich mit der von der jüngsten Rechtsprechung[1] begründeten neuen Fallgruppe der Durchgriffshaftung des GmbH-Gesellschafters, die mittlerweile als „Haftung aus existenzvernichtendem Eingriff" bezeichnet wird. Verlangt wird zum Schutze der Gläubiger eine „angemessene" Rücksichtnahme auf die Fähigkeit der GmbH, ihren Verbindlichkeiten nachzukommen[2]. Eine persönliche Haftung der Gesellschafter wird ausgelöst, wenn sie unter Außerachtlassung dieser Rücksichtnahme in das Gesellschaftsvermögen eingreifen und infolge dessen die Insolvenz der GmbH herbeiführen und einen Ausfallschaden der Gläubiger verursachen. Der *BGH* stützt seine Rechtsprechung darauf, dass das Gesellschaftsvermögen zweckgebunden sei und vorrangig der Befriedigung der Gläubiger diene[3]. Die GmbH habe zwar keinen Anspruch gegen ihre Gesellschafter auf Gewährleistung ihres Bestandes[4]. Prinzipiell könnten sie die Existenz der Gesellschaft jederzeit beenden[5]. Die Auflösung habe jedoch in einem geordneten Verfahren zu erfolgen, in dem die Vermögenswerte der Gesellschaft zunächst zur Befriedigung ihrer Gläubiger zu verwenden seien[6]. Eine Berufung der Gesellschafter auf die Haftungsbeschränkung des § 13 Abs. 2 GmbHG scheide aus, wenn sie die gebotene Rücksichtnahme auf die Zweckbindung des Gesellschaftsvermögens außer Acht ließen und dadurch die Fähigkeit der Gesellschaft zur Erfüllung ihrer Verbindlichkeiten in einem ins Gewicht fallenden

1 *BGHZ* 149, 10 („*Bremer Vulkan*") = NJW 2001, S. 3622 = ZIP 2001, S. 1874; *BGHZ* 150, 61 = ZIP 2002, S. 848; *BGHZ* 151, 181 („*KBV*") = ZIP 2002, S. 1578 = NJW 2002, S. 3024; *BGH*, WM 2005, S. 176 = NJW-RR 2005, S. 335 = GmbHR 2005, S. 225; *BGH*, GmbHR 2005, S. 299 = ZIP 2005, S. 250.

2 Vgl. *BGHZ* 149, 10 („*Bremer Vulkan*") unter Leitsatz a); *BGHZ* 151, 181, 186 f. („*KBV*") unter Leitsatz a). Siehe bereits *BGH*, ZIP 1994, S. 1690, 1693 unter Verweis auf *BGHZ* 122, 123, 130 („*TBB*"); *Röhricht,* in: Festschrift aus Anlass des fünfzigjährigen Bestehens von Bundesgerichtshof, Bundesanwaltschaft und Rechtsanwaltschaft beim Bundesgerichtshof, S. 83, 111.

3 *BGHZ* 151, 181, 186 f. („*KBV*").

4 *BGHZ*, aaO., 186.

5 *BGHZ*, aaO.

6 *BGHZ*, aaO.

Ausmaß beeinträchtigten[7]. Es liege darin ein „Missbrauch“ der Rechtsform der GmbH, der zum Verlust des Haftungsprivilegs führen müsse[8].

Die neue Haftung betrifft gläubigerschädigende Gesellschaftermaßnahmen, die von den gesetzlichen Kapitalerhaltungsvorschriften nicht ausreichend erfasst werden. Hierzu zählen beispielsweise: Abzug von zur Betriebsfortführung und Gewinnerzielung erforderlichen Ressourcen, deren materieller Wert sich in der Bilanz nicht oder nicht ausreichend widerspiegelt; Entzug von Liquidität, die für die Erfüllung noch nicht fälliger Verbindlichkeiten notwendig ist; Eingehen von Geschäften, die ein Missverhältnis von Gewinnchance und Verlustrisiko aufweisen; Übertragen der Rolle des Kostenträgers auf die Gesellschaft; Verzicht auf Gewinnchancen zu Gunsten anderer Personen als der GmbH. Letztendlich lässt sich der wesentliche Kern der neuen Rechtsprechung auf den Gedanken zurückführen, dass die Haftungsbeschränkung im GmbHG zwar den Gesellschaftern die Möglichkeit geben soll, die Risiken ihrer Geschäftstätigkeit überschaubar zu halten und den Zugriff der Gläubiger auf das Gesellschaftsvermögen zu begrenzen. Andererseits soll sie jedoch keine einseitige Risikoverlagerung auf Kosten der Gläubiger zulassen.

Die vom *BGH* verfolgte Durchgriffslösung, mit der sich die Arbeit auseinandersetzt, stellt eine wesentliche Entwicklung in der gesellschaftsrechtlichen Durchgriffsdiskussion dar. Im umgekehrten Verhältnis zu ihrer wissenschaftlichen Behandlung spielte sie bisher in der Praxis eine sehr untergeordnete Rolle[9]. Die Durchgriffshaftung wird teilweise als viel zu undifferenziert und unbestimmt bezeichnet[10]. Sie sei auf dem Stand der Dogmatik, den die Rechtswissenschaft bereits Mitte des vergangenen Jahrhunderts erreicht habe[11]. Um so mehr ist zu untersuchen, ob das vom *BGH* gewählte dogmatische Konzept der Existenzvernichtungshaftung die Problematik adäquat erfasst oder nicht andere Konzepte vorzugswürdig sind[12]. Weiter ist zu klären, unter welchen Voraussetzungen konkret das Existenzschutzgebot in der GmbH verletzt ist und welche Eingriffe zu einer Haftung führen. Wenn der *BGH* für die Haftung eine außer Acht gelassene „angemessene“ Rücksichtnahme auf die Erhaltung der Fähigkeit der Gesellschaft

---

7 *BGHZ*, aaO., 187.
8 *BGHZ*, aaO.
9 Vgl. Scholz-*Emmerich*, GmbHG, § 13, Rn. 88 ff.
10 *Altmeppen*, ZIP 2001, S. 1837, 1842.
11 *Altmeppen*, aaO.
12 Vgl. *Altmeppen*, aaO., 1841, nach dessen Ansicht die Herleitung einer vertieften dogmatischen Basis für die Haftung noch aussteht. So auch *Ulmer*, ZIP 2001, S. 2021, 2022; *Römermann/Schröder*, GmbHR 2001, S. 1015, 1018; Rowedder-*Koppensteiner*, GmbHG, § 43, Rn. 71 und dort Fn. 275.

zur Bedienung ihrer Verbindlichkeiten verlangt[13], so sind dies letztlich Leerformeln, die wenig Aufschluss über den genauen Inhalt der Pflichten des Gesellschafters geben. Haftet der Gesellschafter etwa schon dann, wenn er das Gesellschaftsvermögen fehlinvestiert? Umfang und Grenzen der Befugnisse von GmbH-Gesellschaftern und die Notwendigkeit eines über die gesetzlichen Kapitalerhaltungsregeln hinausgehenden Gläubigerschutzes sind daher näher zu untersuchen.

Die neue Haftung aus existenzvernichtendem Eingriff hat der Rechtsprechung zum „qualifizierten faktischen" GmbH-Konzern[14] ein Ende bereitet. Beim qualifizierten faktischen Konzern ging es um die Frage, ob und unter welchen Voraussetzungen in einer Unternehmensverbindung das herrschende Unternehmen eine Haftung gegenüber den Gläubigern der von ihm beherrschten GmbH trifft, wenn kein Beherrschungsvertrag abgeschlossen worden ist. Zugrundegelegt wurde dabei eine solch umfassende Unternehmensführung, dass die GmbH wirtschaftlich gesehen die Rolle einer bloßen Betriebsabteilung eines einheitlichen Unternehmens einnimmt[15]. Sie ist überwiegend auf die Interessen des herrschenden Unternehmens statt auf ihr „Eigeninteresse" ausgerichtet und wird dadurch nachhaltig, aber im einzelnen nicht mehr nachvollziehbar, beeinträchtigt[16]. Eine gesetzliche Regelung findet sich hierzu nicht. Lange Zeit wurden von der Rechtsprechung die Vorschriften der §§ 302, 303 AktG analog angewandt[17]. Auf dieser Grundlage wurde eine pauschale Verlustausgleichshaftung des herrschenden Unternehmens gegenüber der abhängigen GmbH bzw. im Falle der Insolvenz der abhängigen Gesellschaft eine Ausfallhaftung gegenüber den Gläubigern angenommen. Zur Begründung wurde die einem Vertragskonzern ähnliche Sachlage angeführt, in der die abhängige Gesellschaft durch Abschluss des Beherrschungsvertrages der Leitung des herrschenden Unternehmens derart unterworfen werde, dass an Stelle ihrer Belange die Interessen des Konzerns treten und sie benachteiligen

---

13 *BGH*, ZIP 2002, S. 1578 („*KBV*"); NJW 2001, S. 3622 („*Bremer Vulkan*").

14 Erstmalige Verwendung dieses Begriffs durch den *Arbeitskreis GmbH-Reform*, Thesen und Vorschläge zur GmbH-Reform, Band II, S. 50, daran anknüpfend *BGHZ* 95, 330 („*Autokran*") = ZIP 1985, S. 1263; *BGHZ* 107, 7 („*Tiefbau*") = ZIP 1989, S. 440; *BGHZ* 115, 187 („*Video*") = ZIP 1991, S. 1354; *BGHZ* 122, 123 („*TBB*") = ZIP 1993, S. 589.

15 Vgl. *BGH*, ZIP 1985, S. 1263, 1267 („*Autokran*").

16 Vgl. *BGH*, ZIP 1985, S. 1263, 1267 („*Autokran*"); *Arbeitskreis GmbH-Reform*, aaO., S. 59; *Schwark*, JuS 1987, S. 443, 448; *K. Schmidt*, Gesellschaftsrecht, § 39 III 3 a und c, S. 1225 und 1229 ff.

17 *BGH*, ZIP 1985, S. 1263, 1268 f. („*Autokran*"); *BGH*, ZIP 1989, S. 440, 442 ff. („*Tiefbau*"); *BGH*, ZIP 1991, S. 1354, 1356 ff. („*Video*"); *BGH*, ZIP 1993, S. 589, 591 ff. („*TBB*").

könnten[18]. Der *BGH* hat nach dieser fast zwei Jahrzehnte andauernden Rechtsprechung nunmehr die Analogie zu den konzernrechtlichen Vorschriften des Aktiengesetzes aufgegeben[19]. Der Gläubigerschutz im GmbH-Recht beschränke sich auf zwei Säulen, die Erhaltung ihres Stammkapitals gemäß §§ 30 f. GmbHG und die auf Rechtsfortbildung beruhende Haftung aus existenzvernichtendem Eingriff[20]. Statt einer speziell konzernrechtlichen Haftung verfolgt der BGH also nun ein die Kapitalerhaltungsvorschriften ergänzendes Gläubigerschutzkonzept, das auch in der selbständigen GmbH Geltung beansprucht. Der qualifizierte faktische Konzern wird daher analysiert, um die Gläubigerschutzproblematik in der sowohl unternehmensverbundenen als auch der selbständigen GmbH umfassend zu ermitteln. Aus der langjährigen Diskussion soll profitiert und die gewonnenen Erkenntnisse zur Präzisierung des neuen Haftungskonzepts eingesetzt werden. Weiterhin soll die Auseinandersetzung mit dem qualifizierten faktischen Konzern zur Lösung der Frage beitragen, ob die neue Haftung einen umfassenden Gläubigerschutz gewährleistet und das Bedürfnis nach einer besonderen konzernrechtlichen Haftung tatsächlich entfallen ist.

Die Arbeit untersucht also insgesamt dogmatische Grundlage, Voraussetzungen und Rechtsfolgen der von der Rechtsprechung etablierten Existenzvernichtungshaftung. Es erfolgt hierfür zunächst eine Analyse der von der früheren Rechtsprechung bzw. von Teilen der Literatur immer noch angenommenen Figur des qualifizierten faktischen GmbH-Konzerns und der Analogie zu den aktienrechtlichen Konzernvorschriften. Die so identifizierte Gläubigerschutzproblematik wird dann an den allgemeinen, konzernunabhängigen Regeln des GmbH-Rechts gemessen. Es wird der Frage nachgegangen, inwieweit die Gläubigerschutzdefizite bereits im allgemeinen GmbH-Recht angelegt sind und nicht bereits an dieser Stelle Raum besteht zur Rechtsfortbildung. Eine vertiefte Auseinandersetzung mit möglichen dogmatischen Anspruchsgrundlagen soll Aufschluss über die einzelnen Voraussetzungen und Rechtsfolgen der Haftung aus existenzvernichtendem Eingriff geben. Daran anschließend wird untersucht, ob es daneben noch zusätzlich einer konzernspezifischen Haftung bedarf. Im letzten Abschnitt werden schließlich die Auswirkungen der Existenzvernichtungshaftung auf andere Fallgruppen der Durchgriffshaftung sowie der Geschäftsführerhaftung und des europäischen Gesellschaftsrechts behandelt.

---

18 Grundlegend *BGH*, ZIP 1985, S. 1263, 1267 ff. („*Autokran*"). In *BGH*, ZIP 1989, S. 440 („*Tiefbau*") wurde die Verlustausgleichspflicht im Falle der mehrgliedrigen GmbH bejaht, in *BGH*, ZIP 1991, S. 1354 („*Video*") wurde die Verlustausgleichspflicht auf die Einpersonen-GmbH erweitert.

19 *BGH*, NJW 2001, S. 3622, 3623 („*Bremer Vulkan*"); *BGH*, ZIP 2002, S. 848, 850.

20 *BGH*, aaO.; *BGH*, ZIP 2002, S. 1578, 1580 („*KBV*").

Kapitel 2: Die zu bewältigende Gläubigerschutzproblematik im früheren „qualifizierten" faktischen GmbH-Konzern

Zunächst soll ermittelt werden, aus welchen Gläubigerschutzgesichtspunkten heraus die Haftung im früheren „qualifizierten" faktischen GmbH-Konzern begründet wurde. Die so gewonnenen Erkenntnisse sollen einen Beitrag zu der Fragestellung leisten, ob die an Stelle des qualifizierten faktischen GmbH-Konzerns getretene Haftung aus existenzvernichtendem Eingriff eine adäquate Lösung der Gläubigerschutzproblematik bietet. Aus der langjährigen Diskussion soll profitiert und die gewonnenen Erkenntnisse zur Präzisierung des neuen Haftungskonzepts eingesetzt werden.

A) Die Differenzierung zwischen faktischem und qualifiziertem faktischen Konzern

GmbH-Konzerne sind Unternehmensverbindungen i.S.d. rechtsformneutralen §§ 15 ff. AktG, an denen unter anderem auch Gesellschaften in der Rechtsform einer GmbH beteiligt sind[21]. Wenn auch begrifflich unpräzise, fallen also darunter nicht nur Unternehmensverbindungen, die unter einheitlicher Leitung i.S.v. § 18 AktG zusammengefasst sind, sondern auch reine Abhängigkeitskonstellationen gem. § 17 AktG[22]. Für Zwecke dieser Arbeit ist nur von der Konstellation auszugehen, in der die GmbH die Rolle der abhängigen Gesellschaft einnimmt. Während der Gesetzgeber bereits im Jahre 1965 konzernrechtliche Vorschriften für das Aktienrecht verabschiedete, blieb das GmbH-Konzernrecht gesetzlich ungeregelt. In den Mittelpunkt der Diskussion geriet in Folge dessen vor allem die Frage nach der Behandlung des „faktischen" GmbH-Konzerns, d.h. das ohne Abschluss eines Beherrschungsvertrages zwischen herrschendem Unternehmen und abhängiger GmbH bestehende Verbundenheitsverhältnis[23]. So forderte erstmalig

21 Scholz-*Emmerich*, GmbHG, Anhang Konzernrecht, Rn. 1.

22 Vgl. auch *Habersack*, in: Emmerich/Habersack, Konzernrecht, § 1 I 1, S. 1; speziell für die Figur des qualifizierten faktischen Konzerns: *Krieger*, in: Heidelberger Konzernrechtstage: Der qualifizierte faktische GmbH-Konzern, S. 41, 42; *Hommelhoff*, ZGR 1994, S. 395, 400.

23 Vgl. *Decher*, in: Münchener Handbuch des Gesellschaftsrechts, Band 3, § 67, Rn. 12; *Schwark*, JuS 1987, S. 443, 447.

der *Arbeitskreis GmbH-Reform*[24], eine Unterscheidung zwischen „einfachem" und „qualifiziertem" faktischen GmbH-Konzern zu treffen. Auch wenn erhebliche praktische Abgrenzungsschwierigkeiten bestanden[25], sollte unter dem „einfachen" faktischen GmbH-Konzern eine solche Unternehmensverbindung zu verstehen sein, in der das herrschende Unternehmen nur gelegentlich durch einzelne Weisungen Einfluss auf die abhängige GmbH nahm, die wirtschaftliche Selbständigkeit der Gesellschaft jedoch grundsätzlich gewahrt blieb. Der qualifizierte faktische GmbH-Konzern hingegen zeichnete sich im Kern durch eine umfassende, dauerhafte wirtschaftliche Angliederung der abhängigen Gesellschaft und ihre überwiegende Ausrichtung auf das Interesse des herrschenden Unternehmens aus[26]. Sie bedeutete den Verlust der Autonomie der GmbH. Die Rechtsprechung folgte der vorgeschlagenen Unterscheidung und nahm für den Fall des qualifizierten faktischen Konzerns analog den aktienrechtlichen Vertragskonzernvorschriften eine pauschale jährliche Verlustausgleichspflicht des herrschenden Unternehmens gegenüber der abhängigen Gesellschaft an[27]. Zusätzlich sollte eine direkte Ausfallhaftung gegenüber den Gläubigern der GmbH gelten, wenn die GmbH insolvent wurde[28].

---

24 Thesen und Vorschläge zur GmbH-Reform, Band II, S. 47 ff. Es handelte sich dabei um eine Gruppe namhafter Gesellschaftsrechtler, die sich nach Verabschiedung des aktienrechtlichen Konzernrechts im AktG von 1965 zusammenfand, um einen Gesetzesvorschlag für ein GmbH-Konzernrecht zu unterbreiten,

25 Bereits dem *Arbeitskreis GmbH-Reform* waren diese Schwierigkeiten bewusst, vgl. aaO., S. 53 und 67, sowie S. 59 f., wo der erste Versuch einer Abgrenzung beim Gesetzesvorschlag § 255 a Abs. 4 unternommen wurde. Auch die Rechtsprechung und konzernrechtliche Literatur erkannte diese Problematik sehr schnell, vgl. *BGH*, ZIP 1985, S. 1263, 1268 zu II 5b der Gründe („*Autokran*"); *Westermann*, Der GmbH-Konzern, S. 42; *Strohn*, Die Verfassung der Aktiengesellschaft im faktischen Konzern, S. 98 ff.; *Schneider*, BB 1981, S. 249, 259; *Kübler*, in: Festschrift Heinsius, S. 397, 423 f.; *Krieger*, in: Heidelberger Konzernrechtstage: Der qualifizierte faktische GmbH-Konzern, S. 41, 46 ff.; *Lehmann*, in: Festschrift Beusch, S. 479, 481 ff.; *Limmer*, Die Haftungsverfassung des faktischen GmbH-Konzerns, S. 303 ff.
Die Kontroverse, nach welchen Kriterien die Grenze zum „qualifizierten faktischen" Konzern zu ermitteln war, soll an dieser Stelle nicht weiter vertieft werden, weil hier nur entscheidend ist, *warum* eine solche Unterscheidung für erforderlich gehalten wurde, dazu sogleich.

26 *Arbeitskreis GmbH-Reform*, aaO., S. 50, 66; *Rehbinder*, AG 1986, S. 85, 89; *BGH*, ZIP 1985, S. 1263, 1268 („*Autokran*"); *BGH*, ZIP 1989, S. 440, 443 („*Tiefbau*"); *BGH*, ZIP 1991, S. 1354, 1356 („*Video*").

27 *BGH*, ZIP 1989, S. 440, 442 ff. („*Tiefbau*"); *BGH*, ZIP 1991, S. 1354, 1356 ff. („*Video*").

28 *BGH*, ZIP 1985, S. 1263, 1268 f. („*Autokran*").

B) Gründe für die Differenzierung

I. Die Unmöglichkeit des Einzelausgleichs aus tatsächlichen Gründen

Die Notwendigkeit der vorgenommenen Unterscheidung wurde mit dem Versagen des Einzelausgleichssystems, d.h. der Kapitalerhaltungsregeln des GmbHG und der Gläubigerschutzvorschriften des allgemeinen bürgerlichen Rechts begründet[29]. Die Einflussnahme des herrschenden Unternehmens erreiche eine solche Breite und Intensität, dass einzelne Weisungen und ihre Folgen nicht mehr isolierbar seien[30]. Die Feststellung einzelner Schäden, die auf punktuellen Einzeleingriffen beruhen, werde unmöglich[31]. Die Erfüllung der Voraussetzungen gesellschaftsrechtlicher oder allgemein bürgerlich-rechtlicher Anspruchsgrundlagen könne nicht mehr hinreichend dargelegt bzw. bewiesen werden[32]. Diese Annahme hat wiederum ihren Grund darin, dass sie sich – rein normativ – von der Schutzfunktion der §§ 311 ff. AktG leiten lässt[33]. Zwar ist bereits früh weitgehende Einigkeit darüber erzielt worden, dass die §§ 311 ff. AktG nicht entsprechend auf die GmbH anzuwenden sind[34]. Für die Aufstellung und Prüfung eines Abhängigkeitsberichts und der daran gemäß § 318 AktG anknüpfenden Ersatzpflicht ist nämlich in Folge der Weisungsgebundenheit des GmbH-Geschäftsführers und des Fehlens eines obligatorischen Aufsichtsrats als zur Prüfung des Berichts berufenen Organs im GmbH-Recht kein Raum[35]. Vielmehr ist den Gefahren der Abhängigkeit und der Einbindung in einen faktischen Konzern durch Rückgriff auf die mitgliedschaftliche Treuepflicht Rechnung zu tragen. Sie begründet die Verpflichtung der Mehrheit, auf die legitimen Interessen der Minder-

---

29 Rowedder-*Koppensteiner*, GmbHG, Anh. nach § 52, Rn. 20; Scholz-*Emmerich*, GmbHG, Anhang Konzernrecht, Rn. 107 f.; *BGHZ* 122, 123, 127 („*TBB*").

30 *BGHZ* 122, 123, 127 („*TBB*").

31 *BGH*, ZIP 1985, S. 1263, 1267 („*Autokran*"); *Emmerich*, WuB II C., § 13 Abs. 2 GmbHG, 1.86, S. 29, 31; *Schwark*, JuS 1987, S. 443, 448; *Lutter/Timm*, NJW 1982, S. 409, 412; *Vonnemann*, BB 1990, S. 217, 221; *Stimpel*, ZGR 1991, S. 144, 147; *Westermann*, ZIP 1993, S. 554, 555.

32 *BGHZ* 122, 123, 127 („*TBB*").

33 Vgl. bereits *Arbeitskreis GmbH-Reform*, aaO., S. 50, 53, 66 f., der das Bedürfnis für eine Sonderregelung im Falle des „qualifizierten faktischen" Konzerns mit den Schwierigkeiten eines Vor- und Nachteilsausgleichs, wie ihn die §§ 311 AktG, 247 RegE vorsehen, begründet. Siehe weiter *BGH*, ZIP 1985, S. 1263, 1267 f. („*Autokran*") mit Hinweis auf den Schutz der eigenen Existenz- und Entwicklungsfähigkeit der GmbH sowie auf die Vorschrift des § 317 Abs. 2 AktG. Vgl. auch *Emmerich*, GmbHR 1987, S. 213, 218; *Hoffmann-Becking*, in: Probleme des Konzernrechts, S. 68, 75; *Schießl*, AG 1985, S. 184, 185.

34 *Lutter/Hommelhoff*, in: Lutter/Hommelhoff, GmbHG, Anh § 13, Rn. 16.

35 *Hommelhoff*, Die Konzernleitungspflicht, S. 252 f.; *Emmerich*, AG 1987, S. 1, 4.

heit die gebotene Rücksicht zu nehmen[36]. Es scheidet daher eine nach dem Vorbild der §§ 311 ff. AktG zulässige schädigende Einflussnahme unter dem Vorbehalt des Nachteilsausgleichs aus. *Unternehmenspolitisch* gesehen besteht im Vergleich zur AG mithin ein umfassenderer Schutz, soweit es sich um eine Mehrpersonen-Gesellschaft handelt und die Minderheitsgesellschafter dissentieren[37].

Dennoch wird in bezug auf die Frage, wann die Einflussnahme des herrschenden Unternehmens auf die abhängige Gesellschaft schädigenden Charakter hat, d.h. was den *vermögensrechtlichen* Schutz betrifft, an die zu §§ 311, 317 AktG entwickelten Maßstäbe angeknüpft[38]. Diese Vorschriften gehen von der Vorstellung aus, dass die Obergesellschaft nur dadurch eingreift, dass sie *einzelne*, für die Tochter nachteilige Rechtsgeschäfte oder Maßnahmen veranlasst, die im engen zeitlichen Zusammenhang auch einzeln wieder ausgeglichen werden können[39]. Wird derart breit und intensiv in die Geschäftsführung der Tochtergesellschaft eingegriffen, dass man die von der Obergesellschaft veranlassten Geschäfte gar nicht mehr von solchen trennen kann, die die Geschäftsführer der Tochter aus eigenem Entschluss vorgenommen haben, dann versage das Ausgleichssystem[40]. Zur Veranschaulichung wird hierzu vielfach auf die Führung und Organisation der GmbH wie eine „bloße Betriebsabteilung" eines einheitlichen Unternehmens, in der alle zentralen Funktionen, wie etwa finanzielle Führung[41] und personelle Besetzung, von der Muttergesellschaft gesteuert werden, verwiesen[42]. Sinn und Zweck der Regelung ist es also, die Gesellschaft so zu stellen, wie sie stehen würde, wenn sie eigenverantwortlich von einem unabhängigen Unternehmen betrieben werden würde[43]. Maßgebend ist damit, ob der pflichtge-

---

36 *BGHZ* 65, 15, 18 („*ITT*"); Scholz-*Emmerich*, GmbHG, Anhang Konzernrecht, Rn. 68 ff.

37 Vgl. auch *Martens*, GmbHR 1984, S. 265, 268.

38 Vgl. *Eschenbruch*, Konzernhaftung, Tz. 3366 ff., S. 261 ff.; Scholz-*Emmerich*, GmbHG, Anhang Konzernrecht, Rn. 73; *Ulmer*, in: Hachenburg, GmbHG, Anh § 77, Rn. 130; *Lutter*, DB 1994, S. 129, 130.

39 *Hoffmann-Becking*, in: Probleme des Konzernrechts, S. 68, 75; *Hommelhoff*, Die Konzernleitungspflicht, S. 132 ff.; *Kropff*, ZGR 1984, S. 112, 117; *ders.*, in: Festschrift Goerdeler, S. 259, 264 f.

40 *Hoffmann-Becking*, aaO., 76.

41 Siehe *BGH*, ZIP 1989, S. 440 unter Leitsatz 2 („*Tiefbau*"): „ [...] Anspruch auf Verlustausgleich, wenn dieses die Geschäfte der GmbH im finanziellen Bereich dauernd und umfassend geführt hat [...]".

42 Vgl. *Schwark*, JuS 1987, S. 443, 448; *Lutter*, AG 1990, S. 179, 182. Siehe für den insoweit vergleichbaren Fall einer abhängigen Personengesellschaft: *BGH*, AG 1980, S. 47, 49 („*Gervais-Danone*").

43 *Mestmäcker*, in: Festgabe für Kronstein, S. 129, 146. Vgl. auch *Martens*, DB 1970, S. 865, 866 f.; *Limmer*, Die Haftungsverfassung des faktischen GmbH-Konzerns, S. 27.

mäß und gewissenhaft handelnde Geschäftsführer einer selbständigen Gesellschaft, der sich allein an den Interessen der Gesellschaft und ihrer Gesellschafter orientiert, die fragliche Maßnahme gleichfalls vorgenommen hätte[44].

Bei Geltung eines solchen Maßstabs stellt sich jedoch zunächst das Problem der zuverlässigen Beurteilung, wann ein Eingriff nachteilig ist. Meist ist die Varianz der in Betracht kommenden Handlungsalternativen zu groß und der unternehmerische Ermessensspielraum zu breit, als dass eine einigermaßen sichere Aussage über ein konkretes Verhalten eines hypothetisch unabhängigen Unternehmens gemacht werden könnte[45]. Dies hat *Hoffmann-Becking*[46] anhand zweier Beispiele aus der Praxis, die die unternehmenspolitische Ausrichtung der Tochter zum Gegenstand hatten, zu veranschaulichen versucht. So können etwa die Aufgabe einzelner Produktionslinien der Tochter und die Übernahme anderer Geschäftsbereiche im Sinne einer vernünftigen Arbeitsteilung im Konzern liegen und sich daraus Chancen ergeben. Die Maßnahmen können aber auch letztlich fehl schlagen. Soweit man die Extremfälle ausnimmt, die eine solch weitgehende Integration der Tochter in den Konzernverbund zum Gegenstand haben, dass die abhängige Gesellschaft bei Auflösung der Konzernverflechtung nicht mehr selbständig lebensfähig wäre, lässt sich daher der Ausgang strukturverändernder Maßnahmen schwerlich sachgemäß erfassen.

Zu dieser grundsätzlichen Schwierigkeit, die Nachteilhaftigkeit festzustellen, kommt das Problem, den Nachteil korrekt quantifizieren zu müssen, hinzu. Der verursachte Schaden ergebe sich nur durch einen Vergleich der jetzigen Situation der Gesellschaft mit der hypothetischen Situation ihrer Selbständigkeit. Eine Bewertung dieser hypothetischen Situation ist aber im Falle umfassender Einflussnahme nicht durchführbar, da das abhängige Unternehmen dann völlig auf das Konzerninteresse ausgerichtet ist, und keinerlei Kriterien bestehen, die Situation

---

44 Vgl. auch *BGH*, ZIP 1985, S. 1263, 1267 unter 5 a) und 1268 („*Autokran*“); NJW 1999, S. 1706, 1708. Etwas anderes ergibt sich nicht aus den Urteilen *BGH*, ZIP 1989, S. 440, 443 f. („*Tiefbau*“) und ZIP 1991, S. 1354, 1356 ff. („*Video*“), nach denen es für die Verlustübernahmepflicht bzw. die Widerlegung der Vermutung, dass auf die Belange der abhängigen GmbH keine ausreichende Rücksicht genommen worden sei, nicht darauf ankam, ob das herrschende Unternehmen die Geschäfte der abhängigen GmbH pflichtgemäß wie der Geschäftsführer einer selbständigen Gesellschaft geführt habe. Dies betraf nämlich die Frage, nach welchen Kriterien letztendlich die Haftung zu konzipieren war, d.h. z.B. ob eine Verhaltens- oder Zustandshaftung anzunehmen war, nicht jedoch – was hier erörtert wird – die Frage, *warum* eine Abgrenzung zwischen „einfachen“ und „qualifizierten“ faktischen Konzern bzw. eine besondere Haftung im letzteren Falle für erforderlich gehalten wurde, ähnlich *Kropff*, in: Festschrift Goerdeler, S. 259, 265; ferner *Krieger*, ZGR 1994, S. 375, 379 f.

45 *Emmerich*, GmbHR 1987, S. 213, 218.

46 In: Probleme des Konzernrechts, S. 68, 79.

der abhängigen Gesellschaft bei Unabhängigkeit zu beurteilen[47]. Sie ist nur noch im Konzernverbund marktfähig. Damit ist ein Zustand erreicht, der eine getrennte Ertragsberechnung von herrschender und abhängiger Gesellschaft verhindert. Zwar hat sich im Laufe der Zeit die Auffassung durchgesetzt, dass nicht nur bei umfassender Einflussnahme, sondern in Ausnahmefällen auch isolierbare, besonders schwerwiegende und weitreichende Eingriffe in die Struktur der Gesellschaft, deren Auswirkungen sich nicht mehr quantifizieren lassen, zur Anwendung der Regeln über den qualifizierten faktischen Konzern führen können[48]. Beispiel hierfür ist die Aufgabe wesentlicher Produktionslinien[49]. Aber auch insoweit ist der Einzelausgleich unmöglich, weil zur Ermittlung des Schadens der pflichtgemäß und gewissenhaft handelnde Geschäftsführer einer hypothetisch selbständigen Gesellschaft als Maßstab genommen wird.

Es bleibt also festzuhalten, dass die faktische Unmöglichkeit des Einzelausgleichs die entscheidende Voraussetzung für die Entwicklung des qualifizierten faktischen Konzerns gewesen ist. Sie rührt aus der Maßgabe her, die Autonomie der GmbH in vermögensrechtlicher Hinsicht ähnlich wie im Aktienrecht zu schützen. Es wird sogar ein größerer Schutz für erforderlich gehalten als bei der Aktiengesellschaft, da das GmbH-Recht kein autonomes Leitungsorgan wie das des Vorstands gem. § 76 AktG kennt und daher weniger imstande ist, ein wirtschaftliches Eigenleben zu entfalten und ein selbständiges „Widerlager“ zu bilden[50].

II. Die Unmöglichkeit des Einzelausgleichs aus rechtlichen Gründen

Eine genauere Analyse der Rechtsprechung[51] zum qualifizierten faktischen GmbH-Konzern lässt jedoch erkennen, dass die faktischen Schwierigkeiten der Ermittlung von Eingriff und Schaden nicht der einzige Grund für die Bildung der Rechtsfigur waren[52]. Deutlich wird dies an den drei Kernentscheidungen „*Autokran*“ (I.), „*Tiefbau*“ (II.) und „*TBB*“ (III.).

---

47 *Mestmäcker*, Verwaltung, Konzerngewalt und Rechte der Aktionäre, S. 305 ff.; *ders.*, in: Festgabe für Kronstein, S. 129, 147; *Martens*, DB 1970, S. 865, 866 f.

48 Scholz-*Emmerich*, GmbHG, Anhang Konzernrecht, Rn. 109; *Hommelhoff*, in: Heidelberger Konzernrechtstage: Der qualifizierte faktische GmbH-Konzern, S. 248 f.; *Ulmer*, in: Hachenburg, GmbHG, Anh § 77, Rn. 137.

49 *Ulmer*, aaO.

50 Vgl. *Arbeitskreis GmbH-Reform*, aaO., S. 50 f.

51 Die zentralen Entscheidungen sind *BGH*, ZIP 1985, S. 1263 („*Autokran*“); ZIP 1989, S. 440 („*Tiefbau*“); ZIP 1991, S. 1354 („*Video*“); ZIP 1993, S. 589 („*TBB*“).

52 Dies wird etwa nicht berücksichtigt von *Lutter*, DB 1994, S. 129, 130; *Lutter/Hommelhoff*, GmbHG, Anh § 13, Rn. 31; *Burgard*, WM 1993, S. 925, 927 f.,

1. Autokran

In der grundlegenden *Autokran*-Entscheidung[53] leitete der *BGH* die GmbH-Konzernhaftung analog den aktienrechtlichen Vertragskonzernvorschriften mit der Feststellung ein, dass das herrschende Unternehmen die Geschäftsführungsaufgaben für alle Gesellschaften nahezu lückenlos zentralisiert und ihre Betriebsmittel nach Maßgabe des jeweiligen Konzernbedarfs ohne Rücksicht auf ihre vermögensmäßige Zuordnung zum Vermögen der jeweiligen Gesellschaften eingesetzt habe. Die einzelnen Gesellschaften glichen „bloßen Betriebsabteilungen" eines einheitlichen Unternehmens[54].

Eine tatsächliche Unmöglichkeit der Ermittlung von einzelnen Eingriffen und ihren konkreten Folgen konnte damit jedoch nicht gemeint sein[55]. Das Gericht hatte nämlich zuvor ausgeführt, dass eine Verschleierung der Abgrenzung zwischen Gesellschafts- und Privatvermögen durch undurchsichtige Buchführung oder auf andere Weise nicht festzustellen sei[56]. Die Kapitalerhaltungsvorschriften gemäß §§ 30, 31 GmbHG waren also nicht auf tatsächliche Weise außer Kraft gesetzt. Weiterhin räumte der *BGH* offen ein, dass der Sachverhalt eine Reihe von Behauptungen enthalte, mit denen jeweils eine bezifferbare Schmälerung des Vermögens der abhängigen Gesellschaften durch bestimmte nachteilige „Einzeleingriffe" des Beklagten dargelegt worden sei[57]. Als solche klägerische Behauptungen sind etwa zu nennen[58]:

- Abschluss eines Factoring-Vertrages, durch den alle Forderungen der abhängigen Gesellschaft gegen ihre Geschäftspartner an das herrschende Unternehmen abgetreten wurden. Es war dabei eine Factoring-Vergütung vereinbart worden, die exakt der erzielbaren kalkulatorischen Gewinnspanne der

930; *Kleindiek*, GmbHR 1992, S. 574, 575 f.; *Ulmer*, in: Hachenburg, GmbHG, Anh § 77, Rn. 140 f.; *Zöllner*, in: Baumbach/Hueck, GmbHG, GmbH-KonzernR, Rn. 88 ff. Die von ihnen für möglich gehaltene Konzernhaftung im Falle von isolierbaren Einzelmaßnahmen, wie z.B. bei Umstrukturierung, ändert daran nichts, da auch insoweit die Kompensationsfähigkeit aus tatsächlichen Gründen, nämlich wegen nicht quantifizierbarer Nachteile, scheitert, vgl. dazu auch *Westermann*, ZIP 1993, S. 554, 557.

53 *BGHZ* 95, 330 = ZIP 1985, S. 1263.

54 *BGH*, aaO., 1267.

55 Anders *Emmerich*, WuB II C., § 13 Abs. 2 GmbHG, 1.86, S. 29, 31, der sich von den Ausführungen des *BGH* zum qualifizierten faktischen Konzern leiten lässt, ohne zu prüfen, ob die Voraussetzung der tatsächlichen Unmöglichkeit des Einzelausgleichs im konkreten Fall auch wirklich erfüllt war.

56 *BGH*, aaO., 1264.

57 *BGH*, aaO., 1266.

58 Vgl. *BGH*, aaO., 1266.

abhängigen Gesellschaft entsprach, so dass für diese nichts mehr übrig blieb. Auch die als Gegenleistung vertraglich vereinbarte Bezahlung von Schulden der abhängigen Gesellschaft wie Löhne und Gehälter wurde vom herrschenden Unternehmen nicht vollständig erfüllt.

- Anweisung an die abhängige Gesellschaft, ihre Kräne nicht zu warten bzw. zu reparieren, so dass diese verschlissen, unbrauchbar oder schrottreif wurden. Das herrschende Unternehmen wollte auf diese Weise im eigenen Interesse Kosten einsparen, da diese nach den Vereinbarungen im Innenverhältnis von ihm zu tragen waren.
- Anweisung an die abhängige Gesellschaft, die Rechnung für den Ausbau des landgutähnlichen Privatbesitzes des herrschenden Unternehmers in Höhe von DM 500.000,00 bis DM 800.000,00 zu zahlen.

Es handelte sich also um „typische“, konkrete Eingriffe des herrschenden Gesellschafters. Sie wurden nicht durch eine Gegenleistung kompensiert und wirkten sich zu einem bezifferbaren Nachteil für die abhängige Gesellschaft aus. Der *BGH* erwog auf dieser Grundlage daher auch Schadensersatzansprüche wegen Verletzung der gesellschafterlichen Treuepflicht[59]. Da es sich jedoch um eine Einpersonen-GmbH handelte, zweifelte er daran, ob eine Pflicht des herrschenden Unternehmens, für das Vermögen der „eigenen“ abhängigen GmbH nachteilige Maßnahmen zu unterlassen, begründet werden konnte[60]. Letztlich ließ er diese Frage offen und bejahte statt dessen eine konzernrechtliche Haftung.

Folglich war Grund für die Annahme der konzernrechtlichen Haftung des herrschenden Unternehmens nicht die tatsächliche Schwierigkeit, einzelne Eingriffe zu ermitteln und den verursachten Nachteil zu quantifizieren. Insoweit gab es keine erheblichen Hindernisse bzw. war zumindest vom Kläger genügend dargelegt worden. Der *BGH* führt aus, dass der Parteivortrag einen Befund ergebe, der sich nicht in der Behauptung von Einzeleingriffen mit bezifferbarer Schmälerung des Vermögens der betroffenen GmbH erschöpfe. Zur Begründung trägt er vor, dass „zu Lasten einer eigenen Existenz- und Entwicklungsfähigkeit“ die Geschäftstätigkeit der einzelnen GmbH bestimmten Konzerninteressen unterworfen und breitflächig auf dieses Interesse ausgerichtet worden sei[61]. Dieser Gesichtspunkt stellt auf die letztendlich verursachte Vermögenslosigkeit der GmbH ab. Aber insoweit ergibt sich ein konkreter Nachteil, nämlich der *Ausfallschaden* der Gläubiger. Die bezifferbaren Forderungen der Gläubiger wären erfüllt worden, wäre die Insolvenz der GmbH nicht herbeigeführt worden. Dem kann nicht entgegen gehalten werden, dass die Gründe für die verursachte Insolvenz nicht im

59 Vgl. *BGH*, aaO., 1266 f.
60 Vgl. *BGH*, aaO.
61 *BGH*, aaO., S. 1267 unter 5 a), linke Spalte.

einzelnen zu ermitteln seien. Denn im konkreten Fall waren Grund für den Verlust der Existenz- und Entwicklungsfähigkeit der GmbH gerade die vom Kläger behaupteten Einzeleingriffe[62]. Ihre Folge war also nicht nur der durch die einzelne Maßnahme verursachte bezifferbare (Einzel-) Nachteil, sondern darüber hinaus der (zumindest) durch ihre Gesamtheit verursachte Ausfallschaden der Gläubiger. Die Schwierigkeit lag dabei darin, dass dieser Schaden mit den Haftungsgrundlagen des GmbHG nicht erfasst werden konnte. Die Rechtsfolge eines Rückgewähranspruchs nach §§ 30, 31 GmbHG fing nicht den gesamten verursachten Ausfallschaden auf. Auch konnte kein Schadensersatzanspruch wegen Treuepflichtverletzung hergeleitet werden, da es sich um eine Einpersonen-GmbH handelte. Die analoge Anwendung der §§ 302, 303 AktG sollte diese „Lücke" ausfüllen.

2. Tiefbau

Ähnlich verhielt es sich in der *Tiefbau*-Entscheidung[63], in der die Voraussetzungen für einen Anspruch auf Verlustausgleich analog § 302 AktG angenommen wurden, obwohl die behaupteten Eingriffe des herrschenden Unternehmens durchaus isolierbar und ihre Folgen bezifferbar waren. Es handelte sich um folgende, die abhängige Gesellschaft schädigende, dem herrschenden Unternehmen zum Vorteil gereichende Maßnahmen[64]:

- Die abhängige GmbH erbrachte Werkleistungen gegenüber Dritten, ohne von diesen eine entsprechende Gegenleistung zu erhalten. Die Zahlung des Werklohns erfolgte vielmehr (mittelbar) an das herrschende Unternehmen, das der GmbH hierfür keine äquivalente Leistung zukommen ließ.
- Die abhängige GmbH zahlte (mittelbar) überhöhten Pachtzins an das herrschende Unternehmen.
- Die abhängige GmbH erwarb zum dreifachen tatsächlichen Wert einen Maschinen- und Fuhrpark von einem Schuldner des herrschenden Unternehmens, der sich in Zahlungsschwierigkeiten befand und letztendlich insolvent wurde.
- Die abhängige GmbH übernahm Verbindlichkeiten desselben Schuldners des herrschenden Unternehmens, indem diese „umgebucht" wurden als Darle-

---

62 Dies räumt auch der *BGH*, aaO., ein, wenn er ausführt: „Der Abschluss der Factoring-Verträge hat den Gesellschaften schon wegen der behaupteten Höhe der von ihnen zu zahlenden Provision, mindestens aber wegen der Handhabung durch die V. GmbH, darüber nicht abzurechnen und etwaige Überschüsse nicht abzuführen, die Möglichkeit genommen, aus eigenen Erträgnissen Liquidität zu bilden und damit aus eigener Kraft wirtschaftliche Selbständigkeit herzustellen oder zu erhalten."

63 *BGHZ* 107, 7 = *BGH*, ZIP 1989, S. 440 ff.

64 Vgl. *BGH*, ZIP 1989, S. 440.

hensverbindlichkeit der GmbH gegenüber dem herrschenden Unternehmen. Eine tatsächliche Tilgung fand allerdings nicht statt.

Der Kläger hatte aus diesen Maßnahmen einen Schaden von insgesamt DM 5 Mio. errechnet[65].

Die vom Gericht angestellte Prüfung eines Anspruchs gemäß §§ 30, 31 GmbHG kam zu dem Ergebnis, dass lediglich die beiden erstgenannten Maßnahmen einen Anspruch auf Rückzahlung nach den Kapitalerhaltungsvorschriften auslösten[66]. Bei den zwei zuletzt genannten Maßnahmen war dagegen zu beachten, dass das herrschende Unternehmen der GmbH die Mittel für die Ausgaben darlehensweise zur Verfügung gestellt hatte. Die „Auszahlung“ i.S.d. § 30 GmbHG erschöpfte sich daher in der Belastung der GmbH mit Verbindlichkeiten gegenüber dem herrschenden Unternehmen, so dass die „Rückgewährpflicht“ nur darin lag, die Erfüllung der Verbindlichkeiten nicht zu verlangen[67]. Ob in Anbetracht der Mehrgliedrigkeit der GmbH Schadensersatzansprüche wegen Verletzung der gesellschafterlichen Treuepflicht gegeben waren, wurde nicht untersucht, da sie nach Meinung des Gerichts zumindest keine weitere Haftung als die nach den Kapitalerhaltungsvorschriften begründen konnten[68]. Angesichts dieser Ergebnisse wurden im Anschluss daran die Voraussetzungen eines Anspruchs auf Verlustausgleich analog § 302 AktG für gegeben erachtet[69].

Vor diesem Hintergrund wird deutlich, dass der Grund für die Haftung analog §§ 302, 303 AktG nicht in einem Mangel an tatsächlichen Feststellungen lag[70]. Die einzelnen Voraussetzungen der in Betracht kommenden Anspruchsgrundlagen wie Eingriff und Schaden waren genügend dargelegt worden. Vielmehr sollte auch in dieser Entscheidung wiederum mit Hilfe der Konzernvorschriften die Haftung für einen Schaden, nämlich den *Ausfallschaden* der Gläubiger, ausgelöst

---

65 Vgl. *BGH*, aaO.

66 *BGH*, aaO., 441 f.

67 Zur verbotswidrigen Auszahlung in Form der Eingehung einer Verbindlichkeit gegenüber einem Gesellschafter vgl. auch *Lutter/Hommelhoff*, in: Lutter/Hommelhoff, GmbHG, § 30, Rn. 38. Die Verbindlichkeit ist zwar entstanden, aber gehemmt. Die Geschäftsführer können und müssen die Erfüllung verweigern, solange und soweit die Verbindlichkeit zu einer Unterbilanz führt oder diese vertieft.

68 *BGH*, aaO., 442.

69 *BGH*, aaO., 442 ff.

70 Entgegen *K. Schmidt*, ZIP 1989, S. 545, 546, 549 f., der behauptet, in *Tiefbau* habe – anders als in *Autokran* – eine solche Leitungsdichte bestanden, dass die Feststellung einzelner schädigender Maßnahmen nicht mehr möglich gewesen sei. Eine konkrete fallbezogene Begründung liefert er hierzu jedoch nicht, sondern verweist nur auf die von der Beklagten über Treuhänder ausgeübte Steuerung der GmbH bzw. gehaltenen Geschäftsanteile i.H.v. 96 %, jedenfalls aber 48 %, und die gleichzeitige Stellung der Treuhänder als Geschäftsführer, vgl. aaO., 549.

werden, der mit den Gläubigerschutzbestimmungen des GmbHG nicht zu erfassen war. Dies wird auch bestätigt durch den der Verlustübernahmevorschrift zugewiesenen Zweck, nämlich „die Außerkraftsetzung der Kapitalsicherungsvorschriften auszugleichen"[71]. Eine Außerkraftsetzung aus tatsächlichen Gründen lag nicht vor, so dass nur eine solche aus rechtlichen Gründen gemeint sein konnte. Deshalb prüfte der *BGH* auch ausführlich einen möglichen, über die Kapitalerhaltungsvorschriften hinausgehenden Anspruch aus § 826 BGB[72]. Er verwies auf die Behauptungen des Klägers, die Gesellschaft sei „hauptsächlich zur Übernahme und Ansammlung von Schulden" gegründet worden und von vornherein nicht lebensfähig gewesen. Auf dieser Grundlage käme eine Haftung für den gesamten den Gläubigern entstandenen Ausfallschaden gemäß § 826 BGB in Betracht[73]. Die Voraussetzungen eines deliktsrechtlichen Anspruchs wurden letztlich jedoch nicht angenommen, da unter anderem nicht feststand, inwieweit die Vermögenslosigkeit der GmbH auf die nachteiligen Eingriffe des herrschenden Unternehmens oder auf andere Ursachen, wie branchenspezifische Einbrüche, zurückzuführen war. Dieses Scheitern der Vorschrift am Fehlen hinreichenden Tatsachenvortrags darf nun aber nicht zum Anlass genommen werden, die *Tiefbau*-Entscheidung doch als Beispiel für solche im Konzern unübersichtlich gewordenen Verhältnisse zu statuieren, in denen die Haftungsnormen des Gesellschaftsrechts und des allgemeinen bürgerlichen Rechts faktisch versagen[74]. Im konkreten Fall war nämlich zu berücksichtigen, dass das Berufungsgericht sich mit diesen offenen Tatsachenfragen überhaupt nicht beschäftigt hatte. Die Parteien hatten daher nicht genügend Gelegenheit, hierzu entsprechend vorzutragen[75]. Der BGH wies die Sache zur Ergänzung des Parteivortrags und Aufklärung des Sachverhalts an das Berufungsgericht zurück. Viel entscheidender ist aber noch, dass der für den Anspruch aus § 826 BGB fehlende Tatsachenvortrag nicht Folge von *unübersichtlich* gewordenen, durch die Konzernierung verursachten Verhältnissen war. Ein solcher Zustand lag gerade nicht vor[76]. Es handelte sich vielmehr

---

71 *BGH*, aaO., 443.

72 *BGH*, aaO., 444 f.

73 *BGH*, aaO., 445. Zur Frage, ob neben § 826 BGB überhaupt noch Raum und Bedürfnis besteht für eine konzernrechtliche oder andere zusätzliche Haftung, die die Schutzlücken der Haftungsinstrumentarien des allgemeinen GmbH-Rechts ausfüllt, s. unten, Kapitel 3 B) III.

74 *BGHZ* 122, 123, 127 („*TBB*") betont, dass als Folge solcher Verhältnisse hinsichtlich der Haftungsnormen des allgemeinen bürgerlichen Rechts vor allem die deliktsrechtlichen Anspruchsgrundlagen außer Kraft gesetzt werden.

75 Vgl. *BGH*, aaO., 444, rechte Spalte vor IV., und 445 unter VI.

76 Vgl. die bereits oben aufgelisteten Einzeleingriffe sowie die Zitierung eines vom Kläger in Auftrag gegebenen Gutachtens in *BGH*, aaO., 444 f.: „dass die Gemeinschuldnerin wegen der enorm hohen Kostenbelastungen aus der Einzelfirma S. und

um „typische" Darlegungs- und Beweislastschwierigkeiten im Schadensersatzrecht, die keine Besonderheiten aufwiesen und mit Hilfe der üblichen prozessualen Instrumentarien durchaus zu bewältigen waren. So hätte etwa durch ein Sachverständigengutachten genauer festgestellt werden können, ob und inwieweit die schädigenden Einzeleingriffe oder die allgemein schlechte Auftragslage in der Branche für die Vermögenslosigkeit der Gesellschaft kausal geworden war[77].

3. TBB

Als letztes Beispiel für die Statuierung der Konzernhaftung infolge der Unmöglichkeit des Einzelausgleichs aus rechtlichen Gründen sei die *TBB*-Entscheidung[78] genannt. Das herrschende Unternehmen hatte für die insgesamt sieben von ihm geführten Unternehmen eine schriftliche Erklärung gegenüber der Landesbank abgegeben, mit der diese die gesamtschuldnerische Haftung für die gegenwärtigen und zukünftigen Verbindlichkeiten jedes einzelnen von ihnen gegenüber der Bank übernahmen[79]. Der *BGH* führte aus, dass hierbei die Möglichkeit bestünde, dass die betroffene abhängige GmbH von der Bank nicht nur für eigene Schulden, sondern auch für die Verbindlichkeiten anderer Unternehmen der Firmengruppe in Anspruch genommen worden sei[80]. Soweit durch korrekte Verbuchung die Belastungen vollständig erfasst worden seien, seien sie einem Einzelausgleich nach § 31 GmbHG zugänglich und die Rechtsfolgen der §§ 302, 303 AktG würden nicht ausgelöst[81]. Trotzdem sei jedoch zu berücksichtigen, dass eine Nachteilszufügung nicht nur insoweit vorliegen könne, als die abhängige Gesellschaft tatsächlich zur Erfüllung von Verbindlichkeiten eines Schwesterunternehmens herangezogen werde, sondern auch durch den Umfang des durch die Übernahmeerklärung begründeten Risikos der Inanspruchnahme[82]. Werde ein solches Risiko nicht durch eine entsprechende Rückstellung[83] in der Bilanz abge-

---

zu hoher Kosten im Gemeinkostenbereich insbesondere für Miete und Personalgemeinkosten [...] trotz guten Auftragsbestandes nicht überlebensfähig sei". Mit diesen Kosten waren die erwähnten Einzeleingriffe gemeint.

77 Vgl. insoweit auch das vom Kläger in Auftrag gegebene Gutachten, in der erste Ansätze für eine solche Feststellung zu erkennen waren, *BGH*, aaO., 444 f.

78 *BGHZ* 122, 123 = ZIP 1993, S. 589.

79 *BGH*, aaO., 592.

80 *BGH*, aaO.

81 *BGH*, aaO., 593.

82 *BGH*, aaO.

83 Bei drohender Inanspruchnahme sind Rückstellungen gem. § 249 Abs. 1, S. 1, Alt. 1 HGB zu bilden. Zwar ist gleichzeitig der sich im Innenverhältnis ergebende mögliche Rückgriffsanspruch zu aktivieren, jedoch ist dessen Wert im Falle zweifelhafter Bonität niedriger anzusetzen. Ergibt sich in Anbetracht dessen eine Verletzung des

sichert, dann führe der geschaffene Haftungsverbund zu einer unüberschaubaren Belastung des Unternehmensvermögens[84]. Diese könne durch einen Einzelausgleich nicht mehr kompensiert werden und rechtfertige im Interesse der abhängigen Gesellschaft eine Konzernhaftung[85].

Es ist nicht ersichtlich, aus welchen Gründen die fehlende Rückstellung zu einer „Unübersichtlichkeit"[86] der das Vermögen des Unternehmens berührenden Einwirkungen führen kann, wenn die späteren Belastungen mit den Verbindlichkeiten anderer Konzernunternehmen in den Büchern vollständig erfasst werden[87]. Insoweit geht es vielmehr um die Erfassung des Ausfallschadens der Gläubiger, der durch einfache Rückabwicklung von das Stammkapital verletzenden Auszahlungen nicht ausgeglichen wird. Eine Haftungsübernahme kann nämlich ab einer bestimmten Größenordnung, die gemessen an den Vermögensverhältnissen der abhängigen GmbH unverhältnismäßig erscheint, die Gefahr der Insolvenz der GmbH begründen, und zwar entweder durch Einschränkung ihrer wirtschaftlichen Handlungsfreiheit bzw. Kreditfähigkeit[88] oder – bei tatsächlicher Inanspruchnahme der Gesellschaft für die fremde Verbindlichkeit – infolge des möglicherweise wirtschaftlich nicht durchsetzbaren Regressanspruchs der GmbH gegen die anderen Konzernunternehmen.

Stammkapitals, so haben die Geschäftsführer bereits die schuldrechtliche Verpflichtung zur Übernahme der Haftung zu verweigern bzw. besteht gem. § 31 Abs. 1 GmbHG ein Anspruch der Gesellschaft gegen den Gesellschafter auf Befreiung von der Verbindlichkeit, vgl. dazu *Lutter/Hommelhoff*, in: Lutter/Hommelhoff, GmbHG, § 30, Rn. 30 ff.; *Mülbert*, ZGR 1995, S. 578, 586 ff. Siehe aber auch jüngst *BGH*, NZG 2004, S. 233, der die Darlehensgewährung der GmbH an ihren Gesellschafter selbst dann als Verletzung des Stammkapitals bewertet, wenn der Rückzahlungsanspruch vollwertig ist und es sich daher eigentlich um einen bloßen bilanzrechtlich neutralen Aktiventausch handelt.

84 *BGH*, aaO.

85 *BGH*, aaO.

86 *BGH*, aaO.

87 So auch *Hommelhoff*, ZGR 1994, S. 395, 406 f., 412; *Bruns*, WM 2001, S. 1497, 1504. Zumindest zweifelnd *Röhricht*, in: Festschrift aus Anlass des fünfzigjährigen Bestehens von Bundesgerichtshof, Bundesanwaltschaft und Rechtsanwaltschaft beim Bundesgerichtshof, S. 83, 113; *Kowalski*, GmbHR 1993, S. 253, 258. Anders wohl *Drygala*, GmbHR 2003, S. 729, 736.

88 Vgl. *Röhricht*, in: Festschrift aus Anlass des fünfzigjährigen Bestehens von Bundesgerichtshof, Bundesanwaltschaft und Rechtsanwaltschaft beim Bundesgerichtshof, S. 83, 113.

III. Zwischenergebnis

Zusammenfassend lässt sich festhalten, dass die Figur des „qualifizierten" faktischen Konzerns von zwei unterschiedlichen Gläubigerschutzgesichtspunkten herrührte: Zum einen ging es um die Fälle, in denen die Ermittlung von Eingriff und Schaden kaum möglich zu sein schien. Es handelte sich also um tatsächliche Schwierigkeiten der Darlegungs- und Beweislast der klagenden Gläubiger, denen durch Einräumung eines pauschalen Verlustausgleichsanspruchs bzw. einer Ausfallhaftung des herrschenden Unternehmens abgeholfen wurde. Zum anderen diente die Rechtsfigur dazu, solche Eingriffe zu sanktionieren, die von den herkömmlichen GmbH-rechtlichen Instrumentarien nicht erfasst wurden. Die Ursache hierfür lag wiederum darin, dass die Eingriffe bereits tatbestandlich keinen Verstoß gegen die Kapitalerhaltungsgrundsätze oder gesellschafterliche Treuepflicht darstellten, oder aber solche Schäden verursachten, die über die angeordnete Rechtsfolge der genannten Haftungsinstrumentarien hinausgingen.

C) §§ 302, 303 AktG als Haftungsgrundlage

Im Hinblick auf diese Gläubigerschutzgesichtspunkte wandte die Rechtsprechung[89] lange Zeit die aktienrechtlichen Vertragskonzernvorschriften analog an. Diese Analogie hat der *BGH* nunmehr aufgegeben, allerdings ohne nähere Begründung[90]. Nach neuer Rechtsprechung sei der Gläubigerschutz beschränkt auf die Kapitalerhaltungsvorschriften und die Gewährleistung des Bestandsschutzes in dem Sinne, dass der Gesellschafter angemessene Rücksicht zu nehmen habe auf die Fähigkeit der Gesellschaft, ihren Verbindlichkeiten nachzukommen[91]. Teile des Schrifttums befürworten dagegen weiterhin eine Analogie zu den aktienrechtlichen Vertragskonzernvorschriften[92].

---

89 *BGH*, ZIP 1985, S. 1263, 1268 f. („*Autokran*"); *BGH*, ZIP 1989, S. 440, 442 ff. („*Tiefbau*"); *BGH*, ZIP 1991, S. 1354, 1356 ff. („*Video*"); *BGH*, ZIP 1993, S. 589, 591 ff. („*TBB*").

90 Vgl. *BGH*, NJW 2001, S. 3622, 3623 („*Bremer Vulkan*"), wo es nur heißt, dass der Schutz einer abhängigen GmbH gegenüber Eingriffen ihres Alleingesellschafters nicht dem Haftungssystem der §§ 291 ff. AktG folge.

91 Vgl. *BGH*, NJW 2001, S. 3622, 3623 („*Bremer Vulkan*"); *BGH*, ZIP 2002, S. 848, 850; *BGH*, ZIP 2002, S. 1578, 1579 f. („*KBV*").

92 Vgl. insbesondere *K. Schmidt*, NJW 2001, S. 3577, 3580 f.; *ders*., Gesellschaftsrecht, § 39 III 3 und 4, S. 1224 ff.; *Bruns*, WM 2001, S. 1497, 1502 f., 1505, 1510 f.; *Cahn*, ZIP 2001, S. 2159, 2160; *Zöllner*, in: Baumbach/Hueck, GmbHG, GmbH-KonzernR, Rn. 86, 96 f.

Die Analogiefähigkeit der §§ 302 f. AktG hängt von der Formulierung des maßgeblichen Sachverhaltes sowie vom Normzweck ab[93].

I. Der maßgebliche Sachverhalt

Hinsichtlich des maßgeblichen Sachverhaltes, der vorliegen muss, damit die aktienrechtlichen Vorschriften analog angewandt werden können, stehen sich grundsätzlich zwei verschiedene Haftungskonzepte gegenüber: Die Verhaltenshaftung einerseits und die Zustandshaftung andererseits. Während die Verhaltenshaftung auf dem allgemeinen zivilrechtsdogmatischen Prinzip gründet, dass rechtswidrige und schadensstiftende Handlungen, die unter Verletzung einer Sonderrechtsverbindung begangen werden, den Verletzer zum Schadensersatz verpflichten[94], kommt es für die Zustandshaftung nicht auf Pflichtwidrigkeit, Vertretenmüssen oder verursachten Schaden an, sondern allein auf die qualifizierte Beherrschung als organisationsrechtlichen Zustand[95].

1. Verhaltenshaftung

Die Vertreter der Verhaltenshaftung[96] knüpfen die Verlustausgleichspflicht an die pflichtwidrige, für die GmbH nachteilige Ausübung der Konzernleitung. Nicht die Führung der Gesellschaft „wie eine Betriebsabteilung" sei der Haftungstatbestand, sondern erst der Verstoß gegen die Regeln ordnungsgemäßer Konzerngeschäftsführung[97]. Eine Einschränkung des Verhaltenshaftungskonzepts nehmen sie allerdings insoweit vor, als dass sie ein gewisses Strukturelement, nämlich die Unmöglichkeit des Einzelausgleichs aus tatsächlichen Gründen, voraussetzen[98]. Es ist daher auch von einer „mit Strukturelementen versehenen Verhaltenshaftung" die Rede[99]. Zwar sei nicht unbedingt eine dauernde und umfassende Leitung erforderlich. In Ausnahmefällen könnten auch einzelne, besonders schwerwiegende und weitreichende Eingriffe in die Struktur der Gesellschaft zu

93 Rowedder-*Koppensteiner*, GmbHG, Anh. nach § 52, Rn. 100.
94 Vgl. *Larenz*, Schuldrecht I, § 9 I, S. 106 ff.
95 Vgl. *K. Schmidt*, ZIP 1989, S. 545, 548.
96 *Schwark*, JuS 1987, S. 443, 449 f.; *Lutter*, ZIP 1985, S. 1425, 1433 f.; *ders.* AG 1990, S. 179, 182; *Stimpel*, AG 1986, S. 117, 121 f.; *Timm*, NJW 1987, S. 977, 982.
97 *Lutter*, ZIP 1985, S. 1425, 1433 f.; *Schwark*, JuS 1987, S. 443, 449 f.
98 Siehe *Zöllner*, in: Baumbach/Hueck, GmbHG, GmbH-KonzernR, Rn. 80; Scholz-*Emmerich*, GmbHG, Anhang Konzernrecht, Rn. 106 ff. Vgl. auch oben, Kapitel 2 B).
99 Vgl. *Habersack*, in: Emmerich/Habersack, Aktien- und GmbH-Konzernrecht, 3. Auflage, Anh. § 317, Rn. 9.

einer Unmöglichkeit des Einzelausgleichs aus tatsächlichen Gründen führen[100]. Dennoch müsse eine Gefährdungs*lage* geschaffen worden sein, die einen Einzelausgleich versage.

Ein noch weit eingeschränkteres Modell der Verhaltenshaftung[101] verfolgte zeitweise der *BGH*. Zwar lag auch für diesen das Tatbestandsmerkmal der Haftung in der nachhaltigen Beeinträchtigung des Eigeninteresses der GmbH durch überwiegende Ausrichtung der Geschäftsleitung der abhängigen Gesellschaft auf das Interesse des herrschenden Unternehmens[102]. Es sollte also ein bestimmtes Verhalten des herrschenden Unternehmens erfasst werden. Der organisationsrechtliche Zustand der dauernden und umfassenden Führung spielte aber bis vor der *TBB*-Entscheidung insofern eine Rolle, als es die tatsächliche widerlegbare Vermutung begründete, dass auf die eigenen Belange der abhängigen Gesellschaft keine Rücksicht genommen worden war[103]. Die Leitungsdichte stellte also nicht das Tatbestandsmerkmal selbst dar, sondern ein prozessuales Mittel zwecks Darlegung und Beweis des materiellen Tatbestandsmerkmals der Haftung. Rein *faktisch* wurde jedoch auf diese Weise eine Zustandshaftung ausgelöst[104], da ein Beweis des Gegenteils kaum möglich erschien[105]. Erst mit der *TBB*-Entscheidung wurde diese faktische Wirkung beseitigt. Die Vermutungsregel wurde aufgehoben und der *BGH* verlangte nunmehr, dass der Kläger Umstände darlegen und beweisen müsse, die eine Beeinträchtigung der eigenen Belange der GmbH zumindest nahe legen würden[106]. Trotz dieser Änderung der Darlegungs- und Beweislastregeln blieb aber die Haftung weiterhin von dem Strukturelement der Unmöglichkeit des Einzelausgleichs abhängig.

Des Weiteren wurde vom *BGH* das Konzept der Verhaltenshaftung dahin gehend modifiziert, dass er (zeitweise) keine Pflichtverletzung bzw. kein Verschulden voraussetzte. Während er noch im *Autokran*-Urteil[107] entschied, die tatsächliche Vermutung der nachhaltigen Beeinträchtigung könne ausgeräumt werden,

---

100 Vgl. dazu oben, Kapitel 2 B).

101 Vgl. Scholz-*Emmerich*, GmbHG, Anhang Konzernrecht, Rn. 95, sowie *Bitter*, Konzernrechtliche Durchgriffshaftung bei Personengesellschaften, § 14, S. 439, 444 f., 452, die von einer „modifizierten Verhaltenshaftung" sprechen.

102 Vgl. *BGH*, ZIP 1991, S. 1354, 1357 („*Video*").

103 Vgl. *BGH*, ZIP 1985, S. 1263, 1265 („*Autokran*"); ZIP 1991, S. 1354, 1357 („*Video*"). Siehe auch *Schwark*, JuS 1987, S. 443, 449; *Lutter*, ZIP 1985, S. 1425, 1433.

104 So auch *Lutter*, JZ 1993, S. 580.

105 Vgl. *Altmeppen*, DB 1991, S. 2225; *ders.*, Abschied vom „qualifiziert faktischen" Konzern, S. 54; *Decher*, in: Haftung im qualifizierten faktischen GmbH-Konzern – Verbleibende Relevanz nach dem TBB-Urteil?, S. 25 f.; *Kübler*, in: Festschrift Heinsius, S. 397, 411.

106 Vgl. *BGHZ* 122, 123, 131.

107 ZIP 1985, S. 1263, 1268.

wenn dargelegt werde, dass der pflichtgemäß handelnde Geschäftsführer einer selbständigen Gesellschaft nicht anders gehandelt hätte, nahm er in der vier Jahre später ergangenen *Tiefbau*-Entscheidung[108] davon Abstand, die Haftung von der pflichtgemäßen Ausführung der Geschäfte abhängig zu machen. Dies begründete der *BGH* damit, dass die Verlustübernahmepflicht zumindest auch dazu diene, die Außerkraftsetzung der Kapitalsicherungsvorschriften auszugleichen und Kapitalerhaltung nichts mit ordnungsmäßiger Geschäftsführung zu tun habe[109]. Allerdings sollte weiterhin Kausalität zwischen ausgeübter Leitungsmacht und eingetretenen Verlusten Voraussetzung sein[110]. Auch in der darauf folgenden *Video*-Entscheidung[111] führte der *BGH* aus, dass es sich nicht um eine Haftung wegen schuldhaft nicht ordnungsgemäßer Geschäftsführung handele. Vielmehr gehe es um die Pflicht zur „Übernahme des Risikos", das sich aus der Einbindung der abhängigen Gesellschaft in die übergeordneten Konzerninteressen ergebe[112]. In der *TBB*-Entscheidung[113] änderte er schließlich wiederum seinen Kurs und forderte eine Behandlung der abhängigen Gesellschaft in einer Weise, die einen „objektiven" Missbrauch der beherrschenden Gesellschafterstellung darstelle. Damit verknüpfte er auf zweifelhafte Weise das Erfordernis der pflichtwidrigen Konzernleitung mit rein objektiven Elementen.

2. Zustandshaftung

Entschiedener Vertreter eines Haftungskonzepts, nach der die Anwendung der aktienrechtlichen Vorschriften allein vom Zustand der qualifizierten Beherrschung abhängig sein soll, ist *K. Schmidt*[114]. Er gründet die Haftung nicht auf einen Tatbestand schlechter Konzernleitung, sondern auf einen solchen der extremen Organisations- und Vermögensvermischung, die eine Unkontrollierbarkeit der Maßnahmen der Obergesellschaft zur Folge habe[115]. Die Haftung sei unab-

108 ZIP 1989, S. 440, 443.

109 *BGH*, aaO.

110 Daher trifft auch nicht die Auffassung von *Timm*, WuB II A. § 302 AktG 1.89, S. 1292 f. und *Hirte*, WuB II C. § 13 GmbHG 1.92, S. 36, 37 zu, dass der BGH mit Verzicht auf das Verschuldenserfordernis das Konzept der Verhaltenshaftung durch das einer Zustandshaftung vollständig ersetzt hätte.

111 ZIP 1991, S. 1354, 1357.

112 *BGH*, aaO.

113 *BGHZ* 122, 123, 130.

114 NJW 2001, S. 3577, 3580 f.; ZIP 1991, S. 1325, 1327; ZIP 1989, S. 545, 548 ff.; Gesellschaftsrecht, § 39 III 3 und 4, S. 1224 ff. Für eine Zustandshaftung auch *Hommelhoff*, ZGR 1994, S. 395, 417 f.; *Assmann*, JZ 1986, S. 928, 934 ff.

115 Vgl. *K. Schmidt*, Gesellschaftsrecht, § 39 III 3, S. 1226, 1230 f.; *ders.*, NJW 2001, S. 3577, 3581; *ders.*, ZIP 1989, S. 545, 548 f.

hängig davon, ob rechtswidrige Maßnahmen stattfänden[116] und könne daher auch nicht durch den Nachweis fehlender Verursachung oder fehlender Pflichtwidrigkeit der Konzernführung abgewendet werden[117]. Er hält den Zustand der qualifizierten Beherrschung nur durch den Abschluss eines Beherrschungsvertrags für legitimierbar, so dass nach seiner Auffassung die Haftungsfolgen des Vertragskonzerns erst recht dann zur Anwendung gelangen müssten, wenn ein solcher Zustand ohne vertragliche Grundlage auf tatsächliche Weise hergestellt werde[118]. Was die schlechte, dauerhaft schädigende Leitung der Gesellschaft anbelange, so unterfalle diese dem Anwendungsbereich einer konzernunabhängigen, neben der Haftung analog §§ 302 f. AktG stehenden allgemeinen Verschuldenshaftung[119].

II. Normzweck

Der maßgebliche Sachverhalt, sei es hier in der Form des Verhaltens- oder des Zustandshaftungskonzepts, muss in *allen* für die rechtliche Bewertung maßgeblichen Hinsichten mit dem Sachverhalt übereinstimmen, der von der anzuwendenden Regelung erfasst wird[120]. Folglich ist zu prüfen, ob die Tatbestände des Aktienvertragskonzerns und des qualifizierten faktischen GmbH-Konzerns auf gleichen Wertungen beruhen. Sowohl die Vertreter der Verhaltens- wie auch der Zustandshaftung setzen dabei meist wie selbstverständlich voraus, dass die §§ 302, 303 AktG auf den GmbH-*Vertrags*konzern analog anwendbar sind[121]. Sie prüfen daher nicht zunächst die Vergleichbarkeit des Aktienvertragskonzerns mit dem GmbH-Vertragskonzern, sondern sogleich die Vergleichbarkeit der Tatbestände des Aktienvertragskonzerns und des qualifizierten faktischen GmbH-Kon-

116 *K. Schmidt*, ZIP 1989, S. 545, 549.

117 *K. Schmidt*, ZIP 1991, S. 1325, 1329.

118 *K. Schmidt*, Gesellschaftsrecht, § 39 III 3, S. 1226 f.; *ders.*, ZIP 1989, S. 545, 550.

119 *K. Schmidt*, Gesellschaftsrecht, § 39 III 3 und 4, S. 1224, 1234 ff.; *ders.*, ZIP 1989, S. 545, 546 ff.

120 Vgl. dazu *Larenz*, Methodenlehre der Rechtswissenschaft, S. 381.

121 Für das Konzept der Verhaltenshaftung vgl. etwa: Scholz-*Emmerich*, GmbHG, Anhang Konzernrecht, Rn. 12, 187; *Emmerich*, AG 1987, S. 1, 7; *ders.*, in: Emmerich/Habersack, Konzernrecht, § 32 III 2, S. 446. Für das Konzept der Zustandshaftung: *K. Schmidt*, Gesellschaftsrecht, § 39 II 3, S. 1217. Siehe auch *BGHZ* 105, 324, 336; *BGH*, WM 1991, S. 2137, 2138 f.; *Priester*, ZIP 1989, S. 1301, 1303; *Ulmer*, in: Haftung im qualifizierten faktischen GmbH-Konzern – Verbleibende Relevanz nach dem TBB-Urteil?, S. 41, 51; *Zöllner*, in: Baumbach/Hueck, GmbHG, GmbH-KonzernR, Rn. 77; *Fischer/Gasteyer*, NZG 2003, S. 517, 520.
Altmeppen, ZIP 2001, S. 1837, 1838, und *Burgard*, WuB II C. § 13 GmbHG 1.02, S. 149, 151, meinen ausdrücklich, dass sich auch nach der „*Bremer Vulkan*“-Entscheidung insoweit nichts geändert habe.

zerns[122]. Dies bejahen sie dann mit dem Argument, dass im qualifizierten faktischen GmbH-Konzern auf tatsächliche Weise der Sachverhalt hergestellt werde, der nur durch einen Beherrschungsvertrag legitimiert werden könne, und daher dieselben Rechtsfolgen zu gelten hätten. Dem kann aber nur dann gefolgt werden, wenn die erste Prämisse, nämlich die Vergleichbarkeit des Aktienvertragskonzerns mit dem GmbH-Vertragskonzern, zutrifft. Zu untersuchen ist daher, welche Wertungen dem Abschluss eines Beherrschungsvertrags im Aktienrecht zugrunde liegen und ob sie auf das GmbH-Recht übertragbar sind.

1. Der Übergang der Leitungsmacht

Gem. § 291 Abs. 1 S. 1 AktG unterstellt die AG bzw. KGaA durch den Beherrschungsvertrag die Leitung ihrer Gesellschaft einem anderen Unternehmen. Der Vertrag zeichnet sich durch den Übergang der Leitungsmacht auf die beherrschende Gesellschaft aus[123]. Dies ist von essentieller Bedeutung, da das Gesetz grundsätzlich davon ausgeht, dass der Vorstand gem. § 76 Abs. 1 AktG die Gesellschaft eigenverantwortlich leitet. Er ist strikt dem Unternehmensinteresse verpflichtet und sieht sich bei einer Verletzung der Haftung gemäß § 93 Abs. 2 AktG ausgesetzt. Weisungen der Aktionäre hat er keine Folge zu leisten, diesen fehlt nämlich gemäß § 119 Abs. 2 AktG die Kompetenz zur Geschäftsführung. Die Aktiengesellschaft ist also organisationsrechtlich stark verselbständigt. Sogar der Alleingesellschafter hat keine Weisungsrechte gegenüber dem Vorstand. Einfluss auf die Geschäftsführung kann das herrschende Unternehmen allein durch Abschluss eines Beherrschungsvertrags erlangen[124]. Erst durch diesen wird die an sich bestehende Leitungsmacht des weisungsunabhängigen Vorstands ausge-

---

122 Auch *Limmer*, Die Haftungsverfassung des faktischen GmbH-Konzerns, S. 309 f., überspringt diesen Schritt, wenn er darauf hinweist, dass die meisten Konzepte zur Abgrenzung qualifizierter faktischer Konzern versus faktischer Konzern sich dem Einwand fehlender methodischer Rechtfertigung aussetzen, da in der Regel nicht deutlich genug auf den methodischen Rechtsgrund der Verlustausgleichshaftung abgestellt werde. Entscheidend für die Abgrenzung müsse der Beherrschungsvertrag und der durch diesen geschaffene organisatorische Zustand sein. Dies ist zwar zutreffend, setzt aber als aller erstes voraus, dass Aktien- und GmbH-Vertragskonzern vergleichbar sind.

123 *BGHZ* 105, 324, 331; *BGH*, NJW 1994, S. 388, 391 („*Architekt I*"); *Kort*, Der Abschluss von Beherrschungs- und Gewinnabführungsverträgen im GmbH-Recht, S. 47; *Versteegen*, Konzernverantwortlichkeit und Haftungsprivileg, S. 253 f.; *Godin/Wilhelmi*, AktG, Vorbem. §§ 291-328, Anm. 7 f.; *Kropff*, Aktiengesetz: Textausgabe mit Begründung des Regierungsentwurfs und Bericht des Rechtsausschusses, Vorbemerkung zum Dritten Buch, S. 374.

124 *Altmeppen*, DB 1991, S. 2225, 2226; *Bitter*, Konzernrechtliche Durchgriffshaftung bei Personengesellschaften, § 11 II 2, S. 339.

schaltet. Die Alternative eines satzungsändernden Beschlusses der Hauptversammlung, durch den die Kompetenzen des Vorstands auf einen Mehrheitsgesellschafter übertragen werden, kommt nicht in Betracht, da dies nicht in der Rechtsmacht der Aktionäre liegt[125]. Entscheidendes Charakteristikum für den Beherrschungsvertrag ist folglich das *Erlangen* der Leitungsmacht durch das herrschende Unternehmen und nicht ihre nachhaltige *Ausübung*. Auch wenn das Unternehmen von der Leitungsmacht keinen Gebrauch macht, hat es gemäß § 302 AktG die Verluste der abhängigen Gesellschaft zu tragen. Die Ausgleichspflicht umfasst sämtliche Verluste, auch solche, die mit der Ausübung der Leitungsmacht in keinem Zusammenhang stehen.

Stimpel[126] wendet hiergegen ein, dass aufgrund des Beherrschungsvertrags gemäß § 308 Abs. 1 AktG das herrschende Unternehmen ermächtigt wird, im Konzerninteresse Weisungen zu erteilen, die für die abhängige Gesellschaft nachteilig sind, sowie gemäß § 291 Abs. 3 AktG die besonders strengen Kapitalschutzvorschriften der §§ 57, 58, 60 AktG außer Kraft gesetzt werden. Daher sei die Leitungsmacht nicht das einzige Tatbestandselement für die Haftung[127]. Soweit damit klar gestellt werden soll, dass es einen allgemeinen Rechtsgrundsatz des Gleichlaufs von Herrschaft und Haftung nicht gebe[128], ist dem zuzustimmen. Soweit es jedoch die Ermittlung der Wertungsgrundlage der aktienvertraglichen Konzernhaftung betrifft, ist die besonders von *Bitter*[129] für erforderlich gehaltene Differenzierung zwischen Übergang der „Leitungsmacht“ und Veränderung des „Leitungs*maßstabs*“ zu beachten. Die Außerkraftsetzung der Kapitalerhaltungsvorschriften und die Erlaubnis, im Konzerninteresse nachteilige Weisungen zu erteilen, betreffen die Veränderung des Leitungsmaßstabs. Sie sind lediglich *Folgen* des Beherrschungsvertrags. Das Gesetz ordnet diese an *wegen des Übergangs* der Leitungsmacht auf das herrschende Unternehmen. Solche besonderen Wertungen des Gesetzgebers spielen eine entscheidende Rolle und dürfen bei der Prüfung der Analogiefähigkeit nicht außer Acht gelassen werden, denn nur so lässt sich eine grenzenlose, willkürliche Analogie von Normen verhindern.

Im Gegensatz zur AG verfügt die GmbH nicht über ein eigenverantwortliches Leitungsorgan. Gem. §§ 37 Abs. 1, 45, 46 Nr. 5 und 6 GmbHG können die Ge-

---

125 *Bitter*, Konzernrechtliche Durchgriffshaftung bei Personengesellschaften, § 11 II 2, S. 339.

126 ZGR 1991, S. 144, 151.

127 *Stimpel*, aaO.

128 Vgl. *Schießl*, AG 1985, S. 184, 186; *Priester*, in: Festschrift Semler, S. 561, 573 f.; *Kleindiek*, Strukturvielfalt im Personengesellschafts-Konzern, S. 111, 137; *Ulmer*, AG 1986, S. 123, 126.

129 Konzernrechtliche Durchgriffshaftung bei Personengesellschaften, § 2 II 1, S. 27 ff., § 11 II, S. 335 ff.

sellschafter der GmbH über das ihnen zustehende Weisungsrecht Einfluss auf die Geschäftsführung nehmen, sofern sich diese Einflussnahme über entsprechende Gesellschafterbeschlüsse vollzieht. Damit korreliert die weitgehende Freistellung der Geschäftsführer von einer Haftung für auf Weisung der Gesellschafterversammlung vorgenommene Maßnahmen[130]. Es bedarf also anders als bei der AG nicht des Abschlusses eines Beherrschungsvertrags, um die GmbH der Leitung eines anderen Unternehmens zu unterstellen; die Leitungsmacht besteht ohnehin[131]. Wenn also von vornherein Einfluss auf die abhängige Gesellschaft genommen werden kann, dann kann nicht mehr Inhalt bzw. Tatbestand eines Beherrschungsvertrags die Übertragung des Weisungsrechts gegenüber der GmbH sein. Eine solche Vereinbarung hätte rein deklaratorische Bedeutung. Mithin kann auch nicht Folge der Leitungsmacht sein – oder anders ausgedrückt: an die Leitungsmacht kann nicht die unwiderlegliche Vermutung[132] geknüpft werden –, dass das herrschende Unternehmen von dieser im Konzerninteresse und zum Schaden der abhängigen Gesellschaft Gebrauch macht. Das GmbH-Recht geht von einer anderen Wertung aus. Trotz Leitungsrechts besteht gem. § 13 Abs. 2 GmbHG eine Haftungsbeschränkung zu Gunsten des Gesellschafters[133].

Zwar liegt die Weisungsbefugnis bei der Gesellschafterversammlung, mithin der Gesamtheit der Gesellschafter, und nicht unmittelbar bei dem einzelnen (Mehrheits-) Gesellschafter als herrschendes Unternehmen. Jedoch vermag dies die unterschiedliche zugrunde liegende gesetzgeberische Wertung nicht auflösen. Es bleibt dabei, dass die GmbH kein eigenverantwortliches Leitungsorgan kennt und die Haftung nicht von der Herrschaftsbefugnis abhängig ist. Dies wird besonders am Beispiel der Einpersonen-GmbH deutlich, bei der Gesellschafterversammlung und herrschendes Unternehmen identisch sind. In der Einpersonen-AG

130 Schranken werden der Folgepflicht des Geschäftsführers nur durch die Pflicht zur Kapitalerhaltung, § 43 Abs. 3, S. 3 GmbHG, sowie zur Stellung eines Insolvenzantrags bei Zahlungsunfähigkeit oder Überschuldung der Gesellschaft, § 64 GmbHG, gesetzt, vgl. *BGHZ* 31, 258, 278; *Ehricke*, ZGR 2000, S. 351, 363, 376; *Ulmer*, in: Hachenburg, GmbHG, § 64, Rn. 7, 32; *Scholz-K. Schmidt*, GmbHG § 64, Rn. 4; *Fleck*, ZHR 149 (1985), S. 387, 393 f., 408, 410 f..

131 *Keßler*, GmbHR 2001, S. 1095, 1096 f.; *Goette*, DStR 1993, S. 568; *Stodolkowitz*, ZIP 1992, S. 1517, 1519; *Geitzhaus*, GmbHR 1989, S. 397, 398 f.; *Lutter/Hommelhoff*, in: Lutter/Hommelhoff, GmbHG, Anh § 13, Rn. 9.

132 Vgl. *BGH*, DB 1992, S. 29, 30 („*Stromlieferung*"); *BGH*, ZIP 1989, S. 440, 443 („*Tiefbau*").

133 Vgl. auch *Bitter*, ZIP 2001, S. 265, 271; *Versteegen*, Konzernverantwortlichkeit und Haftungsprivileg, S. 251 ff., 279. Es ist daher auf die GmbH auch nicht der von *Altmeppen*, in: MüKo, AktG, § 302, Rn. 12 entwickelte Gedanke übertragbar, dass die Verlustausgleichsregelung des § 302 AktG als Weiterentwicklung des auftragsrechtlichen Prinzips (§§ 683, 670 BGB) zu verstehen sei. Die „dienende" Funktion ist dem Konzept der GmbH bereits immanent.

bedarf es hingegen weiterhin eines Beherrschungsvertrages, um die Leitungsmacht auf den Gesellschafter zu übertragen.

Folglich fehlt es zwischen Aktien- und GmbH-Vertragskonzern an der vergleichbaren gesetzgeberischen Wertungsgrundlage des Übergangs der Leitungsmacht.

2. Die Entbindung von den Kapitalerhaltungsregeln und der Treuepflicht gemäß §§ 291 III, 308 I AktG

Aber selbst wenn man nicht, wie hier, auf die Übertragung der Leitungsmacht als die entscheidende gesetzgeberische Wertungsgrundlage, sondern allein auf die gemäß §§ 291 Abs. 3, 308 Abs. 1 AktG vertraglich eingeräumte Möglichkeit der kapitalerhaltungs- und/oder treupflichtwidrigen Ausübung des Weisungsrechts abstellen wollte[134], käme man zu keinem anderen Ergebnis. Bereits methodisch ist eine solche „Teilanalogie“[135] nicht haltbar[136], da der maßgebliche Sachverhalt in *allen* für die rechtliche Bewertung maßgeblichen Hinsichten mit dem Sachverhalt übereinstimmen muss, der von der anzuwendenden Regelung erfasst wird[137]. Vor allem aber ist im GmbH-Vertragskonzern der Gedanke nicht übertragbar, es sei eine Kompensationsregelung in Form der Verlustausgleichs- oder Ausfallhaftung zu schaffen, da mit Abschluss des Beherrschungsvertrages die Möglichkeit eingeräumt würde, Weisungen entgegen den Kapitalerhaltungsvorschriften bzw. entgegen der Treuepflicht zum Nachteil der beherrschten GmbH zu erteilen.

a) Die Entbindung von den Kapitalerhaltungsregeln

Wird ein Beherrschungsvertrag abgeschlossen, so werden im Aktienvertragskonzern gemäß § 291 Abs. 3 AktG die Kapitalerhaltungsvorschriften der §§ 57, 58, 60 AktG aufgehoben. Dies ist notwendig, da im Aktienrecht eine umfassende Vermögensbindung besteht. Es ist jeder Kapitaltransfer aus dem Gesellschaftsvermögen zu Gunsten der Gesellschafter untersagt, soweit er sich nicht als Verteilung des Bilanzgewinns im Rahmen eines ordnungsgemäßen Gewinnverwendungsbeschlusses der Hauptversammlung darstellt[138]. Bei Fortgeltung der Kapitalschutzvorschriften wäre es daher nur schwer möglich, die Gesellschaft auf das Konzerninteresse auszurichten. Beinahe sämtliche für die abhängige Gesellschaft

---

134 Vgl. *Stimpel*, ZGR 1991, S. 144, 151, sowie oben, Kapitel 2 C) II. 1.

135 Vgl. *BGH*, ZIP 1991, S. 1354, 1356 („*Video*“); *Stimpel*, ZGR 1991, S. 144, 153.

136 So auch *Versteegen*, Konzernverantwortlichkeit und Haftungsprivileg, S. 273.

137 Vgl. dazu *Larenz*, Methodenlehre der Rechtswissenschaft, S. 381.

138 *Keßler*, GmbHR 2001, S. 1095, 1097; *Hüffer*, AktG, § 57, Rn. 2 f.; *Ulmer*, ZHR 148, S. 391, 399; *Henze*, NZG 2003, S. 649, 650.

nachteiligen Weisungen würden eine verdeckte Gewinnausschüttung darstellen und daher nichtig sein.

Im GmbH-Recht hingegen herrscht gemäß §§ 30, 31 GmbHG eine nur sehr eingeschränkte Vermögensbindung. Die Verteilung des Gesellschaftsvermögens ist solange und insoweit zulässig, als dadurch nicht das zur Erhaltung des Stammkapitals erforderliche Vermögen angegriffen wird. Auf die abhängige Gesellschaft kann also auf vielfältige Weise Einfluss genommen werden, ohne dass die Einflussnahme sogleich einen Verstoß gegen die Kapitalerhaltungsvorschriften bedeuten würde[139]. Um den Gesellschaftszweck auf den Konzern auszurichten, bedarf es daher im GmbH-Konzern nicht wie im Aktienkonzern der Außerkraftsetzung der Stammkapitalvorschriften. Für eine analoge Anwendung des § 291 Abs. 3 AktG besteht kein Regelungsbedürfnis[140]. Hiergegen kann auch nicht eingewendet werden, eine Suspendierung der Kapitalschutzvorschriften ergebe sich aus der „zwingenden" Rechtsfolge der Verlustübernahmepflicht des § 302 AktG[141]. Dies würde das Verhältnis von (Analogie-) Grund und (Analogie-) Folge verkehren. Es ist nicht von der Rechtsfolge der Verlustübernahme her vorzugehen, sondern vielmehr muss zunächst ermittelt werden, ob im Konzern ein Bedürfnis für die Aufhebung der §§ 30, 31 GmbHG besteht. Erst wenn dies der Fall ist, kann sich daraus die Notwendigkeit für eine analoge Anwendung des § 302 AktG ergeben. Eine umgekehrte Argumentation ist dagegen methodisch verfehlt.

b) Die Entbindung von der Treuepflicht

Gemäß § 308 Abs. 1 AktG ist das herrschende Unternehmen berechtigt, dem Vorstand der beherrschten Gesellschaft hinsichtlich der Leitung der Gesellschaft Weisungen zu erteilen. Auch für die Gesellschaft nachteilige Weisungen sind zulässig, wenn sie den Belangen des herrschenden Unternehmens dienen. Der Beherrschungsvertrag entbindet also im Aktienkonzern das herrschende Unternehmen von seiner Treuepflicht gegenüber der beherrschten Gesellschaft. Dieselbe

---

139 Anders *Ulmer*, AG 1986, S. 123, 126 f.; *Fleck*, ZGR 1990, S. 31, 47.

140 Mit dem Argument des „zwingenden Charakters" der §§ 30, 31 GmbHG auch *Kort*, BB 1988, S. 79, 83; *ders*., Der Abschluss von Beherrschungs- und Gewinnabführungsverträgen im GmbH-Recht, S. 49 f.; *Ehricke*, Das abhängige Konzernunternehmen in der Insolvenz, § 5, IV., 2., a), S. 431; Scholz-*Emmerich*, GmbHG, Anhang Konzernrecht, Rn. 184; *Brandes*, in: Festschrift Kellermann, S. 25, 32 f. Dagegen *Schön*, ZHR 159 (1995), S. 351, 373; *Sonnenhol/Groß*, ZHR 159 (1995), S. 388, 409 f.; *Jula/Breitbarth*, AG 1997, S. 256, 263; *Fischer/Gasteyer*, NZG 2003, S. 517, 520; *Fuhrmann*, NZG 2004, S. 552, 554.

141 Vgl. etwa *Hommelhoff*, WM 1984, S. 1105, 1110; Scholz-*Westermann*, GmbHG, § 30, Rn. 35.

Wirkung kommt dem Beherrschungsvertrag im GmbH-Konzern zu[142]. Die Mehrheitsgesellschafter der GmbH sind aus treuhänderischer Bindung verpflichtet, bei der Ausübung des Weisungsrechts die Belange der Mitgesellschafter durch Beachtung und Förderung des gemeinsam in der Satzung festgelegten Zwecks der GmbH zu berücksichtigen[143]. Daraus folgt das Verbot, keine anderweitigen Sonderinteressen zu verfolgen[144]. Erst mit Abschluss des Beherrschungsvertrags werden diese Beschränkungen aufgehoben. Die Entbindung von der Treuepflicht hat aber lediglich Auswirkungen auf die Interessen der Minderheitsgesellschafter. Nur insoweit spielt die Frage eine Rolle, ob die §§ 302, 303 AktG analog anzuwenden sind, um mögliche Vermögensschäden zu kompensieren. Der Gläubigerschutz, der Gegenstand der vorliegenden Untersuchung ist, wird hiervon nicht berührt.

3. Zwischenergebnis

Folglich ist für eine Analogie zu den §§ 302, 303 AktG zum Schutze der Gläubiger im Falle des GmbH-Vertragskonzerns kein Raum. Es besteht keine vergleichbare Interessenlage. Der Aktiengesellschaft und der GmbH liegen unterschiedliche gesetzgeberische Wertungen zugrunde. Während nach der gesetzlichen Konzeption der Aktiengesellschaft bereits an den Übergang von Leitungsmacht eine Haftung geknüpft ist, ist bei der GmbH trotz Leitungsbefugnis grundsätzlich von einer Haftungsbeschränkung zugunsten des Gesellschafters auszugehen. Genauso wenig kann die in §§ 291 Abs. 3, 308 Abs. 1 AktG vorgesehene Möglichkeit der Ausübung des Weisungsrechts entgegen den Kapitalerhaltungsregeln und der Treuepflicht als vergleichbare gesetzgeberische Wertungsgrundlage herangezogen werden. Im GmbH-Konzern werden die Kapitalerhaltungsregeln gemäß §§ 30, 31 GmbHG mit Abschluss des Beherrschungsvertrags nicht aufgehoben und die Entbindung von der Treuepflicht spielt nur im Hinblick auf den Schutz der Minderheitsgesellschafter eine Rolle. Zwar kann selbstverständlich in einem Unternehmensvertrag eine jährliche Verlustausgleichspflicht ver-

---

142 Vgl. *Schneider*, ZGR 1980, S. 511, 516 f.; *ders.*, BB 1981, S. 249, 251; *Lutter/Timm*, NJW 1982, S. 409, 412; *Kort*, Der Abschluss von Beherrschungs- und Gewinnabführungsverträgen im GmbH-Recht, S. 46.

143 Vgl. *BGHZ* 65, 15, 18 f. („*ITT*“); *Lutter*, ZIP 1985, S. 1425, 1428; *Rehbinder*, ZGR 1976, S. 386, 390. Siehe auch unten, Kapitel 3 B) II.

144 Anders ist es natürlich, wenn die abhängige Gesellschaft bereits nach ihrem Gesellschaftsvertrag ganz auf das Konzerninteresse ausgerichtet ist, da die Gesellschafter dann bereits bei Gründung der GmbH ihre Zustimmung erteilt haben, vgl. hierzu *Beinert*, Die Konzernhaftung für die satzungsgemäß abhängig gegründete GmbH, S. 27 ff.

einbart werden. Schon aus steuerlichen Gründen gemäß § 17 S. 2 Nr. 2 KStG wird dies auch meist der Fall sein. Insoweit handelt es sich aber um einen zulässigerweise vertraglich vereinbarten Anspruch, der nicht mit einem etwaigen gesetzlichen Anspruch analog § 302 AktG verwechselt werden darf. Sind jedoch die aktienrechtlichen Vorschriften auf den GmbH-Vertragskonzern nicht analog anwendbar, dann gilt dies erst recht für den qualifizierten faktischen Konzern[145]. Es wird faktisch kein *Zustand* begründet, der bei Abschluss eines Beherrschungsvertrages legitim wäre und daher dieselben Rechtsfolgen zu gelten hätten[146]. Genauso wenig kommt es zu einem schädigenden *Verhalten* des herrschenden Unternehmens, das auf vertraglicher Basis erlaubt wäre[147].

III. Folgerungen für den Gläubigerschutz

Im Rahmen der Prüfung der Analogiefähigkeit der aktienrechtlichen Vorschriften hat sich herausgestellt, dass mit Abschluss des Beherrschungsvertrags die Treuepflicht aufgehoben wird. Das herrschende Unternehmen darf auch Weisungen erteilen, die für die abhängige Gesellschaft nachteilig sind, aber den Belangen des herrschenden Unternehmens oder des Konzerns dienen. Werden nun ohne Abschluss eines Beherrschungsvertrages auf „qualifiziert" faktische Weise solche Weisungen erteilt, so können sich vermögensrechtliche Schäden der Minderheitsgesellschafter ergeben, die es zu kompensieren gilt. Denn entsprechend den oben dargestellten Grundsätzen zu §§ 311 ff. AktG ist die Gesellschaft zum Zwecke des vermögensrechtlichen Schutzes so zu stellen, wie sie stünde, wenn sie eigenverantwortlich von einem unabhängigen Unternehmen betrieben würde[148]. Daraus folgt die Schwierigkeit, zuverlässig zu beurteilen, ob ein Eingriff nachtei-

---

145 Das Argument, dass im qualifizierten faktischen Konzern auf tatsächliche Weise der Sachverhalt hergestellt werde, der nur durch einen Beherrschungsvertrag legitimiert werden könne, und daher dieselben Rechtsfolgen zu gelten hätten, käme daher – wenn überhaupt – nur für den in der Literatur auch diskutierten „qualifizierten faktischen Aktienkonzern" in Betracht, da (selbstverständlich) die §§ 302, 303 AktG auf den Aktienvertragskonzern Anwendung finden. Diese Problematik ist jedoch nicht Gegenstand der Untersuchung und soll daher nicht weiter vertieft werden. Hierzu *Zöllner*, in: Gedächtnisschrift Knobbe-Keuk, S. 369 ff.; *Altmeppen*, Abschied vom „qualifiziert faktischen" Konzern, S. 5 ff.; *Decher*, DB 1990, S. 2005 ff.; *Wiedemann*, ZGR 1986, S. 656, 669; *Heyder*, Der qualifizierte faktische Aktienkonzern.

146 So aber die Vertreter der Zustandshaftung, s. oben Kapitel 2 C) I. 2.

147 So aber die Vertreter der Verhaltenshaftung, s. oben Kapitel 2 C) I. 1.

148 *Mestmäcker*, in: Festgabe für Kronstein, S. 129, 146. Vgl. auch *Martens*, DB 1970, S. 865, 866 f.; *Limmer*, Die Haftungsverfassung des faktischen GmbH-Konzerns, S. 27. Vgl. hierzu ausführlich oben, Kapitel 2 B).

lig ist, sowie die Problematik, die Höhe des Nachteils korrekt zu quantifizieren. Von diesen Schwierigkeiten werden jedoch die Gläubigerinteressen nicht berührt. Die Ausrichtung des abhängigen Unternehmens auf das Konzerninteresse ist nur gegenüber den Minderheitsgesellschaftern, nicht aber gegenüber den Gläubigern legitimationsbedürftig. Die Gläubiger haben kein Recht auf Mitbestimmung, wenn das Interesse des Unternehmens festgelegt bzw. geändert wird auf das Interesse des Konzerns. Dies liegt ganz in der Dispositionsfreiheit der Gesellschafter. Im Hinblick auf den Gläubigerschutz ist der Maßstab bezüglich der Maßnahmen des herrschenden Unternehmens daher allenfalls dahin gehend anzulegen, wie der pflichtgemäß handelnde Gesellschafter einer *abhängigen* Gesellschaft gehandelt hätte. Wird dies zu Grunde gelegt, so ergibt sich jedoch weder das Problem der zuverlässigen Beurteilung, wann ein Eingriff nachteilig ist, noch die Schwierigkeit der korrekten Quantifizierbarkeit des Nachteils. Der Vergleichsmaßstab bleibt vollziehbar. An dieser Stelle zeigt sich wiederum der konzeptionelle Unterschied zwischen den beiden Gesellschaftsformen. In der AG genießt die Autonomie der Gesellschaft einen viel umfassenderen Schutz[149]. Die §§ 311 ff. AktG finden daher auch Anwendung, wenn das herrschende Unternehmen Alleinaktionär ist[150]. Bei der GmbH hingegen soll an diese Vorschriften, wenn auch nur im Hinblick auf den Nachteilsbegriff[151], allein im Falle der Mehrpersonengesellschaft angeknüpft werden. Verfolgt wird (primär) nur die Wahrung der Interessen der außenstehenden Gesellschafter, nicht der Gläubiger.

Der Gesichtspunkt, der die Diskussion zum qualifizierten faktischen Konzern überhaupt erst ausgelöst hat, nämlich dass es einer Verlustausgleichspflicht bedürfe, da die nachteiligen Einflussnahmen der Konzernspitze nicht isolierbar seien und ein entsprechender Einzelausgleich faktisch nicht möglich sei, spielt also allein im Hinblick auf den Schutz der Minderheitsgesellschafter eine Rolle[152]. Es gibt daher bisher auch keinen konzernrechtlichen Fall, in dem die Unmöglichkeit des Einzelausgleichs aus tatsächlichen Gründen in Bezug auf den Gläubigerschutz praktische Bedeutung erlangt hätte. Dies hat bereits die oben durchgeführte Analyse bezüglich der drei Kernentscheidungen zum „qualifizierten“ faktischen Konzern, *Autokran*[153], *Tiefbau*[154] und *TBB*[155], ergeben[156]. Besonders in der

149 Vgl. oben, Kapitel 2 C) II. 1.

150 *Habersack*, in: Emmerich/Habersack, Konzernrecht, § 24 V. 1., S. 370; *Mülbert*, DStR 2001, S. 1937, 1945.

151 Vgl. oben Kapitel 2 B) I.

152 *Hoffmann*, NZG 2002, S. 68, 72 f., lehnt auch im Hinblick auf den Minderheitenschutz eine Anwendung des § 302 AktG ab. Für insoweit alternative Lösungsvorschläge vgl. *Hoffmann*, aaO., 73; *Lutter/Banerjea*, ZGR 2003, S. 402, 434.

153 Vgl. oben Kapitel 2 B) II. 1.

154 Vgl. oben Kapitel 2 B) II. 2.

TBB-Entscheidung wird deutlich, dass die viel beschworene Voraussetzung der fehlenden Möglichkeit des Einzelausgleichs aus tatsächlichen Gründen als das entscheidende Abgrenzungskriterium[157] zwischen „qualifizierten" und „einfachen" faktischen Konzern hinsichtlich des Gläubigerschutzes nicht haltbar ist. So wird in der genannten Entscheidung zum einen verlangt, dass das herrschende Unternehmen die Konzernleitungsmacht in einer Weise ausübe, die keine angemessene Rücksicht auf die eigenen Belange der abhängigen Gesellschaft nehme, zum anderen müsse der zugefügte Nachteil nicht durch Einzelausgleichsmaßnahmen zu kompensieren sein[158]. Dies ist aber ein Widerspruch in sich. Hinsichtlich der Voraussetzung der fehlenden Rücksichtnahme müssen nämlich konkrete schädigende Maßnahmen nachgewiesen werden[159]. Ist ein solcher Nachweis möglich, dann kann es nicht mehr an der faktischen Möglichkeit des Einzelausgleichs fehlen[160]. Nicht nachvollziehbar ist es, diesen Widerspruch dadurch überbrücken zu wollen, dass die nicht mögliche Einzelausgleichsfähigkeit zugleich als die die unangemessene Rücksichtnahme begründende Einzelmaßnahme interpretiert wird[161]. Auf diese Weise wird die (vermeintlich) für notwendig gehaltene „Doppelschichtigkeit"[162] des Haftungstatbestandes, unangemessene Rücksichtnahme einerseits, fehlende Einzelausgleichsfähigkeit andererseits, umgangen, und schließlich doch auf das Merkmal der fehlenden Einzelausgleichsfähigkeit

155 Vgl. oben Kapitel 2 B) II. 3.

156 Dasselbe gilt für die oben aus Raumgründen nicht diskutierte Entscheidung *BGH*, ZIP 1991, S. 1354 („*Video*"). Auch in dieser finden sich keine konkreten Feststellungen zu unübersichtlich gewordenen Verhältnissen und einer dadurch verursachten fehlenden Isolierbarkeit der einzelnen schädigenden Eingriffe. Das Gericht begnügt sich vielmehr allein mit dem Umstand, dass der Beklagte Einmann-Gesellschafter-Geschäftsführer der GmbH ist und sich gleichzeitig noch anderweitig unternehmerisch betätigt. Daraus ergebe sich die Annahme einer dauernden und umfassenden Einflussnahme, vgl. *BGH*, aaO., S. 1357.

157 Vgl. etwa *Westermann*, ZIP 1993, S. 554, 556, der darauf hinweist, dass ohne dieses Kriterium die ganze Lückenfüllung durch Teilanalogie nicht mehr begründbar wäre. Siehe weiter *Hommelhoff*, DB 1992, S. 309; *Lutter*, ZGR 1982, S. 244, 263, 265; *K. Schmidt*, GmbHR 1979, S. 121, 130 f.; *Habersack*, in: Emmerich/Habersack, Aktien- und GmbH-Konzernrecht, 3. Auflage, Anh. § 317, Rn. 1.

158 Vgl. *BGHZ* 122, 123, 130. Den Haftungstatbestand in zwei Elemente aufteilend auch *Krieger*, ZGR 1994, S. 375, 379.

159 Vgl. *Westermann*, ZIP 1993, S. 554, 556.

160 Zumindest zweifelnd auch *Röhricht*, in: Festschrift aus Anlass des fünfzigjährigen Bestehens von Bundesgerichtshof, Bundesanwaltschaft und Rechtsanwaltschaft beim Bundesgerichtshof, S. 83, 90 f.

161 So *Drygala*, GmbHR 1993, S. 317, 325 f.; *Hoffmann*, NZG 2002, S. 68, 73.

162 *Westermann*, ZIP 1993, S. 554, 556.

reduziert[163]. Es verwundert daher auch nicht, dass der *BGH* in keiner der nach *TBB* folgenden Entscheidungen[164] eine Verurteilung auf konzernrechtlicher Grundlage mehr bestätigt hat. In den meisten Fällen fehlte es dabei an der Voraussetzung der Außerkraftsetzung des Einzelausgleichsystems[165]. Einzelne schädigende Verhaltensweisen des herrschenden Unternehmens ließen sich isolieren und es konnte eine Kausalbeziehung zum eingetretenen Nachteil bewiesen werden.

Die besondere Gläubigerschutzproblematik in den Entscheidungen zum qualifizierten faktischen Konzern beschränkte sich daher stets auf die Unmöglichkeit des Einzelausgleichs aus *rechtlichen* Gründen. Zwar ist die fehlende Möglichkeit des Einzelausgleichs aus tatsächlichen Gründen in dem als einzig in Betracht kommenden Fall der sogenannten „Waschkorblage"[166], d.h. der mangelnden ordnungsgemäßen Buchführung und Dokumentation der Geschäftsvorgänge zwischen herrschenden und abhängigen Unternehmen, nicht ausgeschlossen. Es handelt sich insoweit jedoch nicht um einen durch die Konzernierung entstandenen besonderen Umstand, den es mit Hilfe aktienrechtlicher Bestimmungen zu kompensieren gelte. Auch im GmbH-Vertragskonzern sind die strengen Anforderungen an ordnungsgemäße Buchführung und Dokumentation zu beachten und entfallen nicht etwa aufgrund des abgeschlossenen Beherrschungsvertrages. Die Waschkorblage stellt vielmehr eine Fallgruppe der unzulässigen „Vermögensvermischung" dar, die die Aufhebung des Haftungsprivilegs des § 13 Abs. 2

163 Zu Recht macht *Ehricke*, Das abhängige Konzernunternehmen in der Insolvenz, § 5 III. 5., S. 426 f., auch geltend, dass danach das herrschende Unternehmen schutzlos allen Ansprüchen des Begehrenden ausgeliefert ist. Es dringt durch, weil es entweder (leicht) bewiesen hat, dass ein Einzelausgleich unmöglich ist, oder die Mutter führt den Gegenbeweis der bestehenden Möglichkeit des Einzelausgleichs, welches gleichwohl eine Haftung auslöst.

164 Vgl. *BGH*, DStR 1993, S. 1753 („*Schotterkleber*"); ZIP 1994, S. 207 („*EDV-Peripherie*"); BB 1994, S. 2303 („*Architekt I*"); ZIP 1995, S. 733 („*Architekt II*"); ZIP 1996, S. 637; BB 1997, S. 489; DStR 1997, S. 503; DStR 1997, S. 1937; DStR 2000, S. 1065; ZIP 2000, S. 2163 („*Anwaltshonorar*"). Siehe aber auch *BAG*, NJW 1996, S. 1491, das eine Einzelausgleichsfähigkeit verneint, obwohl die schädigende Missbrauchshandlung der ungesicherten Darlehensvergabe in den Geschäftsbüchern der Gesellschaft vollständig erfasst ist; hiergegen zu Recht *Bitter/Bitter*, BB 1996, S. 2153, 2156 ff.

165 Siehe auch den Bericht über die BGH-Rechtsprechung seit TBB von *Goette*, in: Haftung im qualifizierten faktischen GmbH-Konzern – Verbleibende Relevanz nach dem TBB-Urteil?, S. 11, 14 ff.

166 Vgl. hierzu *Drygala*, GmbHR 1993, S. 317, 320; *Hommelhoff*, in: Heidelberger Konzernrechtstage: Der qualifizierte faktische GmbH-Konzern, S. 245, 252; *Krieger*, in: Heidelberger Konzernrechtstage: Der qualifizierte faktische GmbH-Konzern, S. 41, 51.

GmbHG bzw. eine Durchgriffshaftung zur Folge hat[167]. Falsche oder unzureichende Buchführung sowie sonstige die Vermögensverhältnisse verschleiernde Maßnahmen können gleichermaßen auch außerhalb des GmbH-Konzerns stattfinden und erfordern daher eine gleiche Behandlung innerhalb wie außerhalb des Konzerns.

Wird also ein ergänzender Gläubigerschutz für notwendig gehalten, aber aus einem anderen Grund als der Minderheitenschutz, nämlich wegen Unmöglichkeit des Einzelausgleichs aus rechtlichen Gründen, so bedarf er einer eigenständigen Behandlung. Ein *reflexiver* Schutz über einen zugunsten der Minderheit konstruierten Verlustausgleichsanspruch analog § 302 AktG, auf den die Gläubiger im Wege der Vollstreckung zugreifen könnten, ist nicht überzeugend. Dem Schutz außenstehender Gesellschafter kommt schon praktisch keine Bedeutung zu[168]. Die Gesellschafter untereinander einigen sich in der Praxis regelmäßig außergerichtlich und werden kaum eine dauerhafte, in ihrem Umfang nicht mehr nachweisbare Schädigung der Gesellschaft hinnehmen, so dass schon deshalb das verfolgte Ziel eines integrierten Gläubiger- und Minderheitenschutzes fehl schlagen muss. Darüber hinaus hat die Anwendung eines einheitlichen Haftungsinstruments zur Folge, dass Schutzbelange vermischt werden, die hinsichtlich des erforderlichen Lösungsmechanismus voneinander differieren[169]. Die Schutzstandards für Gläubiger- und Minderheitsinteressen im GmbH-Recht liegen nicht auf gleicher Ebene. Während das Interesse der Minderheitsgesellschafter den Schutz gegen Entwertung ihrer Anteile und entgangenen Gewinn betrifft, sind die Gläubiger an Erfüllung ihrer Forderungen interessiert. Bei einem einheitlichen Instrumentarium wirkt sich dies entweder zum nicht gerechtfertigten Vorteil des einen oder zum Nachteil des anderen aus[170]. Gerade dieses sind auch die Gründe für die „wilde" Entwicklung des qualifizierten faktischen Konzerns und die unlösbaren Abgrenzungsschwierigkeiten. Der Gläubigerschutz bedarf eines eigenständigen, vom Minderheitenschutz losgelösten Haftungskonzepts, das in Tatbestand und Rechtsfolge klar und auf das Erforderliche beschränkt ist. Das kon-

---

167 Näher Scholz-*Emmerich*, GmbHG, § 13, Rn. 76 ff., 86 ff.; *Altmeppen*, in: Roth/Altmeppen, GmbHG, § 13, Rn. 107 ff., 112 ff.

168 Vgl. *Altmeppen*, ZIP 2001, S. 1837, 1838; *ders.*, in: Roth/Altmeppen, GmbHG, Anh § 13, Rn. 115, 125, 145; *Lutter/Banerjea*, ZGR 2003, S. 402, 434.

169 Auch *Limmer*, Die Haftungsverfassung des faktischen GmbH-Konzerns, S. 8, der für einen integrierten Gläubiger- und Minderheitenschutz eintritt, räumt ein, dass Problematiken des Minderheitenschutzes in Entscheidungen angeführt werden, in denen es allein um die Gläubigerbelange geht und der Minderheitenschutz keine Rolle spielt.

170 Ein gutes Beispiel bietet *BGH*, ZIP 1989, S. 440, 443 („*Tiefbau*"). In diesem Fall kamen dem Minderheitsgesellschafter die nachteiligen Eingriffe sogar zugute.

zernrechtliche Modell des Aktiengesetzes, das den Gläubiger- und Minderheitenschutz miteinander koppelt[171], ist dagegen nicht auf die GmbH zu übertragen.

Im weiteren Verlauf der Arbeit ist daher der Unmöglichkeit des Einzelausgleichs aus rechtlichen Gründen nachzugehen. Dabei liegt der Kern der Problematik im beschränkten Schutzumfang der Kapitalerhaltungsregeln und damit im allgemeinen GmbH-Recht begründet. Es werden daher zunächst die Grundlagen des Gläubigerschutzes im Rahmen der selbständigen GmbH untersucht, um dann darauf einzugehen, ob das von der Rechtsprechung begründete Institut der Haftung aus existenzvernichtendem Eingriff ein zulässiges und geeignetes Mittel zur Behebung von Gläubigerschutzdefiziten darstellt. Erst daran anschließend kann der Frage nachgegangen werden, ob es konzernrechtliche Besonderheiten gibt, die es mit Hilfe eines zusätzlichen Haftungsinstruments zu bewältigen gilt.

171 Vgl. *Kropff*, Aktiengesetz: Textausgabe mit Begründung des Regierungsentwurfs und Bericht des Rechtsausschusses, Vorbemerkung zum Dritten Buch, S. 373 ff.; *Drüke*, Die Haftung der Muttergesellschaft für Schulden der Tochtergesellschaft, S. 76; *Geßler*, in: Geßler/Hefermehl, AktG, Vorb § 300, Rn. 1; *Ulmer*, ZHR 148 (1984), S. 391, 408 f.; *Limmer*, GmbHR 1992, S. 265, 267; *Burbach*, Das Recht der konzernabhängigen Personengesellschaft, § 31 II, S. 420 ff., 423.

Kapitel 3: Der Gläubigerschutz im allgemeinen GmbH-Recht

Die zentrale gesetzliche Vorschrift zum Gläubigerschutz findet sich in den §§ 30 f. GmbHG. Nach § 30 Abs. 1 GmbHG darf das zur Erhaltung des Stammkapitals erforderliche Vermögen der GmbH an die Gesellschafter nicht ausgezahlt werden. Im Falle der Zuwiderhandlung besteht gemäß § 31 Abs. 1 GmbHG eine Pflicht zur Rückzahlung des Erlangten. Diese Regelung stößt in mehrfacher Hinsicht auf Grenzen, was Defizite zu Lasten der Gläubiger verursacht.

A) Grenzen des Schutzbereichs der Kapitalerhaltungsregeln

I. Rein bilanzieller/rechnerischer Schutz

Ein Anspruch aus § 31 Abs. 1 GmbHG setzt zunächst voraus, dass die Zahlung eine Unterbilanz oder sogar Überschuldung begründet bzw. vertieft[172]. Eine Unterbilanz liegt vor, wenn das Nettovermögen der Gesellschaft, d. h. ihr gesamtes Aktivvermögen abzüglich der Summe aller Verbindlichkeiten einschließlich Rückstellungen, aber ohne Rücklagen, in seinem Wert unter die Ziffer des Stammkapitals sinkt[173]. Maßgeblich sind dabei die Wertansätze, wie sie sich aus einer für den Zeitpunkt der Entnahme aufzustellenden, den Anforderungen der §§ 42 GmbHG, 242, 246 ff., 266 HGB entsprechenden Bilanz zu fortgeführten Buchwerten ergeben[174]. Es ist dabei vom Fortbestand einer werbenden Gesellschaft auszugehen (sog. going-concern-Prinzip)[175]. Geschützt wird also nicht das Gesellschaftsvermögen in seiner gegenständlichen Zusammensetzung, sondern in seinem *rechnerischen* Wert[176]. *Röhricht*[177] hat insoweit überzeugend dargelegt,

---

172 *BGH*, ZIP 1987, S. 575, 576; *Lutter/Hommelhoff*, in: Lutter/Hommelhoff, GmbHG, § 30, Rn. 2, 13.

173 Vgl. statt aller *Lutter/Hommelhoff*, in: Lutter/Hommelhoff, GmbHG, § 30, Rn. 2a.

174 *BGH*, WM 1987, S. 1040; 1989, S. 14, 16; *BGHZ* 109, 334, 337 ff.; *Keßler*, GmbHR 2001, S. 1095, 1098; *ders.*, GmbHR 2002, S. 945, 949; *Goette*, DStR 1997, S. 1495, 1496; Rowedder-*Pentz*, GmbHG, § 30, Rn. 10; *Fastrich*, in: Baumbach/Hueck, GmbHG, § 30, Rn. 6.

175 *Fleck*, in: Festschrift 100 Jahre GmbH-Gesetz, S. 391, 394.

176 Vgl. *Lutter/Hommelhoff*, in: Lutter/Hommelhoff, GmbHG, § 30, Rn. 2 a; *Joost*, ZHR 148 (1984), S. 27 ff.; *Schneider*, in: Festschrift Döllerer, S. 537, 544; *Sonnenhol/*

dass diese rein bilanzielle Betrachtungsweise die materiellen Auswirkungen der Entnahme auf den Betrieb des Gesellschaftsunternehmens unberücksichtigt lässt[178]. So spiegelt etwa der Buchwert von Produktionsmitteln ihre wesentliche Bedeutung für die Fähigkeit zur Erhaltung und Weiterführung des Geschäftsbetriebs, d.h. ihren wirtschaftlichen Nutzungswert, bei weitem nicht wider. Andere unternehmerische Maßnahmen wie der Entzug eines Geschäftsbereichs finden noch nicht einmal bilanziell einen Niederschlag, da es sich nicht um selbständig aktivierbare Wirtschaftsgüter handelt. Zu den bilanziell nicht aktivierbaren Posten zählen ferner z.B. immaterielle Vermögensgegenstände gemäß § 248 Abs. 2 HGB und der selbst geschaffene Geschäfts- oder Firmenwert gemäß § 255 Abs. 4 HGB. Darüber hinaus werden die Lasten des Unternehmens durch die Passivseite der Bilanz nicht stets in hinreichender Weise ausgewiesen[179]. Ein Beispiel bietet die Situation eines Unternehmens, das wegen schlechter Auftragslage seine Arbeitnehmerschaft nicht Ertrag bringend einsetzen kann, dessen Zahlungspflichten aus den Arbeitsverträgen aber nach dem Prinzip des Nichtausweises schwebender Geschäfte in der Bilanz keinen Niederschlag finden[180]. Im Extremfall kann die Entnahme flüssiger Mittel die Gesellschaft unmittelbar in die Zahlungsunfähigkeit führen ohne gegen das Verbot des § 30 GmbHG zu verstoßen, indem der Gesellschaft die Liquidität entzogen wird, die zur Erfüllung demnächst fälliger und daher noch nicht in die Stichtagsbilanz eingehender Verbindlichkeiten benötigt wird[181]. Eine an sich zulässige Gewinnentnahme kann also schädliche Folgen haben, die weit über die bilanziell bewirkte Vermögensminderung hinausreichen[182]. Dabei kann die bilanzielle Betrachtungsweise nicht nur im Falle einer bestehenden Unterbilanz zu unangemessenen Ergebnissen führen, sondern auch schon im Stadium weit oberhalb der Stammkapitalgrenze[183].

Groß, ZHR 159 (1995), S. 388, 396; *Sotiropoulos*, GmbHR 1996, S. 653, 654; *Müller*, BB 1998, S. 1804, 1805.

177 In: Festschrift aus Anlass des fünfzigjährigen Bestehens von Bundesgerichtshof, Bundesanwaltschaft und Rechtsanwaltschaft beim Bundesgerichtshof, S. 83, 93 f.

178 Vgl. auch *Stimpel*, in: Festschrift 100 Jahre GmbH-Gesetz, S. 335, 338 ff.; *Fleck*, in: Festschrift 100 Jahre GmbH-Gesetz, S. 391, 392 ff., 398 f.

179 Vgl. *Schön*, ZHR 168 (2004), S. 268, 285.

180 *Schön*, aaO.

181 *Röhricht*, aaO., 94. Vgl. auch *BGH*, Urteil vom 18.10.1956 – 2 StR 434/56 bei *Herlan*, GA 1958, S. 46.

182 Vgl. auch *BGH*, WM 1989, S. 136, 137.

183 Dies wird in der Literatur nicht ausreichend berücksichtigt, wenn teilweise vertreten wird, dass die bilanzielle Betrachtung erst *bei Bestehen einer Unterbilanz* nicht anzuwenden sei. Erst dann seien die Vermögensgegenstände nicht mit ihren Buchwerten, sondern mit ihren „realen" Werten anzusetzen. Vgl. *Goerdeler/Müller*, in: Hachenburg, GmbHG, § 30, Rn. 41 f.; *Stimpel*, in: Festschrift 100 Jahre GmbH-Gesetz, S. 335, 338 ff.; *Fastrich*, in: Baumbach/Hueck, GmbHG, § 30, Rn. 12; *Servatius*,

II. Erfordernis der „Auszahlung"

Der Verstoß gegen die Kapitalerhaltungsvorschriften verlangt weiterhin, dass es sich bei der zu der Unterbilanz führenden Maßnahme um eine „Auszahlung" handelt. Neben der Zuwendung von Barmitteln werden davon auch offene und verdeckte „Gewinnausschüttungen" erfasst. Hierunter sind solche für den Gesellschafter bestimmte Leistungen zu verstehen, denen wirtschaftlich keine gleichwertige Gegenleistung gegenübersteht und die das zur Erhaltung des Stammkapitals erforderliche Gesellschaftsvermögen verringern[184], etwa die Erfüllung einer Verbindlichkeit des Gesellschafters durch die Gesellschaft[185] oder die unentgeltliche Sachübereignung. Aber auch bei solch extensiver Auslegung des Merkmals der Einlagenrückgewähr werden damit nicht sämtliche vermögensmindernde Maßnahmen erfasst[186]. Die Gläubiger bleiben gegen bestimmte Arten der Benachteiligung ungeschützt. So kann etwa die Nichtnutzung bzw. der Verzicht auf Gewinnchancen zu Gunsten anderer Personen schwerlich noch als „Auszahlung" im Sinne einer *Entnahme* bzw. verdeckten Gewinn*ausschüttung* verstanden werden. Ohnehin aber liegt in diesen Fällen meist schon keine bilanzielle Vermögensminderung vor. Weiterhin begegnet die Subsumtion von Spekulationsgeschäften mit hohem Risikocharakter unter § 30 GmbHG Bedenken, wenn im Falle fehlender Realisierung des Projekts der Gesellschafter keine Vermögensmehrung erfährt und die Transaktion sich allein in der Schädigung der Gesellschaft und mithin der Gläubiger erschöpft. Schwierigkeiten bereitet auch oft die Frage, ob zwischen Leistung und Gegenleistung ein angemessenes Verhältnis besteht[187].

GmbHR 1998, S. 723 f.; *Tries*, Verdeckte Gewinnausschüttungen im GmbH-Recht, S. 36 f.; *Altmeppen*, in: Roth/Altmeppen, GmbHG, § 30, Rn. 77.

184 *BGHZ* 31, 258, 276; *Fastrich*, in: Baumbach/Hueck, GmbHG, § 30, Rn. 12 ff.; *Goerdeler/Müller*, in: Hachenburg, GmbHG, § 30, Rn. 56, 60. Auf die Streitfrage, ob Ansprüche auch bei Gewinnausschüttungen ausgelöst werden, die nicht stammkapitalschmälernd, sondern nur „verdeckt" erfolgen, kommt es hier nicht an, vgl. dazu *Priester*, ZGR 1993, S. 512, 529 ff.

185 *BGHZ* 60, 324, 330 f.

186 Siehe auch *Winter*, Mitgliedschaftliche Treuebindungen im GmbH-Recht, S. 203 und dort Fn. 71; *Altmeppen*, ZIP 2001, S. 1837, 1840; *Ulmer*, in: Haftung im qualifizierten faktischen GmbH-Konzern – Verbleibende Relevanz nach dem TBB-Urteil?, S. 52; *ders*., ZGR 1985, S. 598, 606.

187 Vgl. etwa die Diskussion um Stundungs- und Befristungsvereinbarungen von Ansprüchen der Gesellschaft gegen den Gesellschafter. Sie seien auch dann nicht mit § 30 Abs. 1 GmbHG vereinbar, wenn der Leistungsaufschub durch Zinsen oder auf andere Weise vergütet werde, da damit trotzdem der Nutzungswert des Kapitals nicht adäquat ausgeglichen werde, vgl. *Stimpel*, in: Festschrift 100 Jahre GmbH-Gesetz, S. 335, 346 ff.; *BGHZ* 81, 311, 320 f. („*Sonnenring*"). Zu anderen, speziell konzernbedingten Maßnahmen: *Limmer*, Die Haftungsverfassung des faktischen GmbH-

Der Wert vieler Wirtschaftsgüter, insbesondere solcher immaterieller Art, ist meist kaum konkret bestimmbar. Was zukunftsorientierte Investitionsentscheidungen betrifft, so zeigen diese erst nach langer Zeit ihre vor- oder nachteilige Wirkung.

III. Kein Schadensersatz

Schließlich und vor allem ist zum Zwecke der Ermittlung der Reichweite und Grenzen des gesetzlichen Kapitalerhaltungssystems auch die angeordnete Rechtsfolge zu betrachten. § 31 Abs. 1 GmbHG bestimmt im Falle des Verstoßes einen Anspruch der Gesellschaft gegen den Gesellschafter auf Rückgewähr des Auszahlungsgegenstandes. Der der GmbH zugefügte Schaden reicht jedoch häufig weit über den konkret entnommenen Geldwert hinaus und bedarf einer Kompensation. Wird der Gesellschaft etwa in einer empfindlichen Phase Liquidität entzogen, die für die Fortführung ihres Geschäftsbetriebs unentbehrlich ist, so kann dies leicht zu einer Anhäufung von nicht erfüllbaren Verbindlichkeiten führen. Diese führen dann nicht nur zu einer Unterbilanz, sondern tief in die Überschuldung. Eine Rückzahlung der entnommenen Barmittel kann den dann verursachten Schaden der Gläubiger nicht mehr abdecken. Dies hängt eng mit den rechtspraktisch wenig effizienten Regeln des Insolvenzrechts, § 64 Abs. 1 und 2 GmbHG, §§ 129 ff. InsO, zusammen. Während eine „rechtzeitige" Auflösung und Liquidation der Gesellschaft gemäß §§ 65 ff. GmbHG regelmäßig eine weitgehende Befriedigung der Gläubiger gewährleistet[188], entstehen selbst bei einem sofort nach Zahlungsunfähigkeit oder Überschuldung gestellten Insolvenzantrag mit anschließendem Insolvenzverfahren in den allermeisten Fällen Kosten und Verluste, die eine vollständige oder auch nur annähernd vollständige Befriedigung der

Konzerns, S. 42; detailliert *Ebenroth*, Die verdeckten Vermögenszuwendungen im transnationalen Unternehmen, S. 18 ff., 140 ff.

188 *Winter*, Mitgliedschaftliche Treuebindungen im GmbH-Recht, S. 204; *ders.*, ZGR 1994, S. 570, 586; *Ziegler*, WM 1989, S. 1041, 1044; *Priester*, ZGR 1993, S. 512, 520 f.
§ 73 GmbHG sieht für den Fall der Liquidation vor, dass die Verteilung des Gesellschaftsvermögens unter die Gesellschafter nicht vor Tilgung oder Sicherstellung der Schulden der Gesellschaft vorgenommen werden darf. Die Vorschrift verbietet damit eine vorzeitige Auszehrung des Gesellschaftsvermögens. Zudem ist sie anders als § 30 GmbHG nicht auf die Erhaltung des Stammkapitals beschränkt, vgl. *Ziegler*, aaO.

Gläubiger unmöglich machen[189]. Laufende Verbindlichkeiten der Gesellschaft wie z.B. Miet-, Energie-, Lohnkosten oder Sozialplanansprüche können nicht sofort eingestellt werden und verringern die verbleibende Haftungsmasse[190]. Zudem kommt es im Insolvenzfall zu Zerschlagungsverlusten[191], da der Liquidationswert des Aktivvermögens meist weit niedriger ist als der Buchwert der einzelnen Gegenstände. Schließlich sind auch die Kosten des Insolvenzverfahrens und die sonstigen Masseverbindlichkeiten zu berücksichtigen, die gemäß § 53 InsO aus der Insolvenzmasse vorweg zu befriedigen sind. Von den Kosten des Insolvenzverfahrens werden gemäß § 54 InsO die Gerichtskosten sowie Vergütungen und Auslagen des Insolvenzverwalters erfasst. Zu den sonstigen Masseverbindlichkeiten zählen gemäß § 55 Abs. 1 InsO u.a. die Ansprüche, die durch Handlungen des Insolvenzverwalters oder in anderer Weise durch die Verwaltung, Verwertung und Verteilung der Insolvenzmasse begründet werden. Die Stammkapitalerhaltungsregeln erfassen all diese Folgeschäden nicht, da sie keine Schadensersatzansprüche darstellen. Auf dieselbe Schwierigkeit der begrenzten Rechtsfolge stößt eine Anfechtung gemäß §§ 129 ff. InsO. Sie hat lediglich eine Rückgängigmachung der Vermögensverschiebung zur Folge[192].

Zwar sehen die Insolvenzverschleppungshaftung des Geschäftsführers gemäß § 823 Abs. 2 BGB i.V.m. § 64 Abs. 1 GmbHG sowie die Vorschrift des § 64 Abs. 2 GmbHG Schadensersatzansprüche vor, die über die Figur des „faktischen Geschäftsführers"[193] oder die Teilnahmeregeln gemäß §§ 830 Abs. 1 und 2, 840 BGB[194] auch auf die (formal) nichtgeschäftsführenden Gesellschafter Anwendung finden könnten. Sie schaffen jedoch gleichfalls keine Abhilfe, da sie nur gegen eine verspätete Antragstellung und zusätzliche Vermögenseingriffe *nach* Eintritt der Insolvenz schützen. Die vor dem wirtschaftlichen Zusammenbruch der Gesellschaft gesetzten Ursachen für die Insolvenzreife und ihre Folgen werden dagegen nicht erfasst. Auch ansonsten gelten die hier skizzierten Grenzen der Gesellschafterhaftung in gleicher Weise für eine in Betracht kommende Ge-

---

189 *Fleck*, ZHR 149 (1985), S. 387, 394; *ders.*, ZGR 1990, S. 31, 37; *Roth*, ZGR 1993, S. 170, 171; *Bitter*, WM 2001, S. 2133, 2136; *Haas*, Geschäftsführerhaftung und Gläubigerschutz, S. 30 ff.

190 Vgl. *Röhricht*, in: Festschrift aus Anlass des fünfzigjährigen Bestehens von Bundesgerichtshof, Bundesanwaltschaft und Rechtsanwaltschaft beim Bundesgerichtshof, S. 83, 95.

191 *K. Schmidt*, ZIP 1988, S. 1497, 1502; *Drygala*, GmbHR 1993, S. 317, 321; *Haas*, aaO., S. 31; *BGHZ* 76, 326, 335.

192 *Nassall*, ZIP 2003, S. 969 ff. will dennoch die insolvenzrechtlichen Regeln zum Schutz der Gläubiger genügen lassen.

193 Dazu näher *Stein*, Das faktische Organ, S. 154 ff., 173 ff.; *dies.*, ZHR 148 (1984), S. 207, 212 ff.; *Weimar*, GmbHR 1997, S. 473, 474 ff.; *Roth*, ZGR 1989, S. 421 ff.

194 Dazu näher *Ehricke*, ZGR 2000, 351 ff.

schäftsführerhaftung gemäß § 43 GmbHG. Soweit der Gesellschafter selbst die Geschäftsführerposition inne hat oder aber der personenverschiedene Geschäftsführer auf Weisung des Gesellschafters handelt, kann die Haftung des Geschäftsführers nicht über die des Gesellschafters hinausgehen. Die Gesellschafter haben in der GmbH die übergeordnete Geschäftsführungskompetenz und sind dem Geschäftsführer gegenüber prinzipiell unbeschränkt weisungsbefugt[195]. Bei einverständlich handelnden Gesellschaftern in der Mehrpersonen-GmbH bzw. im Falle der Einpersonen-GmbH stößt nach den gesetzlichen Bestimmungen die Weisungsmacht erst dort auf Grenzen, wo ein Verstoß gegen die Stammkapitalvorschriften gemäß §§ 43 Abs. 3, 64 Abs. 2, S. 3 GmbHG vorliegt, die Pflicht zum rechtzeitigen Antrag auf Eröffnung des Insolvenzverfahrens nach § 64 Abs. 1 GmbHG im Raume steht oder masseschmälernde Zahlungen nach Eintritt der Insolvenz entgegen § 64 Abs. 2, S. 1 GmbHG vorgenommen werden[196].

Auf Grund dieser Defizite der Kapitalerhaltungsvorschriften ist auch der Bericht der *High Level Group of Company Law Experts*[197] zu dem Ergebnis gekommen, dass das gesetzliche Mindestkapital als „Ausschüttungssperre" nur geringen Gläubigerschutz biete. Insbesondere bestehe in weitem Maße Spielraum für Vermögensverteilungen, ohne dass es auf die Frage der Solvenz der Gesellschaft ankommen würde[198]. Die Gläubiger seien weniger an der Erhaltung des meist niedrig angesetzten Stammkapitals interessiert, sondern vielmehr an der Erhaltung der Fähigkeit der Gesellschaft, ihren kurz- und langfristigen Verbindlichkeiten nachzukommen[199]. Die festgestellten Jahresabschlüsse seien hierfür ein wenig verlässlicher Indikator[200].

---

195 *Ehricke*, ZGR 2000, S. 351, 362; *Altmeppen*, ZIP 2001, S. 1837, 1840, 1842 f.; *Fleck*, ZHR 149 (1985), S. 387, 403 f.; *Haas*, Geschäftsführerhaftung und Gläubigerschutz, S. 35 f.; *Stein*, Das faktische Organ, S. 154.

196 Vgl. *BGHZ* 31, 258, 278; *Ehricke*, ZGR 2000, S. 351, 363, 376; *Ulmer*, in: Hachenburg, GmbHG, § 64, Rn. 7, 32; *Scholz-K. Schmidt*, GmbHG § 64, Rn. 4; *Altmeppen*, aaO., 1843; *Fleck*, aaO., 393 f., 408, 410 f.

197 Vgl. *Report of the High Level Group of Company Law Experts on a modern regulatory framework for Company Law in Europe,* Chapter IV, Brussels, November 4, 2002. Das Kapitel behandelt zwar die Aktiengesellschaft, ist aber in ihren Aussagen zur Tauglichkeit des Mindestkapitals zum Gläubigerschutz gleichermaßen auf die GmbH anwendbar.

198 Vgl. auch Stellungnahme der *Group of German Experts on Corporate Law,* ZIP 2002, S. 1310, 1316, 1318; ZIP 2003, S. 863, 871, 874.

199 *Report of the High Level Group of Company Law Experts on a modern regulatory framework for Company Law in Europe,* aaO., Chapter IV 2.

200 *Report of the High Level Group of Company Law Experts on a modern regulatory framework for Company Law in Europe,* aaO.

B) Vorgeschlagene Lösungsmechanismen

I. Abhilfe durch Veränderung der Bilanzierungsregeln

Ulmer[201] hat zum Zwecke der Behebung der Schutzdefizite der Kapitalerhaltungsvorschriften eine Änderung der Bilanzierungsmethode vorgeschlagen. Die zu erstellende Vermögensrechnung habe sich an den Zukunftsaussichten der GmbH zu orientieren. Es komme entscheidend darauf an, ob trotz drohender oder schon eingetretener Vermögensnachteile eine Fortbestehensprognose für die GmbH erstellt werden könne. Soweit dies zu bejahen sei, bleibe es bei der bisherigen Bewertungsmethode nach den Fortführungswerten der Jahresbilanz. Wenn der Zusammenbruch der Gesellschaft jedoch absehbar sei oder mit ihm ernsthaft gerechnet werden müsse, so seien den besonderen, der GmbH aus der bestandsgefährdenden Maßnahme drohenden Risiken Rechnung zu tragen, und zwar durch entsprechende Wertberichtigungen auf der Aktivseite, d.h. der Erstellung einer an Liquidationswerten orientierten Vermögensbilanz, sowie durch die Bildung von Rückstellungen zur Abdeckung der mit einem Zusammenbruch der Gesellschaft verbundenen Zusatzbelastungen. Mit Hilfe dieser Grundsätze könnte das regelmäßige Eingreifen des Verbots des § 30 GmbHG im Falle von existenzgefährdenden verdeckten Gewinnausschüttungen erreicht werden.

Zu Recht hat *Röhricht*[202] diesem Lösungsansatz entgegen gehalten, dass er mit den geltenden Bilanzierungsregeln nicht zu vereinbaren ist. Eine solche Bilanz würde nämlich eine Vermischung von Erfolgsbilanz nach fortgeführten Buchwerten und Überschuldungsbilanz[203] darstellen und zudem prognostische Elemente enthalten. Das Bilanzrecht kennt jedoch lediglich die Vermögensbilanz einerseits und die den Buchwerten folgende Erfolgsbilanz andererseits, die jeweils ihren eigenen Regeln unterliegen[204]. Gegen den bilanztechnischen Vorschlag ist darüber hinaus einzuwenden, dass nicht die mangelhafte Gläubigerbefriedigung an sich bereits die Einräumung entsprechenden Schutzes rechtfertigt. In den allermeisten Fällen einer Insolvenz werden die Forderungen der Gläubiger

---

201 In: Festschrift Pfeiffer, S. 853, 868 f. Diesen Ansatz greifen auf und schließen sich an: *Weber*, ZHR 155 (1991), S. 120, 124; *Kleffner*, Erhaltung des Stammkapitals und Haftung nach §§ 30, 31 GmbHG, S. 31 f.; *Beinert*, Die Konzernhaftung für die satzungsgemäß abhängig gegründete GmbH, S. 86 f.

202 In: Festschrift aus Anlass des fünfzigjährigen Bestehens von Bundesgerichtshof, Bundesanwaltschaft und Rechtsanwaltschaft beim Bundesgerichtshof, S. 83, 95.

203 Vgl. hierzu *Schulze-Osterloh*, in: Baumbach/Hueck, GmbHG, § 64, Rn. 13 ff., 24 f.; *BGH*, ZIP 1992, S. 1382, 1386.

204 Vgl. auch Rowedder-*Pentz*, GmbHG, § 30, Rn. 51; *Fleischer*, ZIP 1996, S. 773, 774; *Mönning*, in: Nerlich/Römermann, InsO, § 19, Rn. 32.

nicht vollständig erfüllt[205]. Dies allein darf noch nicht die Haftung der Gesellschafter auslösen, denn der Gesellschafter darf aufgrund seiner Dispositionsfreiheit grundsätzlich auch riskante unternehmerische Maßnahmen, die die Existenz der GmbH gefährden, vornehmen[206]. Die Gläubiger teilen mit den Gesellschaftern das typische Risiko des wirtschaftlichen Scheiterns des Unternehmens bzw. tragen aufgrund des relativ geringen Mindeststammkapitals in der Regel den überwiegenden Teil. Erst wenn der vom Gesetz bereits zu Lasten der Gläubiger hingenommene Wahrscheinlichkeitswert für den Eintritt einer Insolvenz weiter erhöht wird, kommt ein ergänzender Schutz in Betracht. Die vorgeschlagene Bilanzierungsmethode missachtet diese Wertung, da danach jede existenzgefährdende Vermögensausschüttung die Kapitalerhaltungsregeln tangieren würde, unabhängig von der kaufmännischen Vertretbarkeit der Gesellschaftermaßnahme. Schließlich bietet der Lösungsansatz auch nur eine Teilkorrektur der festgestellten Defizite. Er berücksichtigt nicht hinreichend, dass nicht jede unternehmerische Maßnahme als eine „Auszahlung" in Form einer „verdeckten Gewinnausschüttung" gefasst werden kann, ohne dabei die Grenzen des Wortlauts über das mögliche Maß hinaus zu strapazieren.

Ausschließlich *de lege ferenda* berücksichtigungsfähig sind daher auch solche den Anwendungsbereich der §§ 30 f. GmbHG erweiternde Vorschläge, die aufgrund der Funktion der Kapitalerhaltungsvorschriften vertreten, dass das Stammkapital nicht mit dem Bilanzvermögen gleichzusetzen sei[207]. Es sei vielmehr auf das tatsächliche, zum Verkehrswert bestimmte Vermögen abzustellen, so dass eine unzulässige Auszahlung des geschützten Vermögens auch dann in Betracht komme, wenn sich bilanziell nichts ändere[208]. Daher könne etwa der Entzug von Gewinnchancen und Nutzungsmöglichkeiten als Auszahlung qualifiziert werden und führe zu einer Rückerstattungspflicht in Höhe des entgangenen Gewinns bzw. des Marktwerts der Leistung[209]. Mit dem geltenden Bilanz-/Bewertungsrecht ist dies jedoch nicht vereinbar. Gemäß § 252 Abs. 1, Nr. 1 und 2 HGB ist

205 Vgl. *Fleck*, ZHR 149 (1985), S. 387, 394; *ders.*, ZGR 1990, S. 31, 37; *Roth*, ZGR 1993, S. 170, 171; *Bitter*, WM 2001, S. 2133, 2136; *Haas*, Geschäftsführerhaftung und Gläubigerschutz, S. 30 ff.

206 Näher unten, Kapitel 4 A).

207 *Wilhelmi*, Der Grundsatz der Kapitalerhaltung im System des GmbH-Rechts, S. 102 ff.; *ders.*, DZWiR 2003, S. 45, 53. Vgl. auch *Mülbert*, ZGR 1995, S. 578, 593 f.; *Schön*, ZHR 159 (1995), S. 351, 359; *Haas*, Geschäftsführerhaftung und Gläubigerschutz, S. 157 ff., 163 ff. *Stimpel*, in: Festschrift 100 Jahre GmbHG, S. 335, 341 f., der allerdings ausdrücklich bestimmt, dass auf die realen Wertansätzen erst dann umzuschwenken sei, *nachdem* die Handelsbilanz ein unter die Stammkapitalziffer liegendes Gesellschaftsvermögen ausweise.

208 *Wilhelmi*, Der Grundsatz der Kapitalerhaltung im System des GmbH-Rechts, S. 128.

209 *Wilhelmi*, aaO., S. 165 ff.; *Servatius*, GmbHR 1998, S. 723, 726 f.

die Beachtung der Grundsätze der Bilanzidentität und der Unternehmensfortführung zwingend vorgeschrieben. Weiterhin ist die Aktivierung unselbständiger Wirtschaftsgüter wie z.B. Gewinnchancen nicht zulässig[210]. Es kommt daher vielfach de lege lata zu keiner oder nur unwesentlichen Verringerung des geschützten Vermögens. Nicht überzeugend, da systemwidrig, wäre es nun, im Rahmen der §§ 30 f. GmbHG die anerkannten handelsbilanziellen Regeln aufzuheben und eigenständige Grundsätze aufzustellen. So bestimmt auch § 42 Abs. 1 GmbHG ausdrücklich, dass das Stammkapital als gezeichnetes Kapital auszuweisen ist in einem nach den Maßstäben der §§ 242, 264 HGB aufzustellenden Jahresabschluss.

Zu weit geht daher auch eine jüngste Entscheidung des *BGH*[211], die die Kreditgewährungen an Gesellschafter, die nicht aus Rücklagen oder Gewinnvorträgen, sondern zu Lasten des gebundenen Vermögens der GmbH erfolgen, selbst dann grundsätzlich als verbotene Auszahlung des Stammkapitals bewertet, wenn der Rückzahlungsanspruch gegen den Gesellschafter im Einzelfall vollwertig sein sollte. Die Gewährung eines Darlehens ist im Falle eines vollwertigen Rückzahlungsanspruchs bilanzrechtlich neutral, da bei sicherer Bonität des Gesellschafters an Stelle der gewährten liquiden Mittel ein Rückzahlungsanspruch in der selben Höhe tritt und es sich somit um einen bloßen Aktiventausch handelt[212]. Nach Ansicht des *BGH*[213] greife aber diese rein bilanzielle Betrachtungsweise mit Rücksicht auf die Bedeutung des in § 30 Abs. 1 GmbHG verankerten Kapitalerhaltungsgrundsatzes zu kurz. Der Austausch liquider Haftungsmasse gegen eine zeitlich hinausgeschobene schuldrechtliche Forderung verschlechtere die Vermögenslage der Gesellschaft und die Befriedigungsaussichten ihrer Gläubiger[214]. Bei Unterbilanz der Gesellschaft sei deshalb gegenüber den Gesellschaftern nicht nur der bilanzielle Wert des Gesellschaftsvermögens zu wahren, sondern auch dessen reale Substanz zu erhalten und vor einer Aufspaltung in schuldrechtliche Ansprüche gegen den Gesellschafter zu schützen. Dieser vom *BGH* verfolgte Liquiditätsschutz der GmbH überschreitet jedoch die tatbestandlichen Grenzen der

---

210 Vgl. auch *Döllerer*, Verdeckte Gewinnausschüttungen und verdeckte Einlagen bei Kapitalgesellschaften, S. 40.

211 NZG 2004, S. 233.

212 So auch der *BGH*, aaO., 234, selbst. Vgl. weiter *Schneider*, in: Festschrift Döllerer, S. 537, 544; *Sotiropoulos*, GmbHR 1996, S. 653, 654; *Müller*, BB 1998, S. 1804, 1805; *Bähr/Hoos*, GmbHR 2004, S. 302, 303; *Helmreich*, GmbHR 2004, S. 457, 458.

213 AaO.

214 Vgl. auch *BGHZ* 81, 311, 320 f. („*Sonnenring*") = NJW 1982, S. 383, 385.

§§ 30 f. GmbHG[215]. Geschützt wird allein der rein rechnerische Wert der Stammkapitalziffer. Der Norm unterfallen nicht der Schutz des Gesellschaftsvermögens in seiner gegenständlichen Zusammensetzung, der Schutz der wirtschaftlichen Ertragskraft des Unternehmens[216] oder der Schutz vor bestimmten Risiken[217].

II. Abhilfe durch Erweiterung des Anwendungsbereichs der Treuepflicht

Zahlreiche Stimmen in der Literatur suchen die Gläubiger zu schützen, indem sie die Treuepflicht der Gesellschafter extensiv anwenden[218]. Spätestens mit der *ITT*-Entscheidung[219] hat sich eine solche Pflicht im GmbH-Recht fest verankert. Die Rechtsgrundlage der Treuepflicht liegt in der durch die Mitgliedschaft begründeten Sonderrechtsbeziehung zwischen GmbH und Gesellschafter bzw. zwischen den Gesellschaftern untereinander[220]. Die Mitgliedschaft in der GmbH vermittelt dem einzelnen Gesellschafter eine Vielzahl von Vermögens- und Verwaltungsrechten, deren Inhalt und Umfang sich durch die Regelungen der Satzung bestimmen[221]. Bei Wahrnehmung der mit der Mitgliedschaft verbundenen Einwirkungsmöglichkeiten auf das zur gemeinsamen Zweckverfolgung der GmbH gewidmete Gesellschaftsvermögen sowie auf den mitgliedschaftlichen Status der Mitgesellschafter ergeben sich immanente Bindungen der Rechtsausübung des einzelnen Gesellschafters. Es wäre ein Widerspruch in sich, wollte man einen gemeinsamen Zweck statuieren, ohne die Mitglieder an seine Verfolgung gebun-

---

215 Siehe auch *Schilmar*, DB 2004, S. 1411 f.; *Helmreich*, GmbHR 2004, S. 457, 459 f.; *Bähr/Hoos*, GmbHR 2004, S. 304, 305. Vgl. weiter *Jula/Breitbarth*, AG 1997, S. 256, 264.

216 *Schilmar*, aaO., 1412. Siehe bereits oben, Kapitel 3 A) I.

217 *Sotiropoulos*, GmbHR 1996, S. 653, 654.

218 Zuletzt *Ulmer*, ZIP 2001, S. 2021, 2026 f.; *K. Schmidt*, NJW 2001, S. 3577, 3579 f. Vgl. auch *Burgard*, ZIP 2002, S. 827, 831 ff.

219 *BGHZ* 65, 15.

220 *K. Schmidt*, Gesellschaftsrecht, § 19 III 1, S. 552 ff., § 20 IV 1, S. 587 ff.; *ders*., JZ 1991, S. 157, 158; *Priester*, ZGR 1993, S. 512, 521. Vgl. auch *Zöllner*, Die Schranken mitgliedschaftlicher Stimmrechtsmacht bei den privatrechtlichen Personenverbänden, S. 335 ff.; *Lutter*, AcP 180 (1980), S. 84, 102 ff., 121; *Hennrichs*, AcP 195 (1995), S. 221, 225 ff., 234 ff. Auf den Gesellschaftsvertrag als Organisationsvertrag stellen dagegen ab: *Hüffer*, in: Festschrift Steindorff, S. 59, 64 ff.; *M. Weber*, Vormitgliedschaftliche Treubindungen, S. 148 ff.; *Henze*, BB 1996, S. 489, 492 (für AG); differenzierend *Winter*, aaO., S. 63 ff., 67 ff., der die Treuebindung gegenüber der Gesellschaft auf die Satzung stützt, für das Verhältnis der Gesellschafter untereinander jedoch auf die mitgliedschaftlich vermittelte Sonderbeziehung zurückgreift.

221 *Winter*, aaO., S. 69.

den zu erklären[222]. Die Treuepflicht ist also Korrelat für die Einwirkungsmöglichkeiten auf die Interessen der anderen Gesellschafter und verpflichtet jeden, seine Rechte unter Beachtung des gemeinsamen Zwecks auszuüben[223]. Genauer Grad, Intensität und Inhalt hängen dabei von der konkreten Ausgestaltung des Gesellschaftsvertrages sowie der Realstruktur der Gesellschaft[224] ab.

Verletzt der Gesellschafter schuldhaft die Treuepflicht, so werden Schadensersatzansprüche der GmbH bzw. der Mitgesellschafter ausgelöst[225]. Den Gläubigern kommt auf diese Weise ein „reflexartiger“[226] Schutz zu, da sie im Rahmen der Zwangsvollstreckung gegen die GmbH die Ansprüche pfänden und sich überweisen lassen können. Dieser Schutz versagt jedoch dann, wenn die Mitgesellschafter den schädigenden Maßnahmen nicht widersprechen oder es sich gar um eine Einpersonen-GmbH handelt und daher von vornherein keine anderen Gesellschafter existieren[227]. In diesen Fällen sind die Ziele und Interessen der GmbH, die von den Gesellschaftern autonom festgesetzt werden können, mit denen der Gesellschafter identisch. Es fehlt an einem „gesellschaftlichen Gegenüber“[228] der Treuepflicht. Ein Schadensersatzanspruch der GmbH gegen den Gesellschafter wegen Treuepflichtverletzung scheidet aus.

Im Schrifttum hat sich dennoch eine Lehre herausgebildet, die die Treuepflicht in einem erweiterten Sinne versteht, um die von den Kapitalerhaltungsre-

---

222 *Zöllner*, Die Schranken mitgliedschaftlicher Stimmrechtsmacht bei den privatrechtlichen Personenverbänden, S. 318.

223 Vgl. *Zöllner*, Die Schranken mitgliedschaftlicher Stimmrechtsmacht bei den privatrechtlichen Personenverbänden, S. 342; *Wiedemann*, Gesellschaftsrecht, Band I, § 8 II 3, S. 431 ff.; *Hüffer*, in: Festschrift Steindorff, S. 59, 73 ff.; *Rehbinder*, ZGR 1976, S. 386, 391; *M. Weber*, Vormitgliedschaftliche Treubindungen, S. 128 ff., 146 ff.; *Immenga*, Die personalistische Kapitalgesellschaft, S. 264 ff., 274; *Winter*, ZGR 1994, S. 570, 581; *Kort*, ZIP 1990, S. 294, 295 f.; *Henze*, NZG 2003, S. 649, 654. Eng miteinander verknüpft sind die funktionellen Aspekte Einwirkungskontrolle und Zweckförderungspflicht, die von den jeweiligen Autoren unterschiedlich stark betont werden; zusätzlich wird für besondere Fälle dem Aspekt Vertrauensschutz eine gewisse Bedeutung zugeschrieben, vgl. dazu auch *Armbrüster*, Die treuhänderische Beteiligung an Gesellschaften, S. 334 ff.

224 *Kort*, ZIP 1990, S. 294, 296; *Henze*, ZHR 162 (1998), S. 186.

225 *Rehbinder*, ZGR 1976, S. 386, 391 ff.; *Wiedemann*, JZ 1976, S. 392, 394; *Winter*, aaO., S. 87; Rowedder-*Pentz*, GmbHG, § 13, Rn. 84; *Habersack*, in: Emmerich/Habersack, Aktien- und GmbH-Konzernrecht, 3. Auflage, Anh. § 318, Rn. 30 f. Als Anspruchsgrundlage ist dabei § 280 Abs. 1 BGB heranzuziehen.

226 Vgl. *Lutter*, ZIP 1985, S. 1425, 1428 f.; *Rehbinder*, AG 1986, S. 85, 92; *Schwark*, JuS 1987, S. 443, 447.

227 Nach *Burgard*, ZIP 2002, S. 827 f. fehlt es bei rund 80 % aller GmbH am Korrektiv einer Minderheit, die einem Handeln der Mehrheit zu Lasten der Gesellschaft Grenzen setzt.

228 *Lutter*, ZIP 1985, S. 1425, 1428.

geln nicht umfassten Gläubigerschutzdefizite zu beheben. Sie geht davon aus, dass auch bei fehlender Betroffenheit von Mitgesellschaftern eine Treuepflichtverletzung gegenüber der GmbH anzunehmen sei, wenn existenzgefährdende Eingriffe vorgenommen würden[229]. Dadurch wäre der „reflexartige“ Gläubigerschutz stets gewährleistet. Dieser Ansatz missachtet jedoch Bedeutung und Funktion der Treuepflicht und ist allein ergebnisorientiert. Die Treuepflicht hat sich nämlich am Verbandsinteresse zu orientieren. Darunter versteht man das Interesse, das diejenigen Einzelinteressen der Gesellschafter bündelt und konkretisiert, zu deren Erreichung die Gesellschaft gegründet wurde[230]. Die Funktion der Treuepflicht liegt in der Förderung dieses *gemeinsamen* satzungsgemäßen Zwecks[231], oder anders ausgedrückt: Es soll den Gesellschaftern verwehrt bleiben, eigene Interessen bzw. gesellschaftsfremde Interessen zu Lasten des *gemeinsam* aufgebrachten GmbH-Vermögens zu verfolgen. Wenn nun in der GmbH keine anderen Mitgesellschafter existieren bzw. die Maßnahme im Einvernehmen aller Gesellschafter vorgenommen wird, dann ist der zu fördernde und zu schützende gemeinsame Zweck nicht tangiert. Den Gesellschaftern gebührt die Entscheidungsmacht über die Ziele und Interessen der Gesellschaft, das Verbandsinteresse ist disponibel. Der Alleingesellschafter kann daher in der Einpersonen-GmbH zulässigerweise seine von ihm selbst festgelegten, eigenen Interessen verfolgen und in der Mehrpersonen-GmbH haben die Gesellschafter die Möglichkeit, sich im Einvernehmen von den Bindungen der Treuepflicht zu befreien. Es besteht insoweit kein Bedarf für das Korrelat Treuepflicht.

Was den Schutz der Gläubigerbelange betrifft, so ist hierfür die Treuepflicht konstruktiv nicht der richtige Standort. Gesellschafter- und Gläubigerinteresse werden von völlig unterschiedlichen Maßstäben und Kriterien bestimmt. Minderheitsschädigende Maßnahmen sind nicht notwendigerweise auch für die Gläubiger schutzwürdig, und umgekehrt können gläubigerschädigende Eingriffe für die

229 *K. Schmidt*, Gesellschaftsrecht, § 9 IV 4 c, S. 243 f., § 37 III 7, S. 1150 f., § 39 III 2 c, S. 1221 ff.; *ders.*, ZIP 1986, S. 146, 148; *ders.*, ZIP 1988, S. 1497, 1505; *ders.*, NJW 2001, S. 3577, 3579 f.; *Ulmer*, ZIP 2001, S. 2021, 2026; *Schnauder/Müller-Christmann*, JuS 1998, S. 980, 984 f.; *Priester*, ZGR 1993, S. 512, 521 ff. *Winter*, Mitgliedschaftliche Treuebindungen im GmbH-Recht, S. 190 ff., 202 ff.; *ders.*, ZGR 1994, S. 570, 585 ff., zieht zwar zwecks Ermittlung des konkreten Inhalts der Pflicht, nämlich dem Verbot von existenzgefährdenden Eingriffen, die Vorgaben des Liquidationsrechts heran, die dogmatische Grundlage erkennt aber auch er in der Treuepflicht. Für die konzernierte GmbH: *Ulmer*, ZHR 148 (1984), S. 391, 416 ff., 420; *ders.*, WPg. 1986, S. 685, 691 f.; *Emmerich*, AG 1975, S. 288.

230 *Fischer*, in: Ehrenberg, Handbuch des gesamten Handelsrechts, Dritter Band, I. Abteilung, S. 357; *Zöllner*, Die Schranken mitgliedschaftlicher Stimmrechtsmacht bei den privatrechtlichen Personenverbänden, S. 20.

231 *Lutter*, AcP 180 (1980), S. 84, 102 ff., 108 ff.

Gesellschafter ohne Belang bzw. sogar von Vorteil sein. Hilfreich ist in diesem Zusammenhang auch ein Rückgriff auf die im konzernrechtlichen Teil der Arbeit aufgeworfene Frage einer Koppelung von Gläubiger- und Minderheitenschutz[232]. Bereits dort hatte sich gezeigt, dass diese beiden Aspekte streng voneinander zu trennen sind, um eine Vermischung von unterschiedlichen Haftungsschwierigkeiten und Schutzstandards sowie daraus resultierende nicht sachgerechte Ergebnisse zu vermeiden. Auch an dieser Stelle ist zu beachten, dass der Anwendungsbereich der Treuepflicht auf die Regelung des Verbandsinteresses beschränkt bleiben muss. Sie kann nicht zur Behebung jeglicher sich stellender Schutzdefizite im GmbH-Recht herangezogen werden. Die Treuepflicht stellt keine Ausprägung des allgemeinen, wenig differenzierten Grundsatzes von Treu und Glauben gemäß § 242 BGB dar[233]. Vielmehr ist mit dem Verbandsverhältnis ein vergleichsweise konkreter Wertungsrahmen vorgegeben[234]. Dieser darf durch eine Einbeziehung von Gläubigerbelangen nicht aufgeweicht und der Unbestimmtheit Tür und Tor geöffnet werden.

III. Abhilfe durch das Deliktsrecht

Zur Bewältigung der GmbH-rechtlichen Gläubigerschutzdefizite kommt ferner in Betracht, das Deliktsrecht zur Hilfe zu nehmen[235]. Neben § 823 BGB ist vor allem § 826 BGB eine erwägenswerte Anspruchsgrundlage. Ein Schutz über § 826 BGB setzt jedoch voraus, dass die Gesellschafter den Gläubigern *vorsätzlich* Schaden zugefügt haben. Zwar bedarf es keiner Absicht im Sinne eines zielgerichteten Willens[236] und auch ist kein sicheres Wissen der Schädigung erforderlich. Vielmehr genügt bedingter Vorsatz, d.h. der Schädiger muss die Art und Richtung der Schädigungsfolgen erkannt und gewollt oder zumindest billigend in Kauf genommen haben[237]. Die nur allgemeine Vorstellung über eine mögliche Schädigung ist dabei jedoch nicht ausreichend, das Bewusstsein muss sich auf

232 Vgl. oben, Kapitel 2 C) III.

233 *Lutter*, AcP 180 (1980), S. 84, 103 ff., 114; *Raiser*, ZHR 151 (1987), S. 422, 423. Anders *Burgard*, ZIP 2002, S. 827, 834 f.

234 Vgl. *Limmer*, Die Haftungsverfassung des faktischen GmbH-Konzerns, S. 52.

235 Ausführlich zur deliktischen Haftung der Gesellschafter *Ziemons*, Die Haftung der Gesellschafter für Einflussnahmen auf die Geschäftsführung der GmbH, S. 183 ff.

236 *BGHZ* 8, 387, 393; *BGH*, NJW 1967, S. 493, 495; NJW 2000, S. 2896, 2897; Palandt-*Sprau*, BGB, § 826, Rn. 10; *Erman-Schiemann*, BGB, Band II, § 826, Rn. 14.

237 MüKo-*Wagner*, BGB, Band 5, § 826, Rn. 20; Palandt-*Sprau*, BGB, § 826, Rn. 10.

einzelne Schadenspositionen hin spezifiziert haben[238]. In der Praxis begegnet bereits der Nachweis von nur bedingtem Vorsatz erheblichen Beweisschwierigkeiten. Zwar kann von der Art und Weise des sittenwidrigen Verhaltens auf den Schädigungsvorsatz geschlossen werden, d.h. der Nachweis eines leichtfertigen Verhaltens des Schädigers lässt die Folgerung zu, dass dieser eine Schädigung des anderen in Kauf genommen habe[239]. Jedoch handelt es sich insoweit um einen Anscheinsbeweis, der durch Gegenbeweis des Inanspruchgenommenen wieder erschüttert werden kann[240]. Gerade bei unternehmerischen Risikogeschäften wird der Gesellschafter daher meist behaupten, er habe aufgrund der nicht auszuschließenden auch positiven Entwicklungsmöglichkeiten des Geschäfts auf einen günstigen Ausgang „vertraut“, um damit die Annahme einer „bewussten Fahrlässigkeit“ zu erreichen. In einer Entscheidung des *BGH*[241] aus dem Jahre 1959 etwa stand die Haftung wegen unzureichender Eigenkapitalausstattung der Gesellschaft in Frage. Nach den Feststellungen des Gerichts hatte der Beklagte mit dem wirtschaftlichen Erfolg der Gemeinschuldnerin „gerechnet“ und ihr auch mehrfach Geldbeträge aus seinem eigenen Vermögen zur Verfügung gestellt[242]. Das Gericht entschied aufgrund dessen, dass ein Vorsatz für die Zeit, während der der Beklagte „seinem Optimismus zum Opfer gefallen sei“, nicht anzunehmen sei[243]. Vielfach kommt es also zu der Feststellung einer unternehmerisch fehlerhaften, aber nicht unbedingt vorsätzlich schädigenden Maßnahme[244]. Hilfreich ist in diesem Zusammenhang auch ein Blick auf die Leitentscheidungen zum qualifizierten faktischen Konzern. In der *Tiefbau*-Entscheidung[245] scheiterte ein deliktsrechtlicher Anspruch auf den über die §§ 30, 31 GmbHG hinausgehenden Ausfallschaden am nicht bewiesenen Vorsatz. Das tatsächliche Vorbringen des Klägers reichte für die Annahme, die Beklagte habe schon bei Gründung der Gesellschaft die Schädigung der späteren Gläubiger „in Kauf genommen“, nicht aus[246].

---

238 *BGH*, NJW 1951, S. 596, 597; NJW 1963, S. 579, 580; WM 2001, S. 1454, 1457; Staudinger-*Oechsler*, BGB, § 826, Rn. 78; *Erman-Schiemann*, BGB, Band II, § 826, Rn. 15.

239 *BGH*, NJW 1962, S. 1766; WM 1975, S. 559, 560; WM 1984, S. 744, 745; WM 1986, S. 904, 906; WM 1995, S. 882, 895.

240 Staudinger-*Oechsler*, BGB, § 826, Rn. 96 ff.

241 *BGHZ* 31, 258.

242 *BGHZ*, aaO., 271, 279.

243 Vgl. darüber hinaus die Entscheidungen *BGHZ* 36, 252, 256; 62, 54, 56; *BGH*, WM 1961, S. 1126, 1127 f.; 1962, S. 962, 965; *BAG*, ZIP 1999, S. 24, 28.

244 Vgl. auch *Ehricke*, AcP 199 (1999), S. 257, 278; *Wüst*, JZ 1995, S. 990, 994; *Ulmer*, in: Hachenburg, GmbHG, Anh § 30, Rn. 32, 41 f., 49; *Scheel*, Konzerninsolvenzrecht, S. 391 f.

245 *BGH*, ZIP 1989, S. 440.

246 *BGH*, aaO., 445.

In der *Autokran*-Entscheidung[247] begnügte sich der *BGH* mit der knappen Begründung, die Klägerin habe außer allgemeinen Wendungen keinen konkreten Sachverhalt vorgetragen, aus dem sich eine vorsätzliche sittenwidrige Schädigung ergebe[248]. Will man also die subjektive Voraussetzung der Vorschrift ernst nehmen und sie nicht durch eine übermäßig extensive Anwendung rein objektiver Kriterien untergraben[249], so muss sich die Anwendbarkeit von § 826 BGB meist auf wenige Extremfälle wie der des direkten Griffs in die Kasse der Gesellschaft reduzieren[250].

Darüber hinaus ist es aber auch materiell-rechtlich gesehen zweifelhaft, ob ein Schutz der Gläubiger nur bei vorsätzlichen Schädigungen eingreifen sollte oder nicht auch andere mindere Verschuldensformen wie grobe Sorgfaltsverletzung genügen müssen[251]. Insoweit setzt § 823 BGB keine solch hohen Anforderungen und ist auch bei Fahrlässigkeit einschlägig. Jedoch ist die Anwendung von § 823 Abs. 1 BGB dem Einwand ausgesetzt, dass er auf absolute Rechte bzw. Rechtsgüter beschränkt ist und nicht das Vermögen erfasst[252]. Die vermögensschützende Norm des § 823 Abs. 2 BGB begegnet andererseits der Schwierigkeit, dass sie ein Schutzgesetz voraussetzt, wofür im Falle von nachteiligen Gesellschaftermaßnahmen der Straftatbestand des § 266 StGB nahe liegt. Damit werden aber wiederum für die angestrebte zivilrechtliche Haftung zusätzliche strafrechtliche Tatbestandsmerkmale zur Voraussetzung erhoben, die die Haftung erschweren bzw. die Problemlage nicht immer hinreichend sachgerecht erfassen. Dies leitet zu den erheblichen methodischen Argumenten über, die gegen das Deliktsrecht als ausreichendes Haftungsinstrument zur Deckung der Schutzlücken sprechen: Anspruchsgrundlagen deliktsrechtlicher Art können nicht das erforderliche „maßgetreue" Lösungskonzept für die spezifisch gesellschaftsrechtlichen Schwierigkeiten bieten und die erforderlichen Haftungsvoraussetzungen hinreichend konkretisieren. Besondere GmbH-rechtliche Problemlagen sind unter Berück-

---

247 ZIP 1985, S. 1263.

248 *BGH*, aaO., 1264 unter I. a).

249 So aber *Weitbrecht*, Haftung der Gesellschafter bei materieller Unterkapitalisierung der GmbH, S. 86 f.; *Kahler*, BB 1985, S. 1429, 1431, 1434; *Mertens*, ZHR 143 (1979), S. 174, 177, 184; *ders.*, in: Hachenburg, GmbHG, Anh § 13, Rn. 15. Vgl. auch die teilweise in der Rechtsprechung zu findende, bedenklich „verobjektivierende" Begründung des Vorsatzes, *BGH*, NJW 1956, S. 417, 418: „ [...] muss sie sich [...] so behandeln lassen, als habe sie gewusst und gebilligt, dass in diesem Fall Dritte Schäden erleiden könnten."

250 Vgl. *Ziemons*, Die Haftung der Gesellschafter für Einflussnahmen auf die Geschäftsführung der GmbH, S. 211.

251 Vgl. hierzu unten Kapitel 4 C) I. 2 a) und IV.

252 *BGHZ* 41, 123, 126 f.; *Erman-Schiemann*, BGB, Band II, § 823, Rn. 36; Palandt-*Sprau*, BGB, § 823, Rn. 1.

sichtigung der eigenen Wertungen des GmbHG zu diskutieren und mit Hilfe von selbständigen gesellschaftsrechtlichen Mitteln zu lösen[253]. Das Deliktsrecht vermittelt hier nur einen flankierenden Schutz. Es steht zu den zivil- und gesellschaftsrechtlichen Anspruchsgrundlagen im Verhältnis der Anspruchs(normen)-konkurrenz[254], d.h. die Normen schließen einander nicht aus, sondern sind selbständig nebeneinander anwendbar[255].

253 So auch *Röhricht,* in: Festschrift aus Anlass des fünfzigjährigen Bestehens von Bundesgerichtshof, Bundesanwaltschaft und Rechtsanwaltschaft beim Bundesgerichtshof, S. 83, 116. Anders *Römermann/Schröder*, GmbHR 2001, S. 1015, 1018 f.; *Schröder*, GmbHR 2002, S. 904, 905.

254 Zur Anspruchs(normen)konkurrenz siehe *Georgiades*, Die Anspruchskonkurrenz im Zivilrecht und Zivilprozessrecht, S. 163 ff., 219 ff.; *Larenz*, Methodenlehre der Rechtswissenschaft, S. 266 ff.

255 Zutreffend hat daher *BGH*, ZIP 2002, S. 1578 („*KBV*") einen gesellschaftsrechtlichen Anspruch wegen Existenzvernichtung erörtert, obwohl es bereits einen Anspruch aus § 826 BGB für gegeben erachtete. Bedenklich erscheint allerdings auch hier die allzu schnelle, nur knapp begründete Annahme des Schädigungsvorsatzes, vgl. *BGH*, aaO., 1579.

Kapitel 4: Behebung der Gläubigerschutzdefizite mit Hilfe einer Existenzvernichtungshaftung

In Anbetracht der Gläubigerschutzdefizite des GmbH-Rechts hat der *BGH* im *Bremer Vulkan*-Urteil[256] entschieden, dass neben der Erhaltung des Stammkapitals der Schutz einer GmbH gegen Eingriffe ihres Gesellschafters die Gewährleistung ihres Bestandes umfasse, die eine angemessene Rücksichtnahme auf die Eigenbelange der GmbH erfordere. Daran fehle es, wenn die GmbH infolge der Eingriffe ihres Gesellschafters ihren Verbindlichkeiten nicht mehr nachkommen könne. Konkret hatte die Tochter-GmbH auf Veranlassung ihrer Obergesellschaft zum Zwecke der Konzernfinanzierung sämtliche ihr von der Klägerin zur Verfügung gestellten Subventionsmittel in einen zentralen Cash-Pool, einen Liquiditätsverbund, eingebracht. Sie hatte sich damit letztendlich ihrer gesamten Liquidität begeben, da die Obergesellschaft später zusammenbrach und die Rückzahlungsforderungen der GmbH nicht erfüllen konnte. Dies hatte den wirtschaftlichen Zusammenbruch der GmbH und ihre mangelnde Fähigkeit, ihren Verbindlichkeiten nachzukommen, zur Folge. In der *KBV*-Entscheidung[257] hat der *BGH* dann Gelegenheit bekommen, seine neue Rechtsprechung zu konkretisieren. Die Entscheidung betraf Gesellschafter, die nach Zeichen einer wirtschaftlichen Krise zunächst der GmbH das Anlagevermögen entzogen. Einige Zeit später entschieden sie sich dafür, das Umlaufvermögen sowie die Forderungen auf eine Auffanggesellschaft zu übertragen und den Geschäftsbetrieb einzustellen. Die Verbindlichkeiten verblieben dagegen teilweise bei der masselosen GmbH und wurden nicht mit übernommen. Der *BGH* führt in seinen Gründen aus, dass das System der auf das Gesellschaftsvermögen beschränkten Haftung auf der unausgesprochenen, für das Recht der Kapitalgesellschaften jedoch grundlegenden Voraussetzung beruhe, dass das Gesellschaftsvermögen in der Gesellschaft zum Zwecke der Befriedigung ihrer Gläubiger verbleiben müsse und damit der Dispositionsbefugnis der Gesellschafter entzogen sei[258]. Die GmbH habe zwar keinen Anspruch gegen ihre Gesellschafter auf Gewährleistung ihres Bestandes[259]. Prinzipiell könnten sie die Existenz der Gesellschaft jederzeit beenden. Die Auflösung habe jedoch in einem geordneten Verfahren zu erfolgen, in dem die Vermö-

256 *BGHZ* 149, 10 = NJW 2001, S. 3622 = ZIP 2001, S. 1874.
257 *BGHZ* 151, 181 = ZIP 2002, S. 1578 = NJW 2002, S. 3024.
258 *BGH*, aaO., 1579 f.
259 *BGH*, aaO., 1580.

genswerte der Gesellschaft zunächst zur Befriedigung ihrer Gläubiger zu verwenden seien. Soweit nicht der der GmbH durch den Eingriff insgesamt zugefügte Nachteil bereits nach §§ 30, 31 GmbHG ausgeglichen werden könne und die Gläubiger von der Gesellschaft keine Befriedigung erlangen könnten, seien die Gläubiger außerhalb des Insolvenzverfahrens grundsätzlich berechtigt, ihre Forderungen unmittelbar gegen die an den Eingriffen in das Gesellschaftsvermögen mitwirkenden Gesellschafter geltend zu machen.

A) Zulässigkeit der Rechtsfortbildung

Um festzustellen, ob die Gläubigerschutzdefizite mit Hilfe einer solchen Gesellschafterhaftung für existenzvernichtende Eingriffe adäquat zu beheben sind, muss zunächst methodisch eine Rechtsfortbildung zulässig sein. Zulässig ist sie bei Vorliegen einer Gesetzeslücke[260]. Eine Gesetzeslücke liegt vor, wenn das Gesetz eine Regelung nicht enthält, obwohl die Rechtsordnung in ihrer Gesamtheit eine solche fordert[261]. Um dabei die notwendige Abgrenzung zum Bereich bloßer rechtspolitischer Wunschvorstellungen zu erreichen, bedarf es einer auf Grundlage von Wertungen und Zweck des Gesetzes zu ermittelnden Planwidrigkeit[262]. Die Defizite der Kapitalerhaltungsregeln dürfen vom verfolgten Gläubigerschutz des Gesetzgebers nicht beabsichtigt gewesen sein.

Die Begründung der Rechtsform der GmbH ist geprägt von (volks-)wirtschaftlichen Motiven[263]. Die GmbH bietet aufgrund ihrer Haftungsbeschränkung die Möglichkeit, mit vergleichsweise geringem Kapitaleinsatz am Geschäftsverkehr teilzunehmen und unternehmerisch tätig zu werden. Unternehmerinitiative und -investitionen werden so gefördert. Ganz bewusst hat der Gesetzgeber dabei das unternehmerische Risiko zu Lasten der Gläubiger verteilt. Während der Gesellschafter nur mit der betragsmäßig feststehenden Stammkapitaleinlage haftet, tragen die Gläubiger das darüber hinausgehende (typische) Risiko des wirtschaftlichen Scheiterns der Gesellschaft. Die Funktionsbedingungen der GmbH und ihrer Kapitalerhaltunsgregeln lassen sich gut anhand der *ökonomischen Analyse des*

260 *Bydlinski*, Juristische Methodenlehre und Rechtsbegriff, S. 472.

261 *Canaris*, Die Feststellung von Lücken im Gesetz, S. 39.

262 *Canaris*, aaO., S. 16 ff., 31 ff.; *Bydlinski*, Juristische Methodenlehre und Rechtsbegriff, S. 473; *Elze*, Lücken im Gesetz, S. 4 ff.; *Larenz/Canaris*, Methodenlehre der Rechtswissenschaft, S. 191 ff.; *BVerfGE* 82, 6, 12.

263 Vgl. *Kübler*, NJW 1993, S. 1204; *Wiedemann*, ZGR 2003, S. 283, 287 f.; *Raiser*, ZGR 1995, S. 156, 165; *Röhricht*, in: Festschrift aus Anlass des fünfzigjährigen Bestehens von Bundesgerichtshof, Bundesanwaltschaft und Rechtsanwaltschaft beim Bundesgerichtshof, S. 83, 98 f.; *Hölzle*, ZIP 2003, S. 1376.

Rechts veranschaulichen[264]. In der ökonomischen Analyse werden rechtliche Regelungen daraufhin überprüft, inwieweit sie die Verschwendung von Ressourcen verhindern und damit die Effizienz einer Volkswirtschaft erhöhen[265]. Die ökonomische Analyse entscheidet sich für diejenige Regelung, welche mit den geringsten Nutzenverlusten verbunden ist und dadurch den größten sozialen Gesamtnutzen verspricht[266]. Es versteht sich vor allem als ein Instrument zur Steuerung zukünftigen Verhaltens und nicht nur zur Lösung von konkreten Konflikten mit bereits eingetretenen ineffizienten Effekten[267]. Bereits präventiv sollen Anreize zu ökonomisch sinnvollem Verhalten gesetzt werden[268]. Effizient ist ein Zustand, bei dem die Transaktionskosten, d.h. die Kosten, die potentielle Vertragspartner aufwenden müssen, um einen Vertrag abzuschließen, gleich null sind[269]. Das Gesellschaftsrecht übernimmt dabei die Aufgabe, einen Standard von Vertragsbestimmungen zusammenzustellen, damit die Parteien nicht jedes Mal bei der Vornahme ihrer geschäftlichen Transaktionen die Bedingungen für ihre Zusammenarbeit neu aushandeln müssen[270]. Transaktionskosten können also in dem Umfang reduziert werden, wie die gesetzlichen Bestimmungen die durchschnittlichen Wünsche der Beteiligten widerspiegeln. Auszugehen ist dabei von rational denkenden, egoistisch nutzenmaximierenden Vertragsparteien, die ihren gemeinsamen Nutzen dadurch zu vergrößern suchen, dass immer derjenige ein spezifisches Risiko übernimmt, der dieses mit dem geringsten Aufwand („cheapest risk avoider“[271]) vermeiden bzw. bewältigen kann[272].

Soweit das Gesetz eine Haftungsbeschränkung ausspricht, ergibt sich der Nutzenvorteil aus der Ausschaltung bzw. Reduzierung der Risikoaversität der Gesellschafter[273]. Natürliche Personen sind nämlich grundsätzlich risikofeindlich

---

264 Vgl. dazu *Bitter*, Konzernrechtliche Durchgriffshaftung bei Personengesellschaften, § 6, S. 152 ff.; *Lehmann*, ZGR 1986, S. 345 ff.; *Roth*, ZGR 1986, S. 371 ff.; *Adams*, Eigentum, Kontrolle und beschränkte Haftung; *Fleischer*, ZGR 2001, S. 1, 16 ff.; *J. Meyer*, Haftungsbeschränkung im Recht der Handelsgesellschaften, S. 951 ff.; 975 ff.

265 *Bitter*, aaO., S. 152 f.; *Schäfer/Ott*, Lehrbuch der ökonomischen Analyse des Zivilrechts, S. 1; *Geiger*, Ökonomische Analyse des Konzernhaftungsrechts, S. 4 f.; *Burow*, JuS 1993, S. 8 f.

266 *Bitter*, aaO., S. 153.

267 *Bitter*, aaO., S. 153 f.; *Schäfer/Ott*, aaO., S. 15 ff.

268 *Bitter*, aaO., S. 154.

269 *Schäfer/Ott*, aaO., S. 5; *Burow*, JuS 1993, S. 10.

270 *Bitter*, aaO., S. 156; *Nacke*, Die Durchgriffshaftung in der U.S. amerikanischen Corporation, S. 225.

271 *Lehmann*, GmbHR 1992, S. 200, 204.

272 *Bitter*, aaO., S. 157; *Schäfer/Ott* aaO., S. 58 ff., 401.

273 *Bitter*, aaO., S. 169. Vgl. auch *Lehmann*, ZGR 1986, S. 345, 353 f.:„[...] vermag das Privileg der beschränkten Haftung unternehmerischen Pioniergeist zu beflügeln.“

eingestellt[274]. Nach dem Prinzip vom abnehmenden Grenznutzen des Einkommens nimmt der Nutzen für eine natürliche Person mit zunehmenden Einkommen nur unterproportional zu[275]. Jede zusätzliche Einkommenseinheit führt also zu einer immer geringeren Nutzensteigerung. Umgekehrt wird derselbe betragsmäßige Verlust als größerer Nutzenentgang bewertet, je weniger Restvermögen nach dem Verlust verbleibt. Besteht also für die natürliche Person die Möglichkeit des Totalverlustes, so unterbleiben Projekte, deren durchschnittlich zu erwartender Gewinn den durchschnittlich zu erwartenden Verlust übersteigt[276]. Die Haftungsbeschränkung verhindert dies, indem es dieses Risiko auf die Gläubiger verteilt. Die Gläubiger können dabei das von ihnen übernommene Risiko durch eine Diversifizierung der Lieferbeziehungen verhältnismäßig reduzieren und begrenzen[277]. Der den Gläubigern entstehende Nachteil verursacht einen geringeren Nutzenverlust als der den Gesellschaftern entstehende Nachteil im Falle eines von ihnen übernommenen vollen Risikos[278].

Das Eigenkapitalerfordernis hat nun in diesem Zusammenhang die Funktion der Verhinderung einer „Externalisierung von Kosten“[279]. Könnte der Unternehmer sämtliche Vorteile seiner Aktivitäten nutzen, die Nachteile und Kosten dagegen auf nicht kompensierte Dritte verlagern (Kostenexternalisierung), so würde er nicht genügend Sorgfalt anwenden und das Aktivitätsniveau über das ökonomisch sinnvolle Maß hinaus steigern. Es würden auch solche Projekte durchgeführt, die einen negativen Erwartungswert aufweisen, d.h. deren durchschnittlich zu erwartender Verlust den durchschnittlich zu erwartenden Gewinn übersteigt. Um eine Externalisierung von Kosten zu verhindern, findet beispielsweise eine Wagnisfinanzierung („venture capital“) nicht in Form von Fremd-, sondern Eigenkapital statt[280]. Der Fremdkapitalgeber wäre sonst nämlich auf seinen Festbetragsanspruch beschränkt und sein höheres Verlustrisiko würde nicht durch eine entsprechend höhere Gewinnbeteiligung kompensiert. Die Beteiligung des Unternehmers am Risiko durch die vorrangige Haftung des Eigenkapitals verhindert also das Eingehen übermäßig riskanter Unternehmensstrategien[281] und hat damit eine Senkung der Transaktionskosten zur Überwachung des Unternehmens, die bei einer ausschließlichen Fremdkapitalfinanzierung auftreten würden, zur Fol-

274 *Bitter*, aaO., S. 170; *Fleischer*, ZGR 2001, S. 1, 18.
275 *Schäfer/Ott*, aaO., S. 134 ff., 136.
276 *Bitter*, aaO., S. 169 f.
277 *Bitter*, aaO., S. 170.
278 *Bitter*, aaO., S. 180. Vgl. auch *Lehmann*, ZGR 1986, S. 345, 350.
279 *Bitter*, aaO., S. 182 f.; *Roth*, ZGR 1993, S. 170, 180 f.
280 *Bitter*, aaO., S. 198.
281 *Bitter*, aaO., S. 196; *Adams*, Eigentum, Kontrolle und beschränkte Haftung, S. 33 ff. Vgl. auch *Haas*, Geschäftsführerhaftung und Gläubigerschutz, S. 146.

ge[282]. Nur so wird der für alle Beteiligten entstehende Gesamtnutzen der Unternehmung erhöht. Wenn also die Eigenkapitalvorschriften in Einzelfällen nicht zur Anwendung kommen bzw. keine wirksame Beschränkung der durch die Externisierungsmöglichkeiten gegebenen Gefahren erreichen können, so ist für die vorliegenden Zwecke festzuhalten, dass dann unter Effizienzgesichtspunkten die gesetzlichen Gläubigerschutzregeln nicht vollständig sind. Aus ökonomischer Sicht sind diese Lücken daher insoweit planwidrig und bedürfen zur Funktionsfähigkeit der GmbH einer Ergänzung.

Diese den Stammkapitalerhaltungsvorschriften immanente Funktion, eine bestimmte, verhältnismäßige „Risikoallokation"[283] zu bewahren bzw. eine Erhöhung des vom Gesetz bereits akzeptierten Wahrscheinlichkeitswerts für den Eintritt einer insolvenzauslösenden Überschuldung zu vermeiden, hat aus juristischer Sicht auch *Mülbert*[284] herausgearbeitet. Die §§ 30 f. GmbHG wollen das Gesellschafterverhalten im Vorfeld der Auflösung und Abwicklung der GmbH steuern. Die gläubigerschützende Wirkung der Vorschriften dient weniger dem bereits eingetretenen Fall der Insolvenz, da sie in diesem Stadium nur sehr begrenzt die eingetretenen Schäden deckt[285]. Hauptaufgabe ist vielmehr die „Insolvenzprophylaxe"[286] im Interesse der Gläubiger. Als Risikopuffer reduziert das stammkapitaldeckende Vermögen die Wahrscheinlichkeit einer Insolvenz. Es besteht ein gesetzgeberischer Vermutungszusammenhang zwischen Stammkapitaldeckung und Insolvenzrisiko dergestalt, dass nachteilige Gesellschaftereingriffe bei Unversehrtheit des Stammkapitals den vom Gesetz aufgrund der Haftungsbeschränkung bereits als unvermeidlich hingenommenen Wahrscheinlichkeitswert eines Insolvenzeintritts nicht weiter erhöhen[287]. Wird nun dennoch in Folge von bestimmten Gesellschaftereingriffen diese Wahrscheinlichkeit zu Lasten der Gläubiger erhöht, so gebieten Sinn und Zweck der Vorschriften einen ergänzenden Gläubigerschutz. Gleichgültig ist dabei, ob die Eingriffe der Gesellschafter bereits nicht unter die Tatbestandsmerkmale des § 30 GmbHG gefasst werden können und daher erst gar nicht das Stammkapital tangieren, oder die Lücke die angeordneten Rechtsfolgen der Kapitalerhaltungsvorschriften betrifft. Im ersten Fall wird die gesetzlich angenommene Wahrscheinlichkeit zu Lasten der Gläubiger

---

282 *Bitter*, aaO., S. 194; *Nacke*, Die Durchgriffshaftung in der U.S. amerikanischen Corporation, S. 266.
283 *Lehmann*, GmbHR 1992, S. 200, 204. Siehe auch *Wiedemann*, ZGR 2003, S. 283, 287.
284 DStR 2001, S. 1937, 1942.
285 Vgl. dazu bereits oben, Kapitel 3 A) III.
286 *Mülbert*, DStR 2001, S. 1937, 1942.
287 *Mülbert*, aaO.

erhöht, im zweiten Fall die Wahrscheinlichkeit der Vermeidung einer Insolvenz nicht in der vorausgesetzten Weise reduziert.

Gegen die Planwidrigkeit der Gläubigerschutzdefizite der Kapitalerhaltungsregeln spricht nicht die den Gesellschaftern gewährte Dispositionsfreiheit. Aus der Dispositionsfreiheit die gesetzgeberische Intention herzuleiten, die Gesellschafter könnten bis zur Grenze, die § 30 GmbHG zieht, die GmbH „ausbluten" lassen[288], ist nicht überzeugend. Gewiss genießen die Gesellschafter einen weiten unternehmerischen Ermessensspielraum. Die Gläubiger erklären sich bei Abschluss eines Vertrages mit einer GmbH bereit, das typische Risiko des wirtschaftlichen Zusammenbruchs mit den Gesellschaftern zu teilen bzw. aufgrund des relativ geringen Mindeststammkapitals den in der Regel überwiegenden Teil zu tragen. Dieses Risiko umfasst nicht nur rein „exogene Schocks"[289], sondern durchaus auch solches für Managementfehlentscheidungen. Die Publizitätspflicht und die obligatorische Bezeichnung der Gesellschaft „mit beschränkter Haftung" gemäß § 4 Abs. 2 GmbHG gewährleistet dabei, dass die Gläubiger von dieser Risikoverteilung vor Geschäftsabschluss Kenntnis erlangen und wissen, worauf sie sich einlassen. Im Gegenzug bringen aber die Gesellschafter mit der Aufbringung des Stammkapitals gegenüber den Gläubigern, die keinen Einblick in die internen Geschäftsvorgänge haben, zum Ausdruck, Mindestprinzipien kaufmännischer Sorgfaltsanforderungen zu respektieren[290], um einen Ausfall der GmbH zu vermeiden. Die vorrangige Haftung des Eigenkapitals macht deutlich, dass die Gesellschafter „bemüht" sein müssen, das eingeräumte Fremdkapital nicht zu belasten. Werden also Grundsätze kaufmännischer Sorgfalt nicht beachtet und dadurch das Risiko der Gläubiger in atypischer Weise erhöht, so setzen sich die Gesellschafter in Widerspruch zu ihrem mit der Eigenkapitalaufbringung gesetzten eigenen Verhalten. Dies tangiert das sich aus § 242 BGB ergebende Prinzip des „venire contra factum proprium". Eine Verletzung solcher elementarer Prinzipien des Zivil- und Gesellschaftsrechts sanktionslos zu lassen, kann vom Gesetzgeber gewiss nicht gewollt sein[291].

---

288 So *Ehricke*, AcP 199 (1999), S. 257, 286, 303.

289 *Mülbert*, DStR 2001, S. 1937, 1942.

290 Vgl. *Röhricht*, in: Festschrift aus Anlass des fünfzigjährigen Bestehens von Bundesgerichtshof, Bundesanwaltschaft und Rechtsanwaltschaft beim Bundesgerichtshof, S. 83, 100 f.; *ders.*, in: Gesellschaftsrecht in der Diskussion 2002, S. 3, 31; *Koppensteiner*, in: Festschrift Honsell, S. 607, 612; *Altmeppen*, ZIP 2001, S. 1837, 1845.

291 Auch *Ehricke*, AcP 199 (1999), S. 257, 303 räumt ein, dass in extrem gelagerten Ausnahmefällen, so wenn ein Gesellschafter mit Hilfe der GmbH eine bestimmte Person bewusst schädigt oder wenn er sich mit seinem Tun gegen das Verbot widersprüchlichen Verhaltens setzt, für die Folgen seines Verhaltens einstehen muss.

Schließlich ergibt sich auch nicht etwas anderes daraus, dass der Gesetzgeber im Rahmen der GmbHG-Novellen das Bedürfnis nach zusätzlichem Gläubigerschutz erkannt und in den §§ 32a, 32b GmbHG sogar teilweise eine Finanzierungsfolgeverantwortung der Gesellschafter kodifiziert hat. Das Fehlen einer darüber hinausgehenden Regulierung im Hinblick auf ein Gebot, bei Einwirken auf die Gesellschaft bestimmte Mindestprinzipien kaufmännischer Sorgfalt zu achten und auf die Zweckbindung des Gesellschaftsvermögens zur vorrangigen Befriedigung der Gläubiger gewisse Rücksicht zu nehmen, spricht noch nicht dafür, dass der Gesetzgeber solche Lücken hinzunehmen bereit gewesen ist[292]. Die §§ 32a, 32b haben keinen abschließenden Charakter. Die vom *BGH* aus allgemeinen Grundsätzen entwickelten Regeln zu eigenkapitalersetzenden Gesellschafterdarlehen etwa bleiben weiterhin anwendbar[293]. Methodisch besteht durchaus die Möglichkeit, dass der Gesetzgeber bestimmte Fragen bewusst offen lässt, um ihre Lösung Rechtsprechung und Wissenschaft zu überlassen[294]. Eine ausfüllungsbedürftige planwidrige Regelungslücke im Hinblick auf Gesellschaftereingriffe, die die „gebotene angemessene Rücksichtnahme auf die Erhaltung der Fähigkeit der Gesellschaft zur Bedienung ihrer Verbindlichkeiten [...] vermissen lassen“[295], kann folglich nicht grundsätzlich in Abrede gestellt werden. Die von den Kapitalerhaltungsregeln nicht geschützten Fallgestaltungen wie der Einsatz der GmbH in einer Weise, dass sie allein die Verlustrisiken trägt und keine realistische Chance hat, Gewinne zumindest in der Höhe zu erwirtschaften, um die eingegangenen Verbindlichkeiten zu erfüllen[296], oder der unternehmerisch nicht mehr zu vertretende Entzug der materiell wertvollen Vermögenspositionen der Gesellschaft, der den wirtschaftlichen Ruin der Gesellschaft zur Folge hat[297], sind nicht mehr von dem vom Gläubiger bei Vertragsschluss akzeptierten und übernommenen Unternehmensrisiko erfasst und bedürfen einer besonderen Rege-

---

292 Für den Fall der „materiellen Unterkapitalisierung“ etwa schließt *Ehricke,* aaO., 284 f. aus der fehlenden Regulierung des Gesetzgebers trotz Kenntnis von der Problematik auf eine nicht gegebene Planwidrigkeit.

293 *BGHZ* 90, 370, 377 ff.; 95, 188, 192; *Hueck/Fastrich*, in: Baumbach/Hueck, GmbHG, § 32a, Rn. 4, 72 ff.; *Lutter/Hommelhoff*, in: Lutter/Hommelhoff, GmbHG, § 32a/b, Rn. 10 ff.

294 Vgl. *Canaris*, Die Feststellung von Lücken im Gesetz, S. 134 f.; *Larenz*, Methodenlehre der Rechtswissenschaft, S. 377, 379.

295 *BGH*, ZIP 2002, S. 1578 unter Leitsatz 1 („*KBV*“).

296 Vgl. *Röhricht*, in: Festschrift aus Anlass des fünfzigjährigen Bestehens von Bundesgerichtshof, Bundesanwaltschaft und Rechtsanwaltschaft beim Bundesgerichtshof, S. 83, 100 f. Siehe dazu aus der Rechtsprechung *BGH*, WM 1994, S. 203, 204 („*EDV-Peripherie*“).

297 *Winter*, Mitgliedschaftliche Treuebindungen im GmbH-Recht, S. 206 spricht von einer „Liquidation auf kaltem Wege“.

lung[298]. Freilich ist mit der Rechtsfortbildung sehr „sparsam" umzugehen. Nur besondere Ausnahmefälle sind darunter zu fassen. Daher ist im Laufe der Arbeit bei den einzeln noch zu konkretisierenden Haftungsvoraussetzungen die Frage der nicht beabsichtigten Unvollständigkeit des Gesetzes wieder aufzugreifen. An dieser Stelle soll nur der grundsätzlich erforderliche und zulässige Bedarf an ergänzendem Gläubigerschutz im Hinblick auf die Einhaltung eines bestimmten Standards an kaufmännischer Sorgfalt zum Zwecke der Erhaltung der Fähigkeit der Gesellschaft, ihren Verbindlichkeiten nachzukommen, festgehalten werden.

B) Die dogmatische Grundlage

Nunmehr gilt es, die dogmatische Grundlage für die Haftung aus existenzvernichtendem Eingriff zu ermitteln.

Der *BGH* ließ in seinen ersten beiden Urteilen[299] zur Haftung aus existenzvernichtendem Eingriff eine klare dogmatische Einordnung noch nicht erkennen. Vielmehr entschied er nur *obiter*, dass der Schutz der GmbH auf die Erhaltung ihres Stammkapitals und die Gewährleistung ihres Bestandes beschränkt sei[300]. Letzteres verlange eine angemessene Rücksichtnahme auf die eigenen Belange der GmbH, die dann fehle, wenn die GmbH infolge der Eingriffe ihres Gesellschafters ihren Verbindlichkeiten nicht mehr nachkommen könne[301]. Der Hinweis auf die der Disposition des Gesellschafters entzogenen „eigenen Belange" der Gesellschaft hätte dabei als Anhaltspunkt für eine Favorisierung der Haftung der Gesellschafter gegenüber der GmbH und gegen eine Direkthaftung verstanden werden können. Im *KBV*-Urteil[302] hat sich der *BGH* aber schließlich auf eine teleologische Reduktion des Haftungsprivilegs des § 13 Abs. 2 GmbHG festgelegt. Er führt darin aus, dass die Beschränkung der Haftung auf das Gesellschaftsvermögen unabdingbar voraussetze, dass das zur Befriedigung der Gesellschaftsgläubiger notwendige Vermögen in der Gesellschaft verbleibe und der Dispositionsbefugnis der Gesellschafter entzogen sei[303]. Nur der nicht benötigte Überschuss stehe für eine Verteilung an die Gesellschafter frei[304]. Eine Außerachtlassung der gebotenen Rücksichtnahme auf diese Zweckbindung des Gesellschaftsvermögens stelle einen Missbrauch der Rechtsform der GmbH dar, der zu einem

298 Anders *Ehricke*, AcP 199 (1999), S. 257, 302 f.
299 *BGHZ* 149, 10 („*Bremer Vulkan*"); *BGH*, ZIP 2002, S. 848 ff.
300 *BGHZ*, aaO., 16.
301 *BGHZ*, aaO., 16; *BGH*, aaO., 850.
302 ZIP 2002, S. 1578, 1579 f.
303 *BGH*, aaO.
304 *BGH*, aaO., 1580.

Verlust des Haftungsprivilegs führe, soweit nicht der der Gesellschaft durch den Eingriff insgesamt zugefügte Nachteil schon nach §§ 30 f. GmbHG ausgeglichen werden könne oder kein ausreichender Ausgleich in das Gesellschaftsvermögen erfolge[305]. Die Rechtsprechung hat sich mithin für eine Durchgriffshaftung analog §§ 128, 129 HGB entschieden[306].

I. Schadensersatzhaftung wegen Fremdgeschäftsbesorgung

Fraglich ist, ob die Durchgriffshaftung analog §§ 128, 129 HGB eine adäquate dogmatische Grundlage bietet. Alternativ kommt eine Schadensersatzhaftung des Gesellschafters gegenüber der GmbH in Betracht.

Das Instrument der Durchgriffshaftung ist seit jeher Gegenstand unzähliger wissenschaftlicher Untersuchungen gewesen[307]. Dennoch sind bis heute nicht nur ihre Voraussetzungen, sondern auch ihre Geltungsberechtigung weiterhin heftig umstritten[308]. Sie wird daher auch als eine der schwierigsten und umstrittensten Problemkreise bezeichnet, die sich im Schnittbereich von Bürgerlichem Recht und Gesellschaftsrecht bewegt[309]. Die Rechtsprechung wendet sie äußerst zurückhaltend an[310]. Sie hat bisher keine fest umrissenen Tatbestände entwickelt,

305 *BGH*, aaO.

306 Vgl. auch schon vor dem „*KBV*"-Urteil *OLG Jena*, ZIP 2002, S. 631, 633 f. Siehe weiter *OLG Rostock*, ZIP 2004, S. 118.

307 Nur beispielhaft seien hier aufgezählt: *Serick*, Rechtsform und Realität juristischer Personen; *Müller-Freienfels*, AcP 156 (1957), S. 522 ff.; *Flume*, Allgemeiner Teil des Bürgerlichen Rechts I/2, S. 63 ff.; *Immenga*, Die personalistische Kapitalgesellschaft, S. 400 ff.; *Franzmann*, Die sogenannten Durchgriffstatbestände im Privatrecht als Problem einer interessengerechten Risikoverteilung; *Geißler*, GmbHR 1993, S. 71 ff.; *Weitbrecht*, Haftung der Gesellschafter bei materieller Unterkapitalisierung der GmbH; *Drax*, Durchgriffs- und Konzernhaftung der GmbH-Gesellschafter; *Mertens*, in: Hachenburg, GmbHG, § 13 Anh I, Rn. 36 ff.; *Hueck/Fastrich*, in: Baumbach/Hueck, GmbHG, § 13, Rn. 10 ff.

308 Vgl. Scholz-*Emmerich*, GmbHG, § 13, Rn. 76 f.; *Altmeppen*, ZIP 2001, S. 1837, 1842: „Die Durchgriffshaftung ist jedoch auf dem Stand der Dogmatik, den die Rechtswissenschaft bereits Mitte des vergangenen Jahrhunderts erreicht hatte."; *ders.*, ZIP 2002, S. 961, 966.

309 *K. Schmidt*, Gesellschaftsrecht, § 9 I. 2., S. 219; *Wiedemann*, Die Unternehmensgruppe im Privatrecht, S. 18; *Ehricke*, AcP 199 (1999), S. 257, 267.

310 Abgesehen von den nach dem Krieg entschiedenen Sonderfällen, in denen aufgrund von Durchgriffserwägungen eine Aufrechnung gegenüber Forderungen des Reichs oder des Bundes mit Forderungen gegen Kriegsgesellschaften zugelassen wurde, vgl. *BGHZ* 3, 316, 319 ff.; 10, 205, 206 ff.; 17, 19, 22 ff.; 26, 31, 35 f., sowie dem gleichfalls nicht verallgemeinerungsfähigen „*Siedler*"-Fall, vgl. *BGHZ* 54, 222, 224 ff., hat sich der *BGH* in aller Regel auf die Formel zurückgezogen, dass über die Rechtsform

und sich auf wenige Einzelfallentscheidungen beschränkt[311]. Von den sich im Laufe der Diskussion herausgebildeten Fallgruppen, nämlich Vermögensvermischung, Institutsmissbrauch und Unterkapitalisierung[312], hat nur die erstere durch die Praxis einigermaßen klare Konturen erfahren[313]. Aber auch in der Wissenschaft ist die Durchgriffshaftung nicht immer auf Zustimmung gestoßen. Ein entschiedener Gegner der Durchgriffshaftung ist *Wilhelm*, der diese in seiner Habilitationsschrift[314] eingehend untersucht hat. Er tritt für eine konsequente Beachtung der juristischen Person ein. Es bedürfe eines besonderen Rechtsgrundes, wenn die Haftung sich über die juristische Person hinaus auf die Mitglieder erstrecken solle[315]. Die Versagung der Haftungsbeschränkung bedeute die Versagung der Berufung auf die Selbständigkeit der juristischen Person[316]. In den relevanten Entscheidungen bestimmten die für den Haftungsdurchgriff angeführten Umstände nicht als Tatbestandsmerkmale die Prüfung[317]. Vielmehr würde durch Zusammenstellen beliebig vorfindbarer Umstände das Gesamtbild einer treu- und glaubenwidrigen Verwendung der juristischen Person herzustellen versucht[318]. Die Einzeltatbestände der Lehre von der Durchgriffshaftung seien völlig undifferenziert und entbehrten jeder rechtlichen Einordnung[319]. Grund, Voraussetzungen und Angemessenheit der Rechtsfolge der Haftung blieben im Dunkeln und die Haftung daher weitgehend beliebig verwendbar[320]. *Wilhelm* schlägt daher an Stelle der Durchgriffshaftung eine Sorgfaltshaftung der Gesellschafter gegenüber der GmbH aus deren Eigenschaft als Organmitglieder analog § 43 Abs. 1 und 2

der juristischen Person nicht leichtfertig oder schrankenlos hinweggegangen werde dürfe und ein Durchgriff nur in Betracht komme, wenn die Rechtsform der juristischen Person missbraucht oder dem Zweck der Rechtsordnung zuwider eingesetzt werde, vgl. *BGHZ* 20, 4, 11 ff.; 22, 226, 229 ff.; 25, 115, 117; 61, 380, 383 f.; 65, 246, 251; 68, 312, 314 ff. („*Fertighaus*"); 78, 318, 333; 102, 95, 101 ff.

311 Vgl. vorige Fn.

312 Vgl. *Ehricke*, AcP 199 (1999), S. 257, 259; Scholz-*Emmerich*, GmbHG, § 13, Rn. 81 ff.; *Schwark*, JuS 1987, S. 443, 445.

313 *BGH*, ZIP 1985, S. 29, 30 f.; *BGHZ* 95, 330, 333 f. („*Autokran*"); 125, 366, 368 ff.; *Altmeppen*, in: Roth/Altmeppen, GmbHG, § 13, Rn. 112; *ders.*, ZIP 2002, S. 1553, 1557; *Wiedemann*, ZGR 2003, S. 282, 288; Scholz-*Emmerich*, GmbHG, § 13, Rn. 91; *Boujong*, in: Festschrift Odersky, S. 739, 742 ff.; *Drüke*, Die Haftung der Muttergesellschaft für Schulden der Tochtergesellschaft, S. 73 ff.

314 Rechtsform und Haftung bei der juristischen Person, insbesondere S. 285 ff.

315 *Wilhelm,* aaO., S. 288 f.

316 *Wilhelm,* aaO., S. 289.

317 *Wilhelm,* aaO., S. 293.

318 *Wilhelm,* aaO., S. 319. Siehe auch *ders.*, NJW 2003, S. 175, 178.

319 *Wilhelm,* aaO., S. 299.

320 *Wilhelm,* aaO., S. 319.

GmbHG vor[321]. Eine konsequente Beachtung der juristischen Person als selbständiges Rechtssubjekt setze ihren Schutz vor der Machtausübung ihrer Mitglieder voraus[322]. Werde das haftende Vermögen zum Zwecke der Haftungsbeschränkung in der juristischen Person als selbständigem Rechtssubjekt separiert, so dürften die Gesellschafter mit diesem Vermögen nicht wie mit eigenem umgehen[323]. Vielmehr hätten sie hierzu die Stellung bloßer Verwalter[324].

Dieser Ansatz setzt sich dem schwerwiegenden Einwand aus, dass es die gesetzliche Kompetenzverteilung zwischen Geschäftsführern und Gesellschaftern durchbricht[325]. Das GmbHG räumt den Gesellschaftern abweichend vom Recht der Aktiengesellschaft ein weitgehendes Weisungsrecht ein, ohne sie gleich den für Geschäftsführer geltenden organschaftlichen Handlungspflichten und entsprechenden Haftungssanktionen zu unterstellen. Wie die Regelung des § 43 GmbHG zeigt, die die durch Gesellschafterbeschlüsse legitimierten Maßnahmen der Geschäftsführer jenseits der Fälle der Einlagenrückgewähr von einer Haftung freistellt, hat sich das GmbH-Recht für eine grundsätzliche Zulässigkeit nachteiliger Weisungen von Gesellschaftern entschieden. Dazu würde es im Widerspruch stehen, wollte man die Anteilsinhaber dennoch den strengen organschaftlichen Haftungsmaßstäben und -folgen unterwerfen und sie umfassend für jede fahrlässige Einflussausübung, sogar für ein Unterlassen sorgfältiger Geschäftsleitung[326], haftbar machen. Die Rechtsprechung sowie der weit überwiegende Teil des wissenschaftlichen Schrifttums haben sich daher gegen *Wilhelm's* Organhaftungsmodell entschieden. Neuere Stellungnahmen beschränken sich meist nur noch auf eine kurze Wiedergabe der früh erhobenen Kritik und verzichten auf eine nähere Auseinandersetzung[327].

---

321 AaO., S. 336 ff. Siehe auch *Wilhelm*, Kapitalgesellschaftsrecht, Rn. 501 ff. Ähnlich *Flume*, Allgemeiner Teil des Bürgerlichen Rechts I/2, S. 86, 88 ff., obwohl er ein eigenständiges Gesellschaftsinteresse ablehnt, da die GmbH materiell als Personengesellschaft zu verstehen sei, vgl. aaO., S. 61 f. Siehe auch *ders.*, ZHR 144 (1980), S. 18, 30 f.

322 *Wilhelm*, aaO., S. 337.

323 *Wilhelm*, aaO., S. 338.

324 *Wilhelm*, aaO.

325 Vgl. *Ulmer*, ZHR 148 (1984), S. 391, 414.

326 *Wilhelm*, aaO., S. 356.

327 Vgl. *Ulmer*, ZIP 2001, S. 2021, 2025; *Röhricht*, in: Festschrift aus Anlass des fünfzigjährigen Bestehens von Bundesgerichtshof, Bundesanwaltschaft und Rechtsanwaltschaft beim Bundesgerichtshof, S. 83, 103 und dort Fn. 53; *K. Schmidt*, NJW 2001, S. 3577, 3580; *Koppensteiner*, in: Festschrift Honsell, S. 607, 614; *Burgard*, ZIP 2002, S. 827, 831; *Römermann/Schröder*, GmbHR 2002, S. 1015, 1018; *Benecke*, BB 2003, S. 1190, 1192.

So berechtigt die Einwände gegen *Wilhelm* aber auch sind, werden die Kritiker dem Lösungsansatz nicht hinreichend gerecht, wenn sie ihn bereits im Kern ablehnen. Wer fremde Interessen wahrnimmt, hat gewissen Sorgfaltsanforderungen zu genügen und ist bei einem Verstoß bestimmten Haftungsansprüchen ausgesetzt. Ausprägungen dieses allgemein gültigen Rechtsgrundsatzes finden sich unter anderem in § 43 GmbHG, § 93 AktG, §§ 666, 667, 681; 27 Abs. 3; 1833, 1835 BGB[328]. Vorliegend geht es gerade um die Wahrnehmung solcher Fremdinteressen, nämlich um die vermögensbezogenen Pflichten der Gesellschaft gegenüber ihren Gläubigern. Die GmbH schließt als selbständiges Rechtssubjekt mit Dritten Rechtsgeschäfte ab und übernimmt die Haftung für ihre Forderungen. Gemäß § 13 Abs. 2 GmbHG kann allein die Gesellschaft in Anspruch genommen werden. Gesellschafterhandlungen, die die Fähigkeit der GmbH zur Befriedigung dieser Forderungen betreffen, tangieren mithin nicht (nur) das gebündelte gemeinsame Interesse der Gesellschafter, sondern (auch) solche der GmbH. *Altmeppen*[329] spricht insoweit von einem „rudimentären Eigeninteresse" der GmbH[330]. Damit ist nicht etwa ein Schutz der GmbH um ihrer selbst willen be-

328 Auch §§ 311, 317 AktG zählen hierzu. Im faktischen Konzern stehen sich beide Unternehmen rechtlich gleichberechtigt gegenüber. Das abhängige Unternehmen ist rechtlich der Herrschaft der Obergesellschaft nicht unterworfen. Bei der einheitlichen Leitung der Unternehmen hat die Obergesellschaft das Eigeninteresse der Untergesellschaft zu beachten. Sie ist daher als „Geschäftsbesorgerin" der abhängigen Gesellschaft zu qualifizieren und hat sich dabei, wie die Regelungen der §§ 311, 312 Abs. 1, S. 3, Abs. 3, 317 Abs. 2 AktG verdeutlichen, ordentlich und gewissenhaft zu verhalten. Dagegen ist bei Abschluss eines Beherrschungsvertrags das herrschende Unternehmen als „Geschäftsherr" zu qualifizieren, da sich die abhängige Gesellschaft dann rechtlich der Herrschaft der Obergesellschaft unterwirft. Der Organvertrag zwischen zwei Unternehmen wurde nach früherem Recht als Geschäftsbesorgungsvertrag bzw. als Auftrag mit einigen Elementen des Kommissionsgeschäfts verstanden, mit der Folge, dass das herrschende Unternehmen die Verluste der beherrschten Gesellschaft als Aufwendungen gemäß § 670 BGB ersetzen musste. Diese frühere Rechtspraxis ist dann in speziell konzernrechtlicher Form kodifiziert worden. Vgl. zum Ganzen *Wilhelm*, Rechtsform und Haftung bei der juristischen Person, S. 221 ff., 227 ff., 349 ff.; *ders.*, DB 1986, S. 2113, 2114, 2116 f.; weiter *Ehricke*, Das abhängige Konzernunternehmen in der Insolvenz, S. 447 ff.; *Koppensteiner*, in: Kölner Kommentar zum Aktiengesetz, Vorb. § 311, Rn. 4, § 317, Rn. 5; *Kropff*, in: Geßler/Hefermehl/Eckardt/Kropff, Aktiengesetz, § 317, Rn. 4; *Möhring*, in: Festschrift Schilling, S. 253, 263.

329 ZIP 2001, S. 1837, 1842.

330 Vgl. auch *Burgard*, WuB II C. § 13 GmbHG 1.02, S. 149, 151; *Priester*, ZGR 1993, S. 512, 517 ff.; *Becker*, Das gesellschaftsrechtliche Wettbewerbsverbot in der Einmann-GmbH, S. 61 ff.; *Ziemons*, Die Haftung der Gesellschafter für Einflussnahmen auf die Geschäftsführung der GmbH, S. 94 ff.; *BGH*, NJW 2001, S. 3622 („*Bremer Vulkan*") unter Leitsatz 2.

zweckt[331]. Vielmehr ist dies nur die Konsequenz der von der Rechtsordnung der GmbH verliehenen eigenständigen Rechtssubjekteigenschaft. Während sich das Interesse der Gesellschaft nach innen hin im Mitgliedergesamtinteresse erschöpft, ist die GmbH nach außen hin eine von den Gesellschaftern scharf zu trennende, selbständige Rechtspersönlichkeit, die für Ansprüche der Gläubiger haftet. Daher weisen auch die geschriebenen Vorschriften zum Gläubigerschutz die Gläubigerbelange eindeutig der GmbH zu. Der Rückzahlungsanspruch aus § 31 GmbHG, die Vorschriften zum Eigenkapitalersatz gemäß §§ 32a, 32b GmbHG sowie die Regelung des § 43 Abs. 3, S. 3 GmbHG begründen allesamt Verpflichtungen des Gesellschafters bzw. Geschäftsführers gegenüber der GmbH und nicht gegenüber den Gläubigern. Erkennt man also den aus zwingenden Gläubigerschutzgründen entwickelten ungeschriebenen Grundsatz an, dass das Gesellschaftsvermögen nicht der völligen unbeschränkten Disposition der Gesellschafter zur Verfügung steht, sondern Mindestgrundsätze kaufmännischer Sorgfalt die Grenze bilden, so ergibt sich daraus konsequenterweise, dass bei Überschreiten der Dispositionsbefugnis Interessen der Gesellschaft verletzt werden[332].

Der daraus herzuleitende Schluss auf eine Innenhaftung der Gesellschafter wegen pflichtwidriger Fremdgeschäftsbesorgung gründet jedoch nicht auf einer Analogie zu § 43 GmbHG. Vielmehr handelt es sich um eine „Rechts-“[333] oder „Gesamtanalogie“[334]. Mehreren gesetzlichen Bestimmungen, die an verschiedene Tatbestände die gleiche Rechtsfolge anknüpfen, wird ein allgemeiner Rechtsgrundsatz entnommen, der auf einen im Gesetz nicht geregelten Tatbestand wertungsmäßig ebenso zutrifft wie auf die geregelten Tatbestände[335]. Die Gewinnung des allgemeinen Grundsatzes beruht auf der Erkenntnis, dass die gemeinsame „ratio legis“ aller herangezogenen Einzelbestimmungen nicht nur in den geregel-

---

331 So aber *Zöllner*, Die Schranken mitgliedschaftlicher Stimmrechtsmacht bei den privatrechtlichen Personenverbänden, S. 18; *Röhricht*, in: Festschrift aus Anlass des fünfzigjährigen Bestehens von Bundesgerichtshof, Bundesanwaltschaft und Rechtsanwaltschaft beim Bundesgerichtshof, S. 83, 103 und dort Fn. 53.

332 Viele Autoren lehnen ein „Eigeninteresse“ der Gesellschaft gerade deshalb ab, weil sie ein über die gesetzlichen Vorschriften hinausgehenden Gläubigerschutz nicht anerkennen, vgl. *Kohlmann*, in: Festschrift Werner, S. 387, 395 ff.; *Zöllner*, Die Schranken mitgliedschaftlicher Stimmrechtsmacht bei den privatrechtlichen Personenverbänden, S. 21 f. und dort Fn. 14.

333 *Enneccerus/Nipperdey*, Allgemeiner Teil des Bürgerlichen Rechts, § 58 II. 1., S. 339; *Engisch*, Einführung in das juristische Denken, S. 147; *Bydlinski*, Juristische Methodenlehre und Rechtsbegriff, S. 478.

334 *Larenz*, Methodenlehre der Rechtswissenschaft, S. 383.

335 *Larenz*, Methodenlehre der Rechtswissenschaft, S. 384; *Enneccerus/Nipperdey*, Allgemeiner Teil des Bürgerlichen Rechts, § 58 II. 1., S. 340; *Bydlinski*, Juristische Methodenlehre und Rechtsbegriff, S. 478.

ten Einzelfällen, sondern immer schon dann zutrifft, wenn bestimmte, in allgemeiner Weise angebbare Voraussetzungen vorliegen[336]. Es genügt dabei auch die Klarstellung der nur einer einzigen gesetzlichen Bestimmung zu Grunde liegenden ratio legis, soweit sie auf weitere, im Gesetz nicht genannte Fälle zutrifft[337]. Stets zu prüfen ist allerdings, ob der Annahme des allgemeinen Rechtsgrundsatzes nicht andere Gesetzesbestimmungen entgegenstehen bzw. sein Anwendungsbereich nicht durch ein „gegenläufiges“ Rechtsprinzip beschränkt wird. Der hier anzunehmende, das gesamte Zivil- und Gesellschaftsrecht beherrschende allgemeine Rechtsgrundsatz ist der der Haftung für Pflichtverletzung bei Fremdgeschäftsbesorgung. Die GmbH-gesetzliche Kompetenzverteilung steht dem nicht entgegen, da die ausdrückliche Regelung des § 43 GmbHG als Ausprägung dieses Grundsatzes insoweit nicht abschließend ist. Die Untersuchung hat bereits ergeben, dass ein über die gesetzlichen Kapitalerhaltungsvorschriften hinausgehender Gläubigerschutz i.S.d. Beachtung von Mindeststandards kaufmännischer Sorgfalt bei Einwirken auf die Gesellschaft notwendig und methodisch zulässig ist. Nur im Rahmen dieses schmalen Bereichs ergänzenden Gläubigerschutzes ist eine selbständig neben der Geschäftsführerhaftung stehende Haftung wegen Pflichtverletzung bei fremder Geschäftsbesorgung vertretbar. Eine allgemeine Sorgfaltshaftung für jede nachlässige Gesellschaftermaßnahme bis hin zu einer Sanktionierung eines Unterlassens sorgfältiger Geschäftsleitung ist davon nicht erfasst. Das hier vertretene dogmatische Modell setzt sich daher nicht der gegen *Wilhelm* erhobenen Kritik aus, die Ausübung der Weisungsbefugnis bedeute noch nicht ohne weiteres eine Übernahme der (faktischen) Geschäftsführung im Sinne des § 43 GmbHG[338] bzw. die Haftung im Sinne der Vorschrift sei disponibel. Es handelt sich gerade nicht um eine GmbH-spezifische Geschäftsführerhaftung.

II. Vorzüge gegenüber einer Analogie zu §§ 43 GmbHG, 93 V 2, 3 AktG

Der von *Altmeppen*[339] gemachte Vorschlag, zusätzlich zu § 43 GmbHG eine Analogie zu § 93 Abs. 5, S. 2 und 3 AktG vorzunehmen, um dadurch *Wilhelms* sehr weit gehenden Haftungsansatz angemessen zu korrigieren, ist wenig überzeugend. Die Vorschrift bestimmt, dass der Ersatzanspruch der Gesellschaft auch von den Gläubigern der Gesellschaft geltend gemacht werden kann, soweit sie von dieser keine Befriedigung erlangen können und die Vorstandsmitglieder die

336 *Larenz,* aaO.
337 *Larenz,* aaO, S. 388.
338 So der Einwand von *Ulmer*, ZHR 148 (1948), S. 391, 415 f.
339 DB 2000, S. 657, 658 ff.; ZIP 2001, S. 1837, 1845 f.; NJW 2002, S. 321, 323 f.; ZIP 2002, S. 1553, 1562.

Sorgfalt eines ordentlichen und gewissenhaften Geschäftsleiters gröblich verletzt haben. Diese Regelung aus dem Recht der Aktiengesellschaft, die von einer eigenverantwortlichen Leitung durch den Vorstand ausgeht[340], hat nicht eine Einschränkung der Vorstandshaftung gegenüber der Aktiengesellschaft zum Gegenstand, sondern bestimmt nur das eigene Verfolgungsrecht der Gläubiger[341]. Ihre Anwendung als Anspruchsgrundlage erscheint daher schon zweifelhaft. Vor allem aber kann *Altmeppens* Ansatz nicht dem Einwand entgehen, dass für eine Haftung die Position des Gesellschafters nicht zunächst zwanghaft in die eines Geschäftsführers im spezifischen Sinne des § 43 GmbHG ausgelegt zu werden braucht, wenn ohnehin feststeht, dass die Dispositionsbefugnis des Anteilsinhabers Grenzen hat[342]. Obwohl im Ergebnis zutreffend ist, dass nur bei einem grob sorgfaltswidrigen Umgang mit dem Gesellschaftsvermögen, das die Gläubigerbefriedigung beeinträchtigt, ein Überschreiten der zulässigen Dispositionsbefugnis anzunehmen ist, muss diese Voraussetzung – konstruktiv gesehen – aus den eigenen Wertungen des GmbHG entwickelt werden[343].

Eine Schadensersatzhaftung wegen Fremdgeschäftsbesorgung auf Grund einer Rechts-/Gesamtanalogie ist daher gegenüber einer Innenhaftung des Gesellschafters analog §§ 43 GmbHG, 93 Abs. 5, S. 2 und 3 AktG vorzugswürdig.

III. Vorzüge gegenüber der „Treuepflichtlösung"

Gegenüber der „Treuepflichtlösung", die bei existenzgefährdenden Eingriffen eine Treuepflichtverletzung gegenüber der GmbH auch bei fehlender Betroffenheit von Mitgesellschaftern annimmt[344] und damit gleichfalls auf eine Innenhaftung hinausläuft, bietet das hier vertretene Haftungskonzept den Vorteil, dass es zwischen dem Schutz der (Mit-)Gesellschafter und der Gläubiger eine klare Trennung vornimmt. Es bewahrt das Rechtsinstitut der Treuepflicht vor einer Überfrachtung ihrer Funktion mit Gläubigerbelangen. Gesellschafter- und Gläubigerschutz sind von Schutzniveau und Haftungsvoraussetzungen her grundverschieden. In dem einen Fall geht es um die Beziehungen der Gesellschafter unterein-

---

340 Siehe bereits oben, Kapitel 2 C) II. 1.

341 Siehe auch *K. Schmidt*, NJW 2001, S. 3577, 3580; *Ulmer*, ZIP 2001, S. 2021, 2025.

342 *Ulmer*, ZIP 2001, S. 2021, 2025, spricht von einem schwer begreiflichen „Umweg" über § 43 GmbHG, wollte man einen Gesellschafter wegen eines Verhaltens, das ihm in dieser Eigenschaft untersagt ist, nicht als solchen sanktionieren, sondern als (Quasi-) Geschäftsführer. Siehe auch *Haas*, WM 2003, S. 1929, 1939 f.; *Henze*, NZG 2003, S. 649, 657.

343 Vgl. dazu näher unten, Kapitel 4 C) I. 2. a).

344 Vgl. oben, Kapitel 3 B) II.

ander bzw. zur GmbH. Der Schutz ist ausgerichtet auf Ersatz entgangenen Gewinns oder entwerteter Anteile der Gesellschafter. In dem anderen Fall geht es um die Beziehungen der GmbH zu den Gläubigern. Schutzobjekt ist dabei allein das Interesse der Gläubiger an Erfüllung ihrer Forderungen. Eine jeweils eigenständige Bewertung und Formulierung der gebotenen Kriterien ist von erheblicher Bedeutung, um eine Vermengung der verschiedenen Belange bis hin zur Konturenlosigkeit ihrer Tatbestände zu vermeiden.

IV. Vorzüge gegenüber der Durchgriffslösung des BGH

Schließlich ist die hier favorisierte Innenhaftungslösung auch gegenüber dem vom *BGH* und einem großen Teil der Wissenschaft[345] vertretenen Durchgriffslösung vorzuziehen. Sie lässt sich als Schadensersatzanspruch in ein bekanntes Haftungssystem einordnen, das an klar definierbare Tatbestandsmerkmale anknüpft, nämlich die Ermittlung einer Pflicht, eine diesbezügliche Verletzungshandlung, der Eintritt eines Schadens, haftungsbegründende und -ausfüllende Kausalität sowie Verschulden[346]. Von welch außerordentlicher Bedeutung die Frage der Bestimmbarkeit und Präzision der Haftungsvoraussetzungen ist, haben bereits die Erfahrungen des qualifizierten faktischen GmbH-Konzerns gezeigt, bei dem die Diskussion darüber, ob es sich um eine „Zustands-", „Gefährdungs"- oder „Verschuldenshaftung" handelte, kein Ende fand[347], und die Tatbestandsvoraussetzungen nie richtig erfasst werden konnten[348]. Nur das Innenhaftungsmodell ist in der Lage, eine differenzierte, sachgerechte Lösung zu entwickeln[349].

345 *Bitter*, WM 2001, S. 2133, 2139 f.; *ders.*, Konzernrechtliche Durchgriffshaftung bei Personengesellschaften, S. 82 ff., 103 ff.; *Keßler*, GmbHR 2001, S. 1095, 1100; *ders.*, GmbHR 2002, S. 945, 950; *Hoffmann*, NZG 2002, S. 68, 71; *Lutter/Banerjea*, ZGR 2003, S. 402, 412; *Vetter*, ZIP 2003, S. 601, 605; *Bruns*, WM 2003, S. 815, 817; *Wiedemann*, ZGR 2003, S. 283, 291; *Koppensteiner*, in: Festschrift Honsell, S. 607, 615 ff., 618; *Hölzle*, ZIP 2003, S. 1378, 1381; *Drygala*, GmbHR 2003, S. 729, 730; *Goette*, in: Haftung im qualifizierten faktischen GmbH-Konzern – Verbleibende Relevanz nach dem TBB-Urteil?, S. 11, 23; *Hüffer*, AktG, § 1, Rn. 24, § 302, Rn. 8; *Benecke*, BB 2003, S. 1190, 1193. Tendenziell auch Rowedder-*Pentz*, GmbHG, § 13, Rn. 113.

346 Siehe zu den Voraussetzungen der Schadensersatzpflicht im allgemeinen *Larenz*, Lehrbuch des Schuldrechts I, S. 391 ff.; *Schellhammer*, Schuldrecht nach Anspruchsgrundlagen, S. 565 ff. Vgl. auch *Burgard*, WuB II C. § 13 GmbHG 1.03, S. 74, 76; *Altmeppen*, ZIP 2002, S. 1553, 1561.

347 Siehe auch *Altmeppen*, ZIP 2002, S. 1553, 1561, sowie oben, Kapitel 2 C) I.

348 Siehe auch *Burgard*, WuB II C. § 13 GmbHG 1.02, S. 149, 150.

349 *Schön*, ZHR 168 (2004), S. 268, 284 ff. will die erforderliche Differenzierung erreichen, indem er je nach vorwerfbarem Gesellschafterverhalten und Fallgruppe das

Die Schwäche der Durchgriffslösung liegt dagegen darin, dass es die Besonderheiten der einzelnen Fallgestaltung nicht genügend berücksichtigt und vielfach auf eine nicht gerechtfertigte, unbegrenzte Haftung hinausläuft.

1. Haftung nur in Höhe des verursachten Schadens

Existenzvernichtende Eingriffe dürfen eine Haftung nur insoweit begründen wie sie auch vorwerfbar einen Ausfallschaden der Gläubiger verursacht haben. Beruht der wirtschaftliche Ruin der Gesellschaft auf Umständen des allgemeinen wirtschaftlichen Risikos und trifft den Gesellschafter kein Verschulden, so darf ihm dies nicht zur Last gelegt werden. Oft zeichnen sich die relevanten Fallgruppen dadurch aus, dass eine florierende Gesellschaft aufgrund von zunehmender Konkurrenz, plötzlichen Markteinbrüchen oder anderer externer Umstände sich in eine desolate Lage begeben hat und mittelfristig ihre Insolvenz zu befürchten ist. Nachdem sich also das von den Gläubigern zu tragende unternehmerische Risiko bereits zu einem großen Teil verwirklicht hat, greifen die Gesellschafter durch Ressourcenabzug in die Gesellschaft ein, um im Falle der Insolvenz ihren eigenen Schaden möglichst gering zu halten. Auch die *KBV*-Entscheidung ist ein Beispiel für eine solche Fallgestaltung: Die „Kindl-Backwaren-Vertriebs-GmbH" hatte bereits im Oktober 1994 mit der Klägerin einen Werkvertrag abgeschlossen[350]. Ihr Niedergang setzte jedoch erst im April 1995 ein[351]. Sie konnte ihre Verpflichtungen aus den mit einem ihrer Gesellschafter abgeschlossenen Miet- und Leasingverträgen von monatlich DM 100.000,00 nicht mehr erfüllen. Der Gesellschafter führte ihr daraufhin kapitalersetzende Leistungen i.H.v. DM 1,2 Mio. zu. Im Gegenzug ließ er das Anlagevermögen auf sich übertragen und ver-

---

neue Haftungsinstitut verschiedenen Anspruchsgrundlagen und -inhalten zuführt. Er setzt der Haftung dadurch jedoch Grenzen in ihrer Anwendbarkeit. Die vielfältigen, nicht abschließend aufzählbaren haftungsrelevanten Gesellschaftermaßnahmen können so nicht allesamt erfasst werden. Dies räumt er selbst ein, wenn es um Konstellationen geht, bei denen der Gesellschaft keine Vermögenswerte entzogen werden, vgl. *Schön*, aaO., 288 ff., 290. Was seinen Vorschlag anbelangt, im Falle des Entzugs finanzieller Mittel oberhalb der Stammkapitalziffer lediglich eine Rückzahlungspflicht analog § 32 a GmbHG anzunehmen, so wird vernachlässigt, dass eine Rückgewähr der entzogenen Mittel nicht stets den eingetretenen Ausfallschaden der Gläubiger deckt.

350 *BGH*, ZIP 2002, S. 1578.

351 *BGH*, aaO., 1579. Vgl. auch *Altmeppen*, ZIP 2002, S. 1553, 1554, der auf die nicht veröffentliche Entscheidung des Berufungsgerichts *OLG München*, Urteil vom 14.08.2000 - 31 U 2191/00 hinweist, nach dessen Feststellungen die Vermögenssituation der GmbH bei Auftragserteilung jedenfalls noch nicht so schlecht war, dass von einem Eingehungsbetrug ausgegangen werden konnte.

rechnete den Kaufpreis mit den Kapitalersatzleistungen. Acht Monate später, im Dezember 1995, beschlossen die Gesellschafter schließlich, den Geschäftsbetrieb einzustellen. Im Januar 1996 wurden sämtliche Forderungen der GmbH sowie ihr gesamter Warenbestand auf eine Auffanggesellschaft übertragen und ihr dadurch weitere Haftungsmasse i.H.v. über DM 380.000,00 entzogen. Am 29. März 1996 stellte dann einer der Gesellschafter einen Antrag auf Eröffnung des Konkursverfahrens, das wenig später mangels Masse abgelehnt wurde. In solchen Fallgestaltungen darf dem Gesellschafter nicht das sich partiell verwirklichte, typische unternehmerische Risiko angelastet werden, sondern neben den ohnehin von §§ 30 f. GmbHG erfassten Verstößen gegen das Kapitalerhaltungsrecht nur die Verletzung von Mindestgrundsätzen kaufmännischer Sorgfaltspflichten, wie etwa die Auslagerung noch letzter profitreicher Geschäftsfelder, die eine zusätzliche Anhäufung nicht erfüllbarer Verbindlichkeiten hervorrufen. Allein für die von ihnen zu vertretende Schadens*vertiefung* können die Gesellschafter also in solchen Fällen haftbar gemacht werden[352]. Alles andere liefe der in § 13 Abs. 2 GmbHG zum Ausdruck kommenden Regelungsabsicht des Gesetzgebers zuwider und würde sich nicht mehr im Rahmen einer zulässigen Rechtsfortbildung bewegen. Tatbestandsbegrenzende Merkmale der haftungsausfüllenden Kausalität und des Verschuldens sind also für eine Sanktionierung von Gesellschafterhandeln unerlässlich. Eine Durchgriffshaftung kann solche Voraussetzungen jedoch nicht überzeugend aufstellen[353]. Ihr ist eine vom Umfang her unbegrenzte Haftung aufgrund des Entfallens des Haftungsprivilegs und der Akzessorietät analog § 128 HGB geradezu immanent. Dementsprechend hat *Ulmer*[354] bereits im Rahmen seiner Erörterungen zur Durchgriffshaftung wegen materieller Unterkapitalisierung eine Haftungseinschränkung im Sinne einer dem Gläubigerrisiko Rechnung tragenden, auf einen bestimmten Prozentsatz der Ausfälle beschränkten Betrag damit abgelehnt, dass der dogmatische Ansatz der Normzwecklehre gerade darin bestehe, den Gesellschaftern gegenüber den GmbH-Gläubigern die Berufung auf den aus § 13 Abs. 2 GmbHG folgenden Haftungsausschluss zu verwehren[355].

352 Vgl. auch *Vetter*, ZIP 2003, S. 601, 603 ff., 605, sowie *OLG Rostock*, ZIP 2004, S. 118, 121, die allerdings dennoch konstruktiv für eine Außenhaftung eintreten. Siehe hierzu auch unten, Kapitel 4 C) III.

353 Auch für den qualifizierten faktischen Konzern wurde eine Limitierung der Höhe der zu übernehmenden Verluste im Falle gemischter Verlustursachen abgelehnt, vgl. *Stodolkowitz*, ZIP 1992, S. 1517, 1525; *Ulmer*, in: Hachenburg, GmbHG, Anh § 77, Rn. 139; *K. Schmidt*, ZIP 1991, S. 1325, 1327; *Kleindiek*, ZIP 1991, S. 1330, 1337; *Hommelhoff*, DB 1992, S. 309, 310, 314.

354 In: Hachenburg, GmbHG, Anh. § 30, Rn. 62.

355 So für die Fälle des existenzvernichtenden Eingriffs auch *Lutter/Banerjea*, ZGR 2003, S. 402, 412 f. Anders dennoch *Vetter*, ZIP 2003, S. 601, 605; *OLG Rostock*, ZIP 2004, S. 118, 121.

Auch in der *KBV*-Entscheidung[356] heißt es, dass dann, wenn unter Außerachtlassung der gebotenen Rücksichtnahme auf die Zweckbindung des Gesellschaftsvermögens der Gesellschaft Vermögenswerte entzogen werden und dadurch die Fähigkeit der Gesellschaft ihren Verbindlichkeiten nachzukommen in einem *ins Gewicht fallenden Ausmaß* beeinträchtigt werde, ein Missbrauch der Rechtsform der GmbH vorliege, der zu einem Verlust des Haftungsprivilegs führen müsse. Rechtsfolge jedes existenzvernichtenden Eingriffs ist danach eine vom Umfang her unbeschränkte Haftung der Gesellschafter. Eine nach Gesichtspunkten der Schutzzwecklehre differenzierende Lösung, die angemessen berücksichtigt, inwieweit der Eingriff das Gesellschaftsvermögen geschmälert hat, wird nicht vorgenommen. Nur ganz offensichtlich nicht mehr gerechtfertigte Bagatellfälle, in denen die Gesellschaft schon vor dem Eingriff kurz vor der Insolvenz stand und der Gesellschaftereingriff den Schaden nur marginal vertieft hat, werden durch die aufgestellte Voraussetzung „in einem ins Gewicht fallenden Ausmaß" von der unbegrenzten Haftung ausgeschlossen. Zwar hat der *BGH* in einer neueren Entscheidung[357] die unbegrenzte Haftung davon abhängig gemacht, dass der Gesellschafter nicht nachweisen könne, dass der Gesellschaft im Vergleich zu der Vermögenslage bei einem redlichen Verhalten nur ein begrenzter – und dann in diesem Umfang auszugleichender – Nachteil entstanden sei. Mit dem von ihm gewählten dogmatischen Ansatz ist dies jedoch nicht konsistent.

2. Keine Vermischung mit prozessökonomischen Überlegungen

Der *BGH* hat sich bei seiner Entscheidung für die Durchgriffslösung weniger von dogmatischen, sondern ganz überwiegend von pragmatischen Erwägungen leiten lassen. So betont er im *KBV*-Urteil, dass der existenzvernichtende Eingriff zu einem Verlust des Haftungsprivilegs führe, soweit nicht der der GmbH durch den Eingriff insgesamt zugefügte Nachteil schon nach §§ 30, 31 GmbHG vollständig ausgeglichen werden könne *oder* kein ausreichender Ausgleich in das Gesellschaftsvermögen erfolge[358]. Das zuerst genannte negative Tatbestandsmerkmal ergibt sich bereits selbstverständlicherweise aus den methodischen Überlegungen zur Notwendigkeit eines ergänzenden Gläubigerschutzes. Solange sich der durch den existenzvernichtenden Eingriff verursachte Gläubigerschaden im Stammkapitalentzug erschöpft, bedarf es keiner Rechtsfortbildung. Die gesetzlichen Regelungen sind dann nicht lückenhaft. Bezeichnend ist jedoch, dass der *BGH* – an-

---

356 ZIP 2002, S. 1578, 1580.
357 WM 2005, S. 176 = GmbHR 2005, S. 225.
358 ZIP 2002, S. 1578, 1580.

ders als noch in der *Bremer Vulkan*-Entscheidung[359] und in seinem Urteil vom 25. Februar 2002[360] – eine unmittelbare Gesellschafterhaftung doch wieder zulässt, wenn zwar ein Anspruch aus § 31 Abs. 1 GmbHG gegeben ist, dieser jedoch noch nicht vom Gesellschafter gegenüber der Gesellschaft erfüllt worden ist. Methodisch ist nicht einleuchtend, warum die bloße Nichterfüllung eines Rückzahlungsanspruchs gemäß § 31 Abs. 1 GmbHG, sei es aufgrund von Zahlungsunfähigkeit oder aufgrund von Zahlungsunwilligkeit, die Berufung auf das Haftungsprivileg des § 13 Abs. 2 GmbHG ausschließen können soll. Die vom *BGH* aufgestellte negative Voraussetzung wird von seinem Standpunkt aus erst verständlich, wenn man die prozessökonomischen Überlegungen heranzieht, die für ihn den Ausschlag für die Durchgriffslösung gegeben haben. Die Vertreter der Durchgriffshaftung wollen vermeiden, dass bei Masselosigkeit der GmbH[361] die Gläubiger dennoch gezwungen sind, zunächst ein Verfahren gegen die Gesellschaft zu führen, um dann erst im Rahmen der Zwangsvollstreckung den Anspruch der GmbH gegen den Gesellschafter gemäß §§ 829, 835 ZPO pfänden und sich zur Überweisung einziehen zu lassen bzw. überhaupt dann erst das Erkenntnisverfahren über das Bestehen eines Anspruchs gegen den Drittschuldner betreiben zu können[362]. Der Direktanspruch soll diesen „Umweg" ersparen. Dadurch wird jedoch eine Divergenz zum Charakter der Stammkapitalerhaltungsvorschriften geschaffen, da diese unstreitig ausschließlich Ansprüche der GmbH begründen. Der *BGH* steht nunmehr vor dem Dilemma, dass die Haftungsklage

359 *BGHZ* 149, 10, 16.

360 ZIP 2002, S. 848, 850.

361 Den Vorteil der Binnenhaftung hingegen, *während* des Insolvenzverfahrens einen „Wettlauf der Gläubiger" um den Wert des pfändbaren Vermögens aller Gesellschafter für den häufigen Fall zu vermeiden, dass auch die unbeschränkte Haftung der Gesellschafter zur vollständigen Befriedigung der Gesellschaftsgläubiger nicht ausreicht, erreichen die Vertreter der Durchgriffshaftung durch eine analoge Anwendung des § 93 InsO, nach welchem die persönliche Haftung der Gesellschafter nur vom Insolvenzverwalter geltend zu machen ist, vgl. *Bruns*, WM 2003, S. 815, 818; *Keßler*, GmbHR 2002, S. 945, 950; *Vetter*, ZIP 2003, S. 601, 606 f.; *Henze*, NZG 2003, S. 649, 657; *BAG*, GmbHR 2005, S. 987, 988. Vgl. auch *BGH*, ZIP 2002, S. 1578 („*KBV*"), der im Leitsatz 2 einen unmittelbaren Gläubigeranspruch nur *außerhalb* des Insolvenzverfahrens gewährt. Ausdrücklich jetzt *BGH*, NJW 2005, S. 3137, 3140 f. = NZI 2006, S. 58, 61. Nach *Bitter*, WuB II C. § 13 GmbHG 2.02, S. 793, 796, findet hingegen § 93 InsO keine Anwendung, da die Durchgriffshaftung keine pauschale Beseitigung der Haftungsbeschränkung mit sich bringe, sondern nach Normzweckgesichtspunkten zwischen verschiedenen Gläubigergruppen zu differenzieren sei und § 93 InsO solche Anspruchsgrundlagen nicht erfasse, die nur im Interesse einzelner Gläubiger bestünden, siehe dazu noch im Folgenden.

362 Vgl. *OLG Jena*, ZIP 2002, S. 631, 633; *Vetter*, ZIP 2003, S. 601, 606, 612; *Altmeppen*, ZIP 2002, S. 1553, 1560.

gegen den Gesellschafter nach möglicherweise jahrelanger Prozessführung mit der Begründung abgewiesen werden könnte, der Gesellschaft stehe ein Anspruch aus § 31 GmbHG zu[363]. Um dem zu entgehen, lässt er es genügen, wenn noch kein Ausgleich in das Gesellschaftsvermögen erfolgt ist. Damit setzt er sich jedoch in Widerspruch zu der von ihm eigens aufgestellten Voraussetzung der Subsidiarität der Existenzvernichtungshaftung[364]. Hieran wird deutlich, von welch erheblicher Bedeutung die dogmatische Fundierung des Haftungsinstituts ist. Mögen in vielen Fällen die praktischen Ergebnisse der verschiedenen Konzepte dieselben sein, so ist doch eine überzeugende dogmatische Grundlage unerlässlich, um transparente Kriterien zu schaffen und sich nicht in Widersprüche zu verstricken. Eine „Dogmenverliebtheit", wie *Röhricht*[365] kritisch würdigt, ist darin nicht zu erkennen. Nur ein der Systematik des GmbH-Rechts gerecht werdendes Instrumentarium gewährleistet konsequente Lösungen. Pragmatische Erwägungen spielen zwar eine wichtige Rolle. Ihnen ist jedoch punktuell an der maßgebenden Stelle beizupflichten. Dagegen ist nicht die gesamte dogmatische Grundlage daran auszurichten.

Das vom *BGH* als schwerlich zumutbar erachtete Erfordernis, trotz Befriedigungsunfähigkeit der Gesellschaft zunächst diese verklagen zu müssen, haftet sämtlichen Innenhaftungsansprüchen der GmbH an, namentlich dem Rückzahlungsanspruch aus § 31 Abs. 1 GmbHG und der Geschäftsführerhaftung gemäß § 43 Abs. 2 und 3 GmbHG. Es ist daher vorgeschlagen worden, den Gläubigern ein eigenes Verfolgungsrecht in Analogie zu den aktienrechtlichen Vorschriften der §§ 62 Abs. 2, 93 Abs. 5, 116, 117 Abs. 5, 309 Abs. 4, S. 3, 310 Abs. 4, 317 Abs. 4, 318 Abs. 4, 323 Abs. 1, S. 2 AktG zu gewähren[366]. Ein Widerspruch zu

---

363 Ein treffendes Beispiel bietet dafür *BGH*, ZIP 2000, S. 2163, 2164 („*Anwaltshonorar*"). Vgl. auch *Lutter/Banerjea*, ZGR 2003, S. 402, 425; *Vetter*, ZIP 2003, S. 601, 606; *Ulmer*, JZ 2002, S. 1049, 1051.
Dieses Dilemma erkannte der *BGH* auch im qualifizierten faktischen GmbH-Konzern hinsichtlich des Verhältnisses von Verlustausgleichsanspruch analog § 302 AktG und Ausfallhaftung analog §§ 303, 322 AktG. Er löste es mit einem knappen Hinweis auf § 242 BGB, wonach sich das herrschende Unternehmen nicht darauf berufen dürfe, dass sich der Gläubiger zunächst an die GmbH halten müsse, vgl. *BGH*, ZIP 1985, S. 1263, 1269 („*Autokran*"); *BGH*, ZIP 1991, S. 1354, 1359 („*Video*").

364 Vgl. *BGH*, ZIP 2002, S. 1578, 1580: „ [...], *soweit sie* [d.h. die Gläubiger] *von der Gesellschaft keine Befriedigung erlangen können, ...*"

365 In: Gesellschaftsrecht in der Diskussion 2002, S. 3, 23.

366 *Altmeppen*, ZIP 2001, S. 1837, 1846; *ders.*, in: Roth/Altmeppen, GmbHG, § 43, Rn. 62; *Ulmer*, ZIP 2001, S. 2021, 2027; *Burgard*, ZIP 2002, S. 827, 830; *ders.*, WuB II C. § 13 GmbHG 1.02, S. 149, 152; *Schwark*, JuS 1987, S. 443, 450; *K. Schmidt*, BB 1985, S. 2071, 2078; *ders.*, Gesellschaftsrecht, § 9 IV 5, S. 245. Dagegen *Hueck/Fastrich*, in: Baumbach/Hueck, GmbHG, § 31, Rn. 7; *Goerdeler/Müller*,

dem Innencharakter der Ansprüche ist darin nicht zu erkennen[367]. Weder sprechen zwingende Gründe des GmbH-Rechts gegen die Anwendung dieses Rechtsgedankens, noch das Fehlen einer ausdrücklichen gesetzlichen Regelung. Aus den Materialien lässt sich nicht entnehmen, dass der Gesetzgeber jedenfalls für die Fälle masseloser Insolvenz, in denen es keinen Verwalter gibt, der die Ansprüche für die Gläubiger einzieht, bewusst auf die Einfügung entsprechender Bestimmungen verzichtet hat[368]. Wenn auch der Gesetzgeber von 1892 noch die Möglichkeit der Pfändung und Überweisung des Anspruchs der GmbH für ausreichend erachtete, erkannte er doch im Laufe der Zeit die diesbezügliche Gesetzeslücke. In den jüngeren Bestimmungen des Aktienrechts wurde dann auch ergänzend zu den vollstreckungsrechtlichen Mitteln der Gläubiger eine direkte Zugriffsmöglichkeit verankert. Auch der Regierungsentwurf zum GmbHG von 1971 sah in § 75 Abs. 6, S. 1 RegE GmbHG[369] eine Geltendmachungsbefugnis der Gläubiger hinsichtlich der Ansprüche der GmbH gegen ihre Geschäftsführer ausdrücklich vor. Er wurde zwar letztendlich nicht Gesetz. Dies lag jedoch bekanntlich nicht an inhaltlichen Differenzen, sondern daran, dass der Gesetzgeber sich gegen die geplante große GmbH-Reform entschied und sich mit der auf das rechtspolitisch Notwendigste beschränkten GmbH-Novelle 1980 begnügte[370]. Der *BGH* hat bereits für die Verlustdeckungshaftung in der Vor-GmbH entschieden, dass bei Vermögenslosigkeit der Vor-GmbH den Gläubigern ein unmittelbarer Zugriff gestattet ist, da die Rechtsverfolgung ansonsten unzumutbar erschwert werden würde[371]. Im Falle der vermögenslosen GmbH ist die Interessenlage nun dieselbe. Die vom II. Zivilsenat rechtsfortbildend bestimmte Ausnahme ist daher zu erweitern auf sämtliche gläubigerschützende Innenansprüche der GmbH. Analog den aktienrechtlichen Vorschriften dürfen die Gläubiger unmittelbar die Ge-

---

in: Hachenburg, GmbHG, § 31, Rn. 14; *Mertens*, in: Hachenburg, GmbHG, § 43, Rn. 99.

367 Siehe ausdrücklich *BGHZ* 95, 330, 340 („*Autokran*"). Anders jedoch *BGHZ* 68, 312, 319, 322 („*Fertighaus*"); 110, 342, 360.

368 *Biletzki*, NZG 1999, S. 286, 290. So stieß etwa ein entsprechender Gesetzgebungsvorschlag in der in den 70er Jahren eingesetzten Unternehmensrechtskommission auf keinen Widerspruch, vgl. Bericht über die Verhandlungen der Unternehmensrechtskommission (1980), Tz. 1678.

369 Bundestagsdrucksache VI/3088 = 7/253.

370 *Ulmer*, ZIP 2001, S. 2021, 2027. Vgl. auch *Stobbe*, Die Durchsetzung gesellschaftsrechtlicher Ansprüche der GmbH in Insolvenz und masseloser Liquidation, Rn. 950.

371 *BGHZ* 134, 333, 340 f. Vgl. auch *BAG*, ZIP 1997, S. 1544, 1546; ZIP 1997, S. 2199, 2201; ZIP 2000, S. 1546, 1549; *BFH*, ZIP 1998, S. 1149, 1151; *BSG*, ZIP 2000, S. 494, 497; *Ulmer*, ZIP 1996, S. 733, 735. Siehe allerdings jüngst *BGH*, GmbHR 2006, S. 89 f., der das unmittelbare Zugriffsrecht nicht auf das Äquivalent der Unterbilanzhaftung nach Eintragung der GmbH anwenden will.

sellschafter in Anspruch nehmen, wenn die Gesellschaft vermögenslos ist. Dies ist insbesondere dann der Fall, wenn eine Verfolgung der Ansprüche im Wege eines Insolvenzverfahrens mangels Masse unterbleibt[372]. Aber auch wenn noch kein Insolvenzverfahren eröffnet worden ist, hat der Gläubiger eine direkte Zugriffsnöglichkeit, wenn er auf andere Weise, etwa aufgrund eines erfolglosen Vollstreckungsversuchs in das Gesellschaftsvermögen, das Gericht von der Vermögenslosigkeit überzeugt[373]. Dabei ist hinsichtlich der Begründung des Anspruchs und der Tatsachendarlegung in der Klageschrift stets zu achten auf ein sorgfältiges Auseinanderhalten des materiell-rechtlichen Anspruchs des Gläubigers gegen die GmbH, z.B. aus Kauf-, Dienst- oder Werkvertrag, und dem Anspruch der GmbH gegen den Gesellschafter, etwa aus Verstoß gegen den Kapitalerhaltungsgrundsatz oder existenzvernichtendem Eingriff, auf den der Gläubiger nur aus verfahrenstechnischen Gründen direkt zugreifen darf. Die pragmatischen Bedenken des *BGH* gegenüber der Innenhaftungslösung sind also kein Spezifikum der Haftung aus existenzvernichtendem Eingriff. Sie lassen sich auf verfahrensmäßige Weise einheitlich mit dem meist aus § 31 GmbHG konkurrierenden Anspruch der GmbH bewältigen. Einer Einkleidung des Problems in ein materiell-rechtliches Gewand bedarf es nicht.

3. *Ausreichende Möglichkeit, einzelne Eingriffe zu bestimmen und die Schadenshöhe zu beziffern*

Auch andere praktische Gründe lassen keinen überzeugenden Schluss auf die Annahme einer Durchgriffshaftung zu. *Lutter/Banerjea*[374] heben die Problematik

372 Zu beachten ist, dass die Begriffe der Vermögenslosigkeit und der Masselosigkeit nicht unbedingt identisch sind. Ersteres liegt vor, wenn nach kaufmännischen Grundsätzen keine bilanzierungs- und verteilungsfähigen Aktiva vorhanden sind. Masselosigkeit ist hingegen bereits dann gegeben, wenn das Vermögen voraussichtlich nicht ausreichen wird, um die Kosten des Insolvenzverfahrens zu decken, vgl. dazu *Schulz*, Die masselose Liquidation der GmbH, S. 6 f. Trotz Abweisung der Eröffnung des Insolvenzverfahrens mangels Masse können also Innenansprüche der GmbH gegeben sein. Ihr Wert ist jedoch geringer als die Verfahrenskosten oder der Insolvenzverwalter misst ihnen nicht genügend Erfolgsaussichten bei, hält sie nicht für liquide oder er übersieht sie schlichtweg, vgl. auch *Wienberg*, in: Hess/Weis/Wienberg, InsO, § 26, Rn. 28; *Mönning*, in: Nerlich/Römermann, InsO, § 26, Rn. 26 f.

373 Der Gläubiger setzt sich in solchen Fällen allerdings dem Risiko einer Anfechtung gemäß §§ 129 ff. InsO durch den Insolvenzverwalter aus, wenn später ein Insolvenzverfahren durchgeführt werden sollte.

374 ZGR 2003, S. 402, 412 f.

der mangelnden Isolierbarkeit der schädigenden Eingriffe hervor[375]. Wenngleich nach Aufgabe des qualifizierten faktischen GmbH-Konzerns dies nicht mehr Haftungsvoraussetzung sei, so seien dennoch oftmals die einzelnen Eingriffe nicht mehr feststellbar. Dasselbe gelte auch für die bei Annahme einer Schadensersatzhaftung erforderlichen Tatbestandsmerkmale der haftungsbegründenden und -ausfüllenden Kausalität. Die Außenhaftung sei daher dem Innenhaftungskonzept deutlich überlegen. Diese Ausführungen lassen jedoch die wertvollen, beschwerlich gewonnenen Erkenntnisse aus der jahrelangen Diskussion zum qualifizierten faktischen GmbH-Konzern außer Acht anstatt sie für das neue Haftungsmodell des existenzvernichtenden Eingriffs zu Nutzen zu machen[376]. Die obige Analyse zum qualifizierten faktischen Konzern hat ergeben, dass hinsichtlich des Gläubigerschutzes der einzig erhebliche Fall der mangelnden Möglichkeit, schädigende Eingriffe zu isolieren, die sogenannte Waschkorblage ist, d.h. die mangelnde ordnungsgemäße Buchführung und Dokumentation der Geschäftsvorgänge, die es unmöglich macht, das Vermögen, auf das die Haftung beschränkt sein soll, zu bestimmen. Dieser Fall wird jedoch bereits durch die anerkannte Fallgruppe der Durchgriffshaftung wegen Vermögensvermischung ausreichend erfasst[377]. Wie so oft im Schadensersatzrecht wird sich der Kläger zwar dennoch gewissen Beweisproblemen hinsichtlich Verletzungshandlung und haftungsbegründender Kausalität ausgesetzt sehen. Unter haftungsbegründender Kausalität ist der Ursachenzusammenhang zwischen Verhalten des Schädigers und dem Haftungsgrund zu verstehen[378], d.h. hier die Kausalität zwischen Gesellschaftereingriff und Insolvenz der GmbH. Diesbezüglich können jedoch die in der *TBB*-Entscheidung[379] aufgestellten Beweiserleichterungsgrundsätze zu Gunsten der klagenden Gläubiger durchaus auch für die vorliegenden Zwecke Anwendung finden. Danach muss grundsätzlich der Kläger die tatsächlichen Umstände, aus denen sich sein Anspruch ergeben soll, darlegen und beweisen[380]. Der Gesellschafter hat dann nähere Angaben über Tatsachen zu machen, von denen der Kläger nicht in zumutbarer

375 Vgl. auch *Westermann*, NZG 2002, S. 1129, 1136; *Henze*, NZG 2003, S. 649, 657; *Hölzle*, ZIP 2003, S. 1376, 1378; *ders.*, ZIP 2003, S. 1897; *Görner/Kling*, GmbHR 2004, S. 778, 779.

376 Siehe oben Kapitel 2 C) III.

377 Vgl. etwa *OLG Jena*, ZIP 2002, S. 631, 633.

378 Palandt-*Heinrichs*, BGB, Vorb v§ 249, Rn. 55.

379 *BGHZ* 122, 123, 132 f.

380 Siehe auch *OLG München*, WM 2005, S. 2231, wonach es für die Inanspruchnahme aus existenzvernichtendem Eingriff des konkreten Vortrags bedarf, durch welche Rechtsgeschäfte oder sonstigen Maßnahmen von der Gesellschaft benötigte Vermögenswerte zugunsten des Gesellschafters beiseite geschafft worden sein sollen. Die Behauptung eines „auf Aushöhlung der Gesellschaft gerichteten Gesamtplans" genüge hierfür nicht.

Weise Kenntnis erlangen kann. Kommt er dieser Darlegungslast nicht nach, so gelten die betreffenden Tatsachen gemäß § 138 Abs. 3 ZPO als zugestanden. Definitiv zu weit gehen dürfte es, von der Insolvenz der Gesellschaft auf die Vornahme eines existenzvernichtenden Eingriffs schließen zu wollen[381]. Kann aber der Gläubiger ein im Hinblick auf die Erfüllung der Gesellschaftsverbindlichkeiten pflichtwidriges, existenzvernichtendes Verhalten des Gesellschafters darlegen, indem er etwa den überaus hohen Grad des eingegangenen und sich realisierten Risikos des Geschäfts substanziiert vorträgt, so ist es Aufgabe des Gesellschafters anhand der internen Finanzierungspläne und Geschäftsdaten seine noch mit kaufmännischen Mindestgrundsätzen vereinbare Kalkulation aufzuzeigen[382].

Was die behauptete fehlende Möglichkeit, die Schadenshöhe genau zu beziffern, betrifft, so treten Schwierigkeiten im Hinblick auf die Bestimmung der Höhe des verursachten Schadens nicht selten auch bei anderen Schadensersatzansprüchen auf. Insoweit handelt es sich um die Frage der haftungsausfüllenden Kausalität. Die haftungsausfüllende Kausalität ist der Ursachenzusammenhang zwischen Haftungsgrund und dem entstandenen Schaden[383], d.h. vorliegend die Kausalität zwischen Insolvenz der Gesellschaft und dem eingetretenen Ausfallschaden der Gläubiger. Hierfür steht aber gerade die Schätzungsmöglichkeit nach § 287 ZPO zur Verfügung[384]. „Willkürliche“[385] Ergebnisse hat dies nicht zur Folge. Im Gegenteil, nur wenn man *Lutter/Banerjeas* Vorschlag folgt, die Gesellschafter für *sämtliche* Verbindlichkeiten der GmbH einstehen zu lassen, kommt es zu willkürlichen Sanktionen gegen die Gesellschafter. Bei einer nur minimal verursachten Schadensvertiefung hätten die Gesellschafter nämlich dann auch für von ihnen nicht zu verantwortende Geschäftsentwicklungen zu haften. Ein ergän-

381 So aber im Rahmen des qualifizierten faktischen GmbH-Konzerns auf die Insolvenz als Indiz für ein objektiv missbräuchliches Verhalten abstellend: *Schneider*, WM 1993, S. 782, 784; *Burgard*, WM 1993, S. 925, 932 f.; *Kiethe/Groeschke*, BB 1994, S. 2149, 2151; Scholz-*Emmerich*, GmbHG, Anhang Konzernrecht, Rn. 123.

382 So auch *Keßler*, GmbHR 2001, S. 1095, 1100; *ders.*, GmbHR 2002, S. 945, 950 f.; *Vetter*, ZIP 2003, S. 601, 611.

383 Palandt-*Heinrichs*, BGB, Vorb v§ 249, Rn. 56.

384 Zu weit geht daher auch die für Verwirrung sorgende Ansicht von *Altmeppen*, ZIP 2002, S. 1553, 1558 ff., eine „Vermögensvermischung“ sei in den Fällen des (von ihm vertretenen) Schadensersatzanspruchs wegen schuldhaft begangener Einlagenrückgewähr anzunehmen, wenn das Ausmaß des über den Stammkapitalentzug *hinausgehenden* Schadens nicht quantifizierbar sei. In den Fällen der Existenzvernichtungshaftung seien dagegen Probleme der Schadenshöhe mit Hilfe von Beweiserleichterungen zu Gunsten der Gläubiger zu lösen. „*KBV*“ habe einen Fall der „Vermögensvermischung“ zum Gegenstand gehabt, da die durch die Stammkapitalverstöße verursachten Schäden nicht ermittelbar gewesen seien, vgl. insbesondere *Altmeppen*, aaO., 1559 und 1562. Siehe auch unten, Kapitel 6 A) I.

385 *Lutter/Banerjea*, ZGR 2003, S. 402, 413.

zender Gläubigerschutz ist daher nicht im Hinblick auf die Unmöglichkeit des Einzelausgleichs aus tatsächlichen, sondern nur wegen der aus rechtlichen Gründen erforderlich. Die Haftung aus existenzvernichtendem Eingriff dient dem Schutz vor solchen Verstößen, die zwar konkretisierbar sind, aber vom Kapitalerhaltungsrecht nicht oder nicht ausreichend erfasst werden.

4. Ausreichende Möglichkeit der Differenzierung nach Gläubigergruppen

Die Durchgriffslösung nimmt für sich in Anspruch, dass allein sie die aus ökonomischer Sicht erwünschte Differenzierung nach Gläubigergruppen ermöglichen könne[386]. Innerhalb der Gruppe der freiwilligen Gläubiger (Vertragsgläubiger) seien die Gläubiger schutzwürdig, die keine kostengünstige und damit effiziente Möglichkeit der Eigensicherung haben[387]. In ihrem Interesse sei eine Gesellschafterhaftung angezeigt. Die Haftung des Gesellschafters sei dagegen auszuschließen, wenn die Gläubiger das überhöhte Insolvenzrisiko übernommen und sich nicht ausreichend selbst abgesichert haben. Zu prüfen sei, ob ein bestimmtes Risiko vom Gläubiger bewusst eingegangen worden sei. Insbesondere wenn ein Gläubiger eine naheliegende Möglichkeit zur Absicherung seines Risikos unterlassen habe, sei eine Durchgriffshaftung zu seinen Gunsten nicht veranlasst, da ansonsten jeder ökonomische Anreiz für eine effiziente Eigensicherung verloren ginge. Diese Differenzierung könne eine Binnenhaftung nicht vornehmen, da sie „alle Gläubiger über denselben Kamm“ schere[388].

Zweifelhaft ist, ob allein die naheliegende Möglichkeit der Eigenabsicherung eines Risikos es rechtfertigt, eine bewusste und gewollte Risikoübernahme der Gläubiger hinsichtlich des möglichen Ausfalls der GmbH anzunehmen[389]. Zu weit gehen dürfte auch die Forderung, dass alle möglichen Risiken, die dem Gläubiger im Zeitpunkt des Vertragsabschlusses hätten bekannt sein müssen, als Vertragsgrundlage zum Gegenstand der „einvernehmlichen“ Risikoverteilung zu

386 Vgl. *Bitter*, Konzernrechtliche Durchgriffshaftung bei Personengesellschaften, S. 554 ff.; *ders.*, WM 2001, S. 2133, 2140 f.; *ders.*, WuB II C. § 13 GmbHG 2.02, S. 793, 796; *Kübler*, Gesellschaftsrecht, § 30 III 3 b und c, S. 382 f.; *ders.*, in: Festschrift Heinsius, S. 397, 407 ff., 415 ff.; *Koppensteiner*, in: Festschrift Honsell, S. 607, 617 f.

387 *Bitter*, Konzernrechtliche Durchgriffshaftung bei Personengesellschaften, S. 558; *ders.*, WM 2001, S. 2133, 2140 f. Hierher zählen vor allem die Arbeitnehmer, vgl. dazu die Entscheidung *BAG*, ZIP 1999, S. 24 f., in der der klagende Arbeitnehmer von den wirtschaftlichen Schwierigkeiten der Beklagten Kenntnis hatte.

388 Vgl. *Bitter*, WM 2001, S. 2133, 2140, der insoweit *Kübler*, Gesellschaftsrecht, § 30 III 3 c, S. 383 zitiert.

389 Kritisch auch *Lutter/Banerjea*, ZGR 2003, S. 402, 432.

gelten haben[390]. Kann jedoch aufgrund der Gesamtumstände des Falles zuverlässigerweise festgestellt werden, dass der Gläubiger von Anfang an das überhöhte Risiko des eingegangenen Geschäfts kannte und mit den hochspekulativen unternehmerischen Maßnahmen des Gesellschafters aus freien Stücken einverstanden war[391], so ist es durchaus zutreffend, bei Ausfall der GmbH eine Haftung des Gesellschafters auszuschließen. Es ist jedoch nicht einleuchtend, warum ein solcher Ausschluss im Rahmen einer Binnenhaftung nicht möglich sein soll[392]. Erklärt sich der Gläubiger gegenüber der GmbH mit den existenzgefährdenden bzw. ex post gesehen existenzvernichtenden Eingriffen des für die GmbH handelnden Gesellschafters einverstanden, so fehlt es an einer Pflichtverletzung des Gesellschafters gegenüber der GmbH. Ein „Eigeninteresse“ der GmbH, die Erfüllung ihrer Verbindlichkeiten möglichst sicherzustellen, besteht nämlich speziell gegenüber diesem Gläubiger dann nicht mehr[393]. Der Gläubiger stimmt dem Einsatz des (auch) zu seiner Befriedigung erforderlichen Gesellschaftsvermögens, für das

---

390 So aber *Kübler*, in: Festschrift Heinsius, S. 397, 415.

391 Vgl. etwa *OLG Hamburg*, BB 1973, S. 1231, 1232 (bestätigt von *BGH*, WM 1977, S. 73): „Wer Rechtsbeziehungen mit einer GmbH aufnimmt, die erkennbar ein hohes geschäftliches Risiko übernimmt, muss dieses Risiko zum Teil mittragen.“ Es ging konkret um die Herausgabe einer neuen Illustrierten, die erkennbar mit erheblichen Risiken behaftet war und für die die Klägerin redaktionelle Beiträge geliefert hatte.
In der Entscheidung *OLG Rostock*, NZG 1999, S. 170 (Revision vom *BGH*, DStR 2000, S. 1065, nicht zur Entscheidung angenommen) klagte ein Steuerberater wegen ausgefallenen Honorars analog § 303 AktG gegen die Gesellschafter mehrerer GmbH, an denen er teilweise selber treuhänderisch beteiligt war und für die er sämtlich die Buchführung vorgenommen hatte. Das Gericht wies die Klage wegen ungenügender Darlegung der dauernden und umfassenden Führung der Geschäfte durch die Gesellschafter ab. *Habersack*, NZG 1999, S. 171, wirft zu Recht die Frage auf, ob es hier nicht schon an der Schutzbedürftigkeit des Klägers fehlte, da der Kläger wohl bestens über die Verhältnisse der Gesellschaften informiert war. Treffend daher in diesem Sinne *OLG Düsseldorf*, AG 2001, S. 90, 91, das die Klage abwies, weil dem Kläger als Steuerberater und Generalbevollmächtigter die finanzielle Lage der insolvent gegangenen Gesellschaft wie auch sämtliche Maßnahmen der Beklagten im Verhältnis zu dieser Gesellschaft bekannt gewesen seien. Es hätte ihm daher oblegen, seine Ansprüche auf Treuhand- und Steuerberaterhonorar sowie Auslagenersatz gegen die GmbH durch Vereinbarungen mit der Beklagten sicher zu stellen.

392 Nicht nur die Anhänger der Durchgriffs-, sondern auch die der Innenhaftung bestreiten die Möglichkeit einer Gläubigerdifferenzierung bei Annahme des Innenhaftungskonzepts, vgl. etwa *Rehbinder*, AG 1986, S. 85, 97.

393 Einen Mitverschuldenseinwand kann der Gesellschafter dagegen – so richtig *Bitter*, WM 2001, S. 2133, 2140 – nicht erheben. Die Schadensersatzpflicht des Gesellschafters besteht gegenüber der GmbH. Der Gesellschafter ist der Schädiger, die GmbH die Geschädigte. Das „Mitverschulden“ trifft hier jedoch nicht die Gesellschaft als Geschädigte, sondern den an dieser Rechtsbeziehung nicht partizipierenden Gläubiger.

die GmbH haftet, in einer das typische Geschäftsrisiko übersteigenden Weise zu. Die besondere Dreierkonstellation, in der der Gesellschafter (auch) Geschäfte der GmbH ausführt, hat die Konsequenz, dass die Pflichten des Gesellschafters gegenüber der GmbH abhängig sind von den in der Rechtsbeziehung GmbH – Gläubiger vorgenommenen Handlungen und Erklärungen des Gläubigers[394]. Die praktische Abwicklung dieser Unterscheidung zwischen den Gläubigern vollzieht sich dann dergestalt, dass bei der Masseverteilung die Quote jedes Gläubigers an der Masse zunächst unter Ausklammerung des Anspruchs der GmbH gegen den Gesellschafter wegen existenzvernichtenden Eingriffs zu berechnen ist[395]. Soweit eine vollständige Befriedigung nicht erreicht wird, sind nur die Gläubiger aus der Inanspruchnahme des Gesellschafters zu befriedigen, die den hochriskanten Maßnahmen nicht zugestimmt haben[396]. Die anderen Gläubiger erleiden dagegen einen Ausfall. Greift im Falle der masselosen Insolvenz der mit den hochspekulativen unternehmerischen Maßnahmen einverstandene Gläubiger unmittelbar auf den Gesellschafter zu, so steht dem Gesellschafter im Hinblick auf den vom Gläubiger darzulegenden Schadensersatzanspruch der GmbH gegen ihren Anteilsinhaber eine Einwendung zu.

V. Zwischenergebnis

Im Ergebnis ist festzuhalten, dass die dogmatische Grundlage der Haftung wegen Existenzvernichtung dem allgemeinen Rechtsgrundsatz des Zivil- und Gesellschaftsrechts entstammt, bei fremder Geschäftsbesorgung bestimmten Sorgfaltsanforderungen genügen zu müssen und im Falle des Verstoßes einem Schadensersatzanspruch ausgesetzt zu sein. Die Führung fremder Geschäfte folgt zwingend aus der von der Rechtsordnung der GmbH verliehenen eigenständigen Rechtssubjekteigenschaft. Allein die GmbH ist Schuldnerin der Forderungen der Gläubiger. Gesellschafterhandlungen, die die Fähigkeit der GmbH zur Befriedigung dieser Forderungen betreffen, tangieren mithin das Interesse der GmbH. Die in § 43 GmbHG zum Ausdruck kommende GmbH-spezifische Kompetenzverteilung und Disponibilität der Geschäftsführerhaftung steht dem nicht entgegen, da es sich gerade nicht um eine GmbH-spezifische Geschäftsführerhaftung analog § 43 GmbHG handelt. Eine Haftung kommt nur in den Fällen des gesetz-

394 Das vernachlässigt *Altmeppen*, ZIP 2002, S. 961, 966; *ders.*, in: Roth/Altmeppen, GmbHG, § 13, Rn. 84, der eine Gläubigerdifferenzierung ablehnt.

395 Vgl. *Lutter/Banerjea*, ZGR 2003, S. 402, 432.

396 *Lutter/Banerjea*, aaO. Insoweit ist eine „Sondermasse" zu bilden, die ebenfalls vom Insolvenzverwalter gemäß § 92 InsO einzuziehen ist, vgl. auch MüKo-*Brandes*, InsO, § 92, Rn. 11, 15; *Lüke*, in: Kübler/Prütting, InsO, § 92, Rn. 24.

lich nicht normierten, ergänzenden Gläubigerschutzes in Betracht, d.h., wenn der Gesellschafter die Grenzen seiner Dispositionsbefugnis im Sinne von Mindestprinzipien kaufmännischer Sorgfalt überschreitet. Im Gegensatz zu der vom *BGH* vertretenen Durchgriffshaftung knüpft das hier vertretene Konzept an klar definierbare Tatbestandsmerkmale an, da es sich in das bekannte System des Schadensersatzrechts einordnen lässt. Insbesondere vermeidet es eine nicht gerechtfertigte unbegrenzte Haftung des Gesellschafters, indem es einen Anspruch nur insoweit einräumt, wie der Gesellschafter durch pflichtwidrige Eingriffe auch einen Schaden verursacht hat. Schließlich verstrickt es sich nicht wie der *BGH* im Gefolge von pragmatischen Zweckmäßigkeitserwägungen in Widersprüche zu seinen eigenen Haftungsvoraussetzungen, sondern kommt der praktischen Notwendigkeit einer unmittelbaren Zugriffsmöglichkeit der Gläubiger für den Fall der masselosen Insolvenz durch eine überzeugende verfahrenstechnische Lösung nach.

C) Die einzelnen Tatbestandsmerkmale

Näher zu konkretisieren sind die einzelnen Tatbestandsmerkmale des Haftungskonzepts. Hierzu zählen Pflichtverletzung, Verletzungserfolg, Kausalität, Verschulden und Subsidiarität.

I. Pflichtverletzung

Der Schadensersatzanspruch setzt zunächst die Verletzung einer Gesellschafterpflicht gegenüber der GmbH voraus.

1. Eingriff

Die Pflichtverletzung verlangt einen „Eingriff" des Gesellschafters in das Gesellschaftsvermögen. Dieser Begriff ist recht weit zu verstehen. Jede Art von direkter oder indirekter Einflussnahme des Gesellschafters auf das Gesellschaftsvermögen ist darunter zu fassen. Die Rechtsprechung beschäftigten bisher ganz überwiegend nur Fälle des unmittelbaren Zugriffs auf vermögenswerte Positionen wie liquide Mittel, Anlage- und Umlaufvermögen, Forderungen, Personal oder ganze Geschäftsbereiche[397]. Es wäre jedoch zu kurz geraten, wollte man die neue Haf-

---

397 Vgl. *BGH*, NJW 2001, S. 3622 („*Bremer Vulkan*"); *BGH*, ZIP 2002, S. 848, 850; *BGH*, ZIP 2002, S. 1578, 1579 f. („*KBV*"); *BGH*, ZIP 2004, S. 2138; *BGH*, WM

tung auf solche direkten Zugriffe der Gesellschafter auf das Gesellschaftsvermögen beschränken. Aufgabe der Haftung aus existenzvernichtendem Eingriff ist es, ein die Kapitalerhaltungsvorschriften ergänzenden Gläubigerschutz dort zu schaffen, wo das Geschäftsrisiko über das typische Maß hinaus auf die Gläubiger einseitig verlagert wird. Als „Eingriff" sind daher gleichermaßen solche Einflussnahmen zu bewerten, die sich erst mittelbar auf das Gesellschaftsvermögen auswirken und die Befriedigung der Gläubiger vereiteln. Hierzu zählen beispielsweise das Eingehen von Geschäften, die ein Missverhältnis von Gewinnchance und Verlustrisiko aufweisen; die Aufstellung von besonderen Satzungs- und Vertragskonstruktionen, die zwingend zur Folge haben, dass die eine Gesellschaft den Ertrag, die andere dagegen die Kosten trägt; die Begründung von Verbindlichkeiten, die angesichts der Ertragslage der Gesellschaft voraussichtlich nicht erfüllt werden können; strukturelle Maßnahmen wie die Neuausrichtung von Geschäftsfeldern[398]. Auch genügt bereits die bloße Weisungserteilung an den Geschäftsführer, der die Vermögenseingriffe dann ausführen soll. Darüber hinaus ist der die Pflichtverletzung begründende „Eingriff" nicht auf einen Einzelakt beschränkt. Er kann sich gleichermaßen in einem Bündel von fortgesetzten, schädigenden Maßnahmen gleicher oder verschiedener Art ausdrücken.

Eingriffe beschränken sich jedoch stets nur auf *aktive* Einflussnahme. Es besteht das Verbot, in grob pflichtwidriger Weise existenzvernichtende Maßnahmen zu veranlassen. Damit korrespondiert nicht die Möglichkeit einer Pflichtverletzung durch Unterlassen[399]. Es besteht nicht das Gebot, den Bestand der Ge-

---

2005, S. 176; *BGH*, GmbHR 2005, S. 299; *OLG Rostock*, ZIP 2004, S. 118, 120. In *OLG Rostock*, aaO., wurde als Eingriff allerdings auch der Abschluss eines Management- und Geschäftsbesorgungsvertrags zwischen der insolvent gewordenen GmbH und einer anderen Gesellschaft des in Anspruch genommenen Gesellschafters gewertet, da aufgrund dessen die Gesellschaft zu Lasten der GmbH zur einseitigen Herabsetzung der als Vergütung vereinbarten Umsatzbeteiligung berechtigt wurde.

398 Zu den einzelnen Fallgruppen vgl. näher unten, § 4 C) I. 4. Angesichts der vielfältigen Möglichkeiten des Gesellschafters, zum Schaden der Gläubiger auf das Gesellschaftsvermögen Einfluss zu nehmen, erweist sich der hier vertretene dogmatische Ansatz auch gegenüber dem Vorschlag von *Haas*, WM 2003, S. 1929, 1934 f., 1940, vorzugswürdig, für eine Haftung § 823 Abs. 2 BGB i.V.m. § 73 Abs. 1 GmbHG analog anzuwenden. Das spekulative Eingehen von besonders hohen Risiken oder die Begründung von Verbindlichkeiten, die angesichts der Ertragslage der Gesellschaft voraussichtlich nicht erfüllt werden können, würden von dieser Anspruchsgrundlage nicht erfasst und es müsste wieder auf § 826 BGB mit seinen bekannten Schwierigkeiten des Vorsatznachweises zurück gegriffen werden.

399 Anders jedoch *K. Schmidt*, NJW 2001, S. 3577, 3580; *Lutter/Banerjea*, ZGR 2003, S. 403, 416; *Wiedemann*, ZGR 2003, S. 283, 292; *Roth*, NZG 2003, S. 1081, 1083. Vgl. weiter *Wilhelm*, Rechtsform und Haftung bei der juristischen Person, S. 356; *ders.*, DB 1986, S. 2113, 2118; *Raiser*, ZGR 1995, S. 156, 168.

sellschaft durch aktive Maßnahmen wie etwa Liquiditätszufuhr und Ausstattung mit zusätzlichen Finanzmitteln zu bewahren[400]. Dem stünde bereits die nicht vorgesehene Nachschusspflicht der Gesellschafter entgegen. So bestimmen auch die §§ 32 a, 32 b GmbHG nur, dass der GmbH die ihr in der Krise tatsächlich zugeführten Mittel zu belassen sind, nicht jedoch, dass ihr zusätzliches Eigenkapital zuzuführen ist[401]. Weiterhin können auch keine Sanktionen an den alleinigen Umstand geknüpft werden, dass der Gesellschafter die GmbH nicht bereits vor Eintritt der Insolvenzeröffnungstatbestände aufgelöst hat[402]. Aktive Handlungspflichten treffen nach der gesetzlich ausgestalteten Organisationsverfassung lediglich die Geschäftsführer. Die Gesellschafter haben weder wegen Nichtverhinderung nachteiliger Geschäfte der Geschäftsführer noch wegen fehlender sorgfältiger Kontrolle und Überwachung einzustehen[403]. Eine Haftung kommt in diesem Rahmen erst bei Begründung von Verbindlichkeiten, die angesichts der Ertragslage der Gesellschaft sorgfaltswidrig sind, in Betracht. Zu beachten ist allerdings stets, ob sich das Verhalten des Anteilsinhabers tatsächlich in einem Unterlassen erschöpft oder der Schwerpunkt des Verhaltens nicht doch in einem Tun zu erkennen ist. Nehmen etwa die Geschäftsführer dringend erforderliche unternehmerische Maßnahmen zur Vermeidung der Entstehung bzw. Potenzierung von Verlusten allein wegen einer (konkludenten) Weisung des Gesellschafters nicht vor, so liegt das dem Gesellschafter vorwerfbare pflichtwidrige Verhalten in der Erteilung der Weisung und damit in einem Tun. Eine Pflichtverletzung kommt daher durchaus in Betracht[404]. Das „Schweigen" des Mitgesellschafters über grob sorgfaltswidrige Eingriffe des anderen Anteilinhabers in das Gesellschaftsvermögen ist nicht als reines Untätigbleiben, sondern gleichsam als ein konkludent erklärtes Einverständnis auszulegen, wenn gemäß den allgemeinen Grundsätzen der Auslegung von Willenserklärungen[405] seine Kenntnis von den Eingriffen und sein entsprechendes Geschäftsgebaren nach außen hin einen solchen Willen nahe legen[406].

---

400 Vgl. auch *Gribbohm*, ZGR 1990, S. 1, 19; *Ulmer*, ZGR 1985, S. 598, 605 f., 607. Siehe weiter *BGH*, WM 2005, S. 176, 177.

401 Vgl. auch zur Umqualifizierung in Eigenkapitalersatz bei „Stehenlassen" einer früher gewährten Kredithilfe an die später in die Krise geratene Gesellschaft *BGHZ* 121, 31, 35 ff.; 127, 336, 341 ff.

402 So aber *Roth*, NZG 2003, S. 1081, 1083.

403 *Ulmer*, ZGR 1985, S. 598, 607.

404 Die insoweit von *Wilhelm*, DB 1986, S. 2113, 2118, vorgebrachten Einwände können daher nicht überzeugen.

405 Siehe dazu näher *Medicus*, Allgemeiner Teil des BGB, Rn. 333 ff.

406 In *BGH*, ZIP 2002, S. 1578 („*KBV*") wurde diese Frage nicht weiter relevant, da das ausdrückliche Einverständnis des Mitgesellschafters, bei dem offen blieb, ob er etwas empfangen hatte, aufgrund des gemeinsam gefassten Gesellschafterbeschlusses und

Ein gutes Beispiel für die erforderliche präzise Abgrenzung zwischen positivem Tun und Unterlassen bietet eine Entscheidung des *OLG Bamberg*[407] zum qualifizierten faktischen GmbH-Konzern. Der Beklagte war geschäftsführender Alleingesellschafter einer Bauträger-GmbH und darüber hinaus Inhaber einer Einzelfirma. Die GmbH schloss mit dem Kläger einen Bauvertrag über die Errichtung eines Einfamilienhauses. Sie ließ die Rohbauarbeiten von der dem Beklagten gehörenden Einzelfirma und die übrigen Gewerke von anderen Subunternehmern ausführen. Nachdem der Kläger im wesentlichen offensichtlich begründete Gewährleistungsansprüche von hohem Umfang geltend gemacht hatte, bemühte sich der Beklagte nicht mehr darum, neue Bauaufträge für die GmbH zu erhalten. Er weigerte sich, die Gewährleistungsansprüche zu erfüllen und lehnte die zur Diskussion gestellten Möglichkeiten eines Rückkaufs des Einfamilienhauses bzw. der Übernahme einer Fremdsanierung ab. Von dem zur Beseitigung der Mängel notwendigen Aufwand wäre die GmbH letztendlich aber selbst nicht betroffen gewesen, da sie eigene Gewährleistungsansprüche gegen ihre Subunternehmer hatte, die sie mit der Ausführung der mangelhaften Gewerke beauftragt hatte und daher zur Mängelbeseitigung heranziehen konnte. Davon umfasst war auch ein Anspruch der GmbH gegen ihren Gesellschafter persönlich als Inhaber seiner Einzelfirma. Dem wollte der Beklagte wohl entgehen. Das *OLG* sah in all dem einen „objektiven Missbrauch" der beherrschenden Stellung des Alleingesellschafters[408]. Für die hier in Frage stehende Haftung aus existenzvernichtendem Eingriff ist dagegen richtigerweise genauer zu differenzieren: (1) Das reine Nichtbemühen um neue Aufträge bzw. die fehlende Geschäftstüchtigkeit ist ein haftungsirrelevantes Unterlassen und stellt noch keine Pflichtverletzung des Gesellschafters gegenüber seiner GmbH dar. Sie fällt noch in seine Entscheidungsfreiheit, selbst wenn dies faktisch zu einem „Auslaufenlassen" der GmbH führt[409]. Erst bei einem Abzug von Ressourcen, etwa in Form der Entnahme wichtiger Produktionsmittel oder der „Umleitung" von Aufträgen an einen anderen Vermögensträger, ist die Dispositionsfreiheit überschritten und kann eine grobe Sorgfaltspflichtverletzung begründen. (2) Anders als das Nichtbemühen um neue Aufträge stellt jedoch die Weigerung, Gewährleistungsansprüche zu erfüllen bzw. von den eigenen Vertragspartnern Mängelbeseitigung zu verlangen, kein Unterlassen dar. Bei Berücksichtigung der Umstände des Falles liegt der Schwerpunkt des Verhaltens hier in einem positiven Tun. Während der Käufer

der Vertretung der GmbH zum Zwecke der Vermögensübertragung auf den anderen Gesellschafter feststand.

407 AG 1998, S. 191.

408 AaO., 193.

409 Anders jedoch *OLG Bamberg*, aaO., 193; *OLG Düsseldorf*, NZG 2001, S. 368, 369 f.

keinen Anspruch gegen die GmbH unter dem Gesichtspunkt hat, wie diese unternehmerisch geführt wird und ob sie sich genügend geschäftstüchtig verhält, besteht aufgrund der Vertragsbeziehung ein konkreter, durchsetzbarer Anspruch gegen die GmbH darauf, dass sie ihren eingegangenen Verbindlichkeiten nachkommt. Weigert sich der Gesellschafter, die Vertragspartner der GmbH zu der Mängelbeseitigung zu veranlassen, und verfügt die Gesellschaft nicht über genügend Liquidität, die dann begründeten Schadensersatzansprüche des Gläubigers zu befriedigen, so wird auf die GmbH in einer Weise (positiv) eingewirkt, die ihre Fähigkeit zur Bedienung ihrer Verbindlichkeiten missachtet. Gewiss spielen bei dieser Abgrenzung zwischen positivem Tun und Unterlassen normative Erwägungen sowie die Gesamtumstände eine Rolle. Solche Wertungsfragen werden aber auch in anderen Rechtsgebieten, wie etwa im Strafrecht[410], angestellt, ohne dass sie bereits Grund dafür bieten könnten, auf eine Abgrenzung zu verzichten und das Unterlassen dem positiven Tun gleich zu stellen. Vielmehr werden so nicht sachgerechte Ergebnisse ausgeräumt, ohne gleichzeitig eine weite, vom Organisationsrecht der GmbH nicht mehr getragene Haftungsfalle für Gesellschafter zu begründen[411] und letztlich die von Art. 14 GG geschützte Eigentumsfreiheit zu verletzen.

2. *Pflichtenumfang*

Um den Pflichtenumfang des Gesellschafters gegenüber der GmbH im Hinblick auf den Schutz der Gläubiger näher zu bestimmen, ist von dem in § 13 Abs. 2 GmbHG und den Stammkapitalerhaltungsvorschriften zum Ausdruck kommenden Wertungsrahmen der angemessenen Risikoallokation zwischen Gesellschafter und Gläubiger auszugehen. Während die Gläubiger in Folge der Beschränkung der Haftung auf das Gesellschaftsvermögen das typische Risiko des wirtschaftlichen Zusammenbruchs zu tragen haben, sollen die Gesellschafter aufgrund ihres Eigenkapitaleinsatzes gehalten sein, die Wahrscheinlichkeit der Insolvenz der Gesellschaft möglichst gering zu halten bzw. nicht über Gebühr zu erhöhen[412]. Die Schwierigkeit liegt in der Grenzziehung zwischen dem eingeräumten weiten unternehmerischen Ermessensspielraum einerseits und der vom

---

410 Vgl. *Wessels/Beulke*, Strafrecht Allgemeiner Teil, Rn. 699 ff.; *Kühl*, Strafrecht Allgemeiner Teil, § 18, Rn. 13 ff.; *BGH*St 6, 46, 59; *BGH*, NStZ 1999, S. 607.

411 Vgl. aber *Wilhelm*, DB 1986, S. 2113, 2118; *Wiedemann*, ZGR 2003, S. 283, 292.

412 *Bitter*, ZIP 2001, S. 2133, 2136 f., 2141; *ders.*, Konzernrechtliche Durchgriffshaftung bei Personengesellschaften, § 10 II. 3., S. 318 f., hält daher die Umschreibung des neuen Haftungskonzepts mit „Existenzgefährdung/-vernichtung“ für viel zu unscharf und begrifflich fehlleitend. Siehe auch *Lutter/Banerjea*, ZGR 2003, S. 402, 439 f.

Gesetz nicht mehr akzeptierten einseitigen Risikoverlagerung auf die Gläubiger andererseits. Kaufmännischer Wagemut ist von unverantwortlichem Risiko zu unterscheiden. Hierzu kann das U.S. amerikanische *Model Business Corporation Act* (MBCA) herangezogen werden, das nicht vollumfänglich übernommen werden, sondern nur Hilfestellung geben und in seinen für die hiesigen Zwecke anwendbaren Teilen bemüht werden soll. Das MBCA stellt kein geltendes Recht dar, sondern ein den Einzelstaaten vorgeschlagenes Regelwerk zur optionalen Übernahme[413]. In § 6.40 sind die Voraussetzungen für Vermögensausschüttungen im weiteren Sinne[414] genannt. Sie wurden im Zuge der Reformierung des MBCA 1980 geändert. Hintergrund war dafür die Einsicht, dass die mit den §§ 30 f. GmbHG vergleichbaren Bestimmungen zum Garantiekapital einen nur unzulänglichen Gläubigerschutz boten[415]. Nach der reformierten Fassung hat jeder Ausschüttung ein *solvency test*, eine Solvenzprüfung, vorauszugehen, die sich in den sog. *equity insolvency test* und den sog. *balance sheet test* unterteilt[416].

a) Equity Insolvency Test

Der *equity insolvency test* dient der Sicherstellung der Liquidität der Gesellschaft. Nach Vornahme der Ausschüttung muss die Gesellschaft fähig bleiben, ihren Verbindlichkeiten im Zeitpunkt der jeweiligen Fälligkeit nachzukommen. Von besonderer Bedeutung ist dabei, dass sich die Prüfung nicht an den Bilanzen des Unternehmens, sondern an ihren internen Finanzplänen und -kalkulationen orientiert[417]. Wahrscheinlichkeit, Höhe und Zeitpunkt eventuell noch anfallender vermögensmäßiger Pflichten sind nach vernünftigen kaufmännischen Grundsätzen zu bewerten. Es bedarf hierzu einer umfassenden Prüfung aller erheblichen gegenwärtigen und zukünftigen Geschäftspositionen und -umstände[418]. So hat das Unternehmen beispielsweise auf Grundlage ihres bestehenden bzw. zu erwarten-

413 Vgl. § 1.01 MBCA: "*This Act shall be known and may be cited as the "[name of state] Business Corporation Act"*."

414 § 1.40 (6) MBCA lautet: „ *"Distribution" means a direct or indirect transfer of money or other property ... by a corporation to or for the benefit of its shareholders ... .*"

415 Vgl. den „Official Comment"zu § 6.40 MBCA: „*It has long been recognized that the traditional "par value" and "stated capital" statutes do not provide significant protection against distributions of capital to shareholders.*"

416 Vgl. § 6.40 (c) MBCA.

417 Im „Official Comment" zu § 6.40 MBCA heißt es unter 2.: „*While neither a balance sheet nor an income statement can be conclusive as to this test, ...*"

418 Vgl. den „Official Comment" zu § 6.40 MBCA unter 2.: „*Because of the overall judgement required in evaluating the equity insolvency test, no one or more „bright line" tests can be employed.*"

den Umsatzes an Waren oder Dienstleistungen zu beurteilen, ob es in nächster Zeit genügend Erträge erwirtschaften wird, um ihre bereits eingegangenen sowie voraussichtlich noch anfallenden Verbindlichkeiten zu erfüllen[419]. Der Gesellschafter hat also auf Basis einer umfassenden „Risikoanalyse“[420] zu prüfen, ob und zu welchem Grad die beabsichtigte Maßnahme ex ante gesehen die Zahlungsfähigkeit der Gesellschaft beeinträchtigen wird. Soweit der Maßnahme eine Gegenleistung gegenüber steht, beispielsweise im Falle des Vermögensabzugs ein Kaufpreis gezahlt wird, ist darauf zu achten, dass ein rein bilanzieller Ausgleich den Gesellschafter vom Vorwurf der Pflichtverletzung noch nicht befreit. Um dem Gläubigerschutz hinreichend gerecht zu werden, ist der *materielle* Wert der Vermögensposition für die Liquiditätserhaltung in die Betrachtung einzubeziehen. Die Gegenleistung ist nur dann angemessen, wenn dieses gesichert ist.

Nach der offiziellen Kommentierung des MBCA gewinnt der *equity insolvency test* meist erst dann Bedeutung, wenn die Gesellschaft bereits in erste Zahlungsschwierigkeiten bzw. in eine ungewisse Liquiditätslage geraten ist, mithin sich in einer Krise befindet[421]. Dies deckt sich mit den häufigen Fallgruppen der Haftung aus existenzvernichtendem Eingriff, in denen die Gesellschafter zum Ressourcenabzug bzw. zu spekulativen Risikogeschäften dann greifen, wenn sich die Gesellschaft bereits in eine desolate Lage begeben hat und mittelfristig ihre Insolvenz zu befürchten ist[422]. Weiterhin hat sich die Prüfung in Übereinstimmung mit den Maßstäben des MBCA[423] grundsätzlich auf kurzfristige Verbindlichkeiten zu beschränken, d.h. solche, die in den nächsten 12 Monaten fällig werden. Solange nicht ausnahmsweise besondere Umstände etwas anderes gebieten, wäre es dem Gesellschafter nicht zumutbar eine regelmäßig mit erheblichen Unsicherheiten behaftete Prognose für die gesamten, in den nächsten Jahren fällig werdenden bzw. noch entstehenden Verbindlichkeiten abzugeben.

In zwei Punkten ergeben sich jedoch für die Haftung aus existenzvernichtendem Eingriff wichtige Abweichungen zum *equity insolvency test* des MBCA. Zum einen ist die Haftung aus existenzvernichtendem Eingriff nicht auf „Vermö-

---

419 Vgl. „Official Comment“ zu § 6.40 MBCA unter 2.

420 Vgl. *Keßler*, GmbHR 2001, S. 1095, 1100.

421 Vgl. den „Official Comment“zu § 6.40 MBCA unter 2.: „*It is only when circumstances indicate that the corporation is encountering difficulties or is in an uncertain position concerning its liquidity and operations that the board of directors, ...may need to address the issue.*"

422 Vgl. *Bitter*, WuB II C. § 13 GmbHG 2.02, S. 793, 796; *Vetter*, ZIP 2003, S. 601, 604.

423 Vgl. den „Official Comment“zu § 6.40 MBCA unter 2.: „ ... , *since the primary focus of the directors' decision to make a distribution should normally be on the corporation's prospects and obligations in the shorter term, unless special factors concerning the corporation's prospects require the taking of a longer term prospective.*"

gensausschüttungen" beschränkt, sondern umfasst jede Art von direkter oder indirekter Einflussnahme des Gesellschafters auf das Gesellschaftsvermögen. Nur so können auch solche Gesellschafterhandlungen erfasst werden, die sich erst mittelbar auf das Gesellschaftsvermögen auswirken und die Befriedigung der Gläubiger vereiteln. Zum anderen bestimmt § 6.40 MBCA Verhaltenspflichten von *Geschäftsführern*, die sich bei unzulässiger Ausschüttung gemäß § 8.33 MBCA haftbar machen. Die Existenzvernichtungshaftung dient jedoch dem notwendigen Schutz der Gläubiger vor *Gesellschafter*handlungen. Während der Geschäftsführer gemäß § 43 GmbHG einer Schadensersatzhaftung bei Verletzung der Sorgfalt eines ordentlichen Geschäftsmannes ausgesetzt ist, genießt der Gesellschafter die übergeordnete Kompetenz über die Entscheidungen des Geschäftsführers. Gesellschafterweisungen hat der Geschäftsführer zu befolgen, ist im Gegenzug dann aber auch von einer möglichen Schadensersatzpflicht befreit. Der für den Gesellschafter geltende Pflichtenmaßstab kann daher nicht derselbe sein, der vom Geschäftsführer verlangt wird. Der Gesellschafter genießt im GmbH-Recht eine weit eingeräumte Dispositionsfreiheit. Dem ist bei Anwendung des *equity insolvency test* ausreichend Rechnung zu tragen, um die Grenzen der Rechtsfortbildung einzuhalten. Gesellschaftermaßnahmen können daher nur dann als pflichtwidrig qualifiziert werden, wenn ihr Risiko, dass die Gesellschaft ihren gegenwärtigen und absehbaren zukünftigen Verbindlichkeiten nicht mehr nachkommen werden wird, die Erfolgsaussichten eindeutig überwiegt. Es muss für einen gewissenhaften, sorgfältigen Kaufmann im Zeitpunkt der Vornahme der Handlung unter Zugrundelegung aller erkennbaren Umstände und der sich abzeichnenden Entwicklung *evident* sein, dass die Maßnahme einen Liquiditätsausfall zur Folge haben wird. Dies läuft letztendlich auf den Nachweis grober Fahrlässigkeit hinaus. Allein dieser Maßstab vermeidet jedoch einen unverhältnismäßigen Eingriff in die Einschätzungsprärogative des Gesellschafters. Da keine retrospektive Betrachtungsweise anzulegen ist, sondern eine ex ante vom Gesellschafter vorgenommene Prognoseentscheidung den Gegenstand bildet, ist die „Richtigkeit" der Maßnahme nur beschränkt überprüfbar. Kaufmännische Ermessensentscheidungen und Zweckmäßigkeitsüberlegungen sind grundsätzlich Sache der Gesellschafter und dürfen nicht ohne weiteres von den Gerichten ersetzt werden[424]. Den Gesellschaftern steht ein den Gerichten entzogener „Beurteilungsspielraum" darüber zu, ob eine Maßnahme sachdienlich und sinnvoll ist[425].

---

424 *BGH*, NJW 1986, S. 844. Vgl. auch *BGHZ* 71, 40, 49 f. ("*Kali+Salz*").
425 *BGH*, NJW 1986, S. 844.

b) Balance Sheet Test

Der *balance sheet test* nimmt eine Prüfung des Nettovermögens vor. Eine Ausschüttung darf nur erfolgen, wenn auch noch nach dessen Vornahme die Aktiva die Passiva vollständig abdecken oder übersteigen. Er schreibt dabei keine besondere Bilanzierungsmethode vor, sondern gewährt einen weiten Gestaltungsspielraum, indem er nur voraussetzt, dass die angewandte Methode unter den gegebenen Umständen rational sein muss[426]. Je nach Lage des Unternehmens und dessen Zukunftsaussichten sind für die Bewertung entweder Fortführungs- oder Liquidationswerte anzusetzen[427]. Weiterhin hat sich die Prüfung nicht auf einzeln selektierte Vermögensgegenstände zu beschränken, sondern hat sämtliche vermögenswerte Positionen von einiger Bedeutung in die Betrachtung einzubeziehen[428]. Dies ähnelt der Überschuldungsprüfung gemäß § 19 Abs. 2 InsO. Eine Überschuldung liegt danach vor, wenn das Vermögen des Schuldners die bestehenden Verbindlichkeiten nicht mehr deckt. Zur realistischen Bewertung ist eine Fortbestehensprognose aufzustellen, d.h. es ist zu prüfen, ob die Finanzkraft der Gesellschaft mittelfristig zur Fortführung des Unternehmens ausreicht[429]. Dessen Ergebnis entscheidet dann über den Ansatz von Fortführungs- oder Liquidationswerten[430]. Grundsätzlich sind auch nicht bilanzierungsfähige, aber selbständig verwertbare Vermögenswerte in den Überschuldungsstatus mit aufzunehmen[431]. Selbst immaterielle Werte wie etwa ein besonderes Know-how des Unternehmens können bewertet werden[432]. Überträgt man also unter diesen Gesichtspunkten den *balance sheet test* auf die Haftung aus existenzvernichtendem Eingriff so bedeutet dies, dass die vom Gesellschafter beabsichtigte unternehmerische Maßnahme nicht die Überschuldung der Gesellschaft zur Folge haben darf. Auch hier hat der Gesellschafter die gegenwärtige und voraussichtliche Geschäftslage zu beurteilen und die Auswirkungen der Maßnahme auf das Nettovermögen der Gesellschaft abzuschätzen. Um dem Entscheidungsermessen des Gesellschafters je-

426 Vgl. hierzu § 6.40 (d) MBCA: „*... or other method that is reasonable in the circumstances.*" sowie den „Official Comment" unter 4., insbesondere 4 b.

427 Vgl. den „Official Comment" zu § 6.40 (d) MBCA unter 4 b.

428 Im „Official Comment" zu § 6.40 (d) MBCA heißt es unter 4 b: „*Ordinarily a corporation should not selectively revalue assets. It should consider the value of all its material assets, whether or not reflected in the financial statements ... .*"

429 *BGH*, KTS 1993, S. 106 unter Leitsatz b); *Schulze-Osterloh*, in: Baumbach-Hueck, GmbHG, § 64, Rn. 11 f.

430 Vgl. näher *Drukarczyk/Schüler*, in: Kölner Schrift zur Insolvenzordnung, S. 95, 123 ff., Rn. 81 ff.

431 *BGH*, NJW 1983, S. 676, 677; *Hess*, in: Hess/Weis/Wienberg, InsO, § 19, Rn. 27; *Ulmer*, in: Hachenburg, GmbHG, § 63, Rn. 40.

432 *Hess*, aaO., Rn. 36; *Mönning*, in: Nerlich/Römermann, InsO, § 19, Rn. 35 f.

doch genügend Raum zu geben, kommt es wiederum auf den Nachweis einer groben Sorgfaltspflichtverletzung an, d.h. für einen gewissenhaften Geschäftsmann hätte es evident sein müssen, dass die Maßnahme in nächster Zeit zu einer Überschuldung führen würde[433]. Der Test umfasst nicht nur „Vermögensausschüttungen", sondern jede Art von direkter oder indirekter Einflussnahme des Gesellschafters auf das Gesellschaftsvermögen.

c) Abgrenzung der Prognose nach equity insolvency und balance sheet test

Zwischen der hier in Anlehnung an den *solvency test* des MBCA vorgeschlagenen Liquiditäts- und Nettovermögensprüfung sind Überschneidungen durchaus denkbar. Beide Tests erfordern nämlich eine Prognose über die Finanzkraft bzw. Zahlungsfähigkeit des Unternehmens. Unterschiedlich sind jedoch die daran jeweils anzulegenden Maßstäbe. Bei der Prüfung der Auswirkungen der beabsichtigten Maßnahme auf das Nettovermögen, also dem *balance sheet test*, spielt die Fortbestehensprognose nur für die Frage des Bewertungsansatzes eine Rolle und ist bereits bei Annahme einer Wahrscheinlichkeit von mehr als 50% zu bejahen[434]. Kern der Prüfung bleibt jedoch der Vergleich von Aktiv- und Passivvermögen. Den Schwerpunkt des *Liquiditätstests* bildet dagegen die Frage, ob die Gesellschaft auch noch nach Vornahme der Maßnahme ihren gegenwärtigen und absehbaren zukünftigen Verbindlichkeiten im Zeitpunkt ihrer jeweiligen Fälligkeit nachkommen können wird. Daran sind hohe Anforderungen geknüpft. Nur wenn die voraussichtliche Zahlungsunfähigkeit für einen sorgfältigen Kaufmann ganz eindeutig erkennbar ist, liegt ein haftungsrelevantes pflichtwidriges Verhalten vor.

433 In *LG Münster*, AG 1997, S. 474, wurde ein Arzt als Gesellschafter einer GmbH verklagt, die den Erwerb und die Vermietung medizinischer Anlagen zum Zweck hatte. Einziger Mieter war der Beklagte. Er schloss im Namen der GmbH mit dem Kläger über eine Anlage einen Kaufvertrag, den er jedoch wenig später aus in der Entscheidung nicht ersichtlichen Gründen „widerrief". Während die Klägerin sich eine rechtliche Überprüfung des Widerrufs vorbehielt, bestellte der Beklagte kurze Zeit danach eine ähnliche Anlage bei einem anderen Unternehmen. Da die Mieteinnahmen nur die Finanzierung einer einzigen Anlage zuließen und sich die GmbH durch Nichtannahme der zuerst bestellten Anlage schadensersatzpflichtig machte, führte die zweite Bestellung zur Überschuldung der Gesellschaft. Das *LG* verurteilte den Beklagten gemäß den Grundsätzen des qualifizierten faktischen GmbH-Konzerns. Nach den hier vorgestellten Haftungsgrundsätzen des existenzvernichtenden Eingriffs wäre dagegen insbesondere zu prüfen gewesen, ob der Widerruf willkürlich erfolgte oder der Beklagte aus noch vertretbaren Gründen glauben durfte, sich einer Schadensersatzpflicht nicht ausgesetzt zu haben bevor er die zweite Bestellung in Auftrag gab.

434 Vgl. auch § 19 Abs. 2, S. 2 („überwiegende Wahrscheinlichkeit").

3. *Fallgruppen*

a) Ressourcenabzug

Verhältnismäßig einfach kann eine grobe Sorgfaltspflichtverletzung in den Fällen angenommen werden, in denen die Maßnahme nicht dem Unternehmenszweck zu Gute kommen soll, sondern sich allein in dem kompensationslosen Abzug von wesentlichen Vermögenswerten erschöpft, die der Gesellschafter dann in ein anderes Vermögen überträgt. Abhängig von den konkreten Unternehmensgegebenheiten kann der existenzvernichtende Eingriff darin liegen, dass qualifiziertes Personal der Gesellschaft ersatzlos abgezogen wird[435], wichtige Produktionsmittel und Leistungen ohne angemessene Gegenleistung genutzt bzw. entnommen werden[436] oder hinreichend sichere Gewinnchancen entzogen werden[437]. Der Gesellschaft wird also die wirtschaftliche Grundlage genommen. Durch Verringerung bzw. Einstellung ihrer Aktivitäten und Abzug der Ressourcen werden ihr Geschäftsabschlüsse vorenthalten, deren Erträge zur Deckung ihrer Verbindlichkeiten hätten verwendet werden können[438]. Zudem verliert sie die Möglichkeit, ihre Liquidität durch Kreditaufnahme gegen Sicherheit aufrechtzuerhalten[439]. Die GmbH wird auf diese Weise „ohne geordnetes Liquidationsverfahren" in die masselose Insolvenz geführt. Der typische Fall ist der der Bildung von sog. „GmbH-Stafetten": Das noch vorhandene Vermögen einer sich meist in einer Krise befindlichen GmbH wird auf eine Auffanggesellschaft übertragen, die die Tätigkeit der notleidenden GmbH fortführt, ohne die noch bestehenden Verbindlichkeiten tragen zu müssen. So verhielt es sich auch in der *KBV*-Entscheidung[440]. Die Anlagegüter der nicht mehr florierenden GmbH wurden an einen ihrer Gesellschafter durch Verrechnung mit als Eigenkapitalersatz verhafteten Forderungen veräußert, während Personal, Warenbestand sowie sämtliche Forderungen unter Übernahme einer geringeren Summe von Verbindlichkeiten auf eine andere Gesellschaft, an der zumindest einer der Gesellschafter beteiligt war, übertragen wurden. Zur Veranschaulichung kann auch ein Urteil des *BSG*[441] aus

---

435 Vgl. *BGHZ* 150, 61, 67 f.

436 Vgl. *OLG Rostock*, ZIP 2004, S. 118, 120.

437 Vgl. *BGH*, NJW 1994, S. 446, 447 („*EDV-Peripherie*"); *BGH*, WM 1978, S. 1205, 1206 f. Im Rahmen der Geschäftsführerhaftung dazu *BGH*, NJW 1984, S. 585 f.; *BGH*, GmbHR 1977, S. 129, 130.

438 *Kowalski*, GmbHR 1993, S. 253, 257.

439 Siehe auch *OLG Rostock*, ZIP 2004, S. 118, 120.

440 *BGH*, ZIP 2002, S. 1578. Vgl. darüber hinaus *BGH*, NJW 1996, S. 1283, 1284; *OLG Oldenburg*, EWiR § 302 AktG 1/01, 147, 148 (*Reiff*).

441 NJW 1984, S. 2117.

dem Jahre 1984 dienen, in dem es um die Geltendmachung von Ansprüchen der Bundesanstalt für Arbeit auf Rückzahlung von Eingliederungsbeihilfen ging. Der Gesellschafter gründete im Laufe der Zeit insgesamt drei GmbH. Die wesentlichen Aktivposten wurden dabei von einer Gesellschaft auf die nächste übertragen, sobald die Erfüllung der Geschäftsverbindlichkeiten der Vorläuferin in Gefahr war[442]. Die zuletzt eingetragene GmbH wurde kurz vor Stellung des Antrags auf Eröffnung des Konkursverfahrens über die beiden früheren Gesellschaften gegründet. Während sie deren Geschäfte fortführte, wurden die beiden Konkursanträge mangels Masse abgelehnt. Das *BSG* sah darin zu Recht einen „Missbrauch" der Rechtsform der juristischen Person, der nunmehr präziser als ein existenzvernichtender Eingriff zu qualifizieren ist[443].

In Fällen von „GmbH-Stafetten" muss der Gesellschafter plausible unternehmerische Gründe für den Abzug darlegen, die auf eine wirtschaftliche Effizienz zu Gunsten der GmbH schließen lassen konnten und daher die Maßnahmen rechtfertigten. Wurde ein Kaufpreis gezahlt oder in anderer Form eine Gegenleistung gewährt, so kommt es darauf an, dass der *materielle* Wert der Vermögensposition für die Liquiditätserhaltung genügend Berücksichtigung gefunden hat. Nur dann kann die Gegenleistung als angemessen qualifiziert werden. Ein rein bilanzieller Ausgleich genügt dagegen nicht[444]. Ansonsten kann sich der Gesellschafter vom Vorwurf der groben Sorgfaltspflichtverletzung nur noch dadurch befreien, dass er vorträgt, dass die abgezogenen Ressourcen für die Liquiditätserhaltung ohne Bedeutung waren. Da die Übertragung der Vermögensposten jedoch regelmäßig in der Krise erfolgt und in diesem Stadium fast sämtliche Ressourcen unverzichtbar sind, wird dieser Einwand nur selten greifen können.

Vom reinen Ressourcenabzug ist allerdings die Sicherheitenbestellung der GmbH zu Gunsten der Kreditaufnahme ihrer Gesellschafter zu unterscheiden. Dies begegnet besonders bei der Akquisitionsfinanzierung. Im Rahmen sog. *Leveraged Buy Outs* finanzieren die Erwerber den Kauf eines Unternehmens zu einem großen Teil durch Fremdkapital[445]. Während das Akquisitionsdarlehen der Erwerbergesellschaft zur Verfügung gestellt wird, gewährt das erworbene Unternehmen zur Absicherung umfassende Sicherheiten, wie etwa Sicherungsübereig-

---

442 *BSG*, aaO., 2119

443 Vgl. auch die Entscheidung des *OLG Köln*, BB 1997, S. 169, die das „Leerlaufenlassen" einer gesunden, florierenden GmbH zum Gegenstand hatte. Um einer drohenden Schadensersatzklage zu entgehen, wurde das operative Geschäft auf eine neugegründete Gesellschaft übertragen, die die Geschäfte in denselben Geschäftsräumen wie die GmbH betrieb und das Anlagevermögen sowie die Mitarbeiter der GmbH übernommen hatte.

444 Vgl. auch oben, Kapitel 3 A) I. und 4 C) I. 2. a).

445 *Fischer/Gasteyer*, NZG 2003, S. 517.

nung des gesamten Anlage- und Umlaufvermögens, Sicherungsabtretung aller gegenwärtigen und zukünftigen Forderungen, Abtretung von gewerblichen Schutzrechten sowie Pfandrechte an Gesellschaftsanteilen[446]. Anders als beim Ressourcenabzug wird hier der Gesellschaft die wirtschaftliche Grundlage nicht entzogen. Ihr Vermögen wird ihr gerade wirtschaftlich belassen, damit aus dem *Cashflow* der Gesellschaft der aufgenommene Kredit bedient werden kann[447]. Die Finanzierung setzt eine eindeutig positive Prognose darüber voraus, dass die Gesellschaft in Zukunft genügend Ertrag generieren wird[448]. Die wirtschaftlichen Verhältnisse des Unternehmens werden durch Auswertung einer *due diligence* sehr eingehend geprüft. In aller Regel werden sogar Betriebsmittelkredite gewährt, um die Gesellschaft in die Lage zu versetzen, ihren Geschäftsbetrieb aufrechtzuerhalten[449]. Soweit also aufgrund einer Prüfung nach vernünftigen kaufmännischen Grundsätzen die hinreichende Gewähr gegeben ist, dass die Gesellschaft genügend Erträge erwirtschaften wird, um das Gesellschafterdarlehen sowie ihre sonstigen Verbindlichkeiten zu tilgen, und es nicht zum Verwertungsfall kommen wird, liegt in der Sicherheitenbestellung der GmbH noch kein Ressourcenabzug im Sinne eines haftungsrelevanten pflichtwidrigen Eingriffs. Kommt es entgegen aller Prognosen dennoch zur Verwertung der Sicherheiten, die den wirtschaftlichen Zusammenbruch der Gesellschaft zur Folge hat, so handelt es sich lediglich um die Realisierung des allgemeinen unternehmerischen Risikos.

b) Liquiditätsentzug

Eine wichtige Fallgruppe bilden ebenso die Fälle des Liquiditätsentzugs der Gesellschaft. Der Gesellschaft dürfen liquide Mittel nicht entzogen werden, wenn sie zur Erfüllung entstandener, aber noch nicht fälliger, oder voraussichtlich in naher Zukunft noch zu begründender Verbindlichkeiten dringend erforderlich sind. Typischerweise findet ein Liquiditätsentzug im Rahmen sog. Cash-Management-Systeme / Cash-Pools zum Zwecke der Konzernfinanzierung statt. Dort sind Liquiditätsplanung und -beschaffung zentralisiert. Die einzelnen Konzernunternehmen leiten die Geldeingänge an eine zentrale Stelle weiter, die für die Regulierung der Verbindlichkeiten sämtlicher Gesellschaften verantwortlich ist[450].

---

446 Vgl. *Schrell/Kirchner*, BB 2003, S. 1451, 1452; *Esters*, GmbHR 2004, S. 105, 106.
447 Vgl. *Schrell/Kirchner*, aaO., 1455; *Diem*, ZIP 2003, S. 1283, 1286.
448 *Schrell/Kirchner*, aaO.
449 *Schrell/Kirchner*, aaO.
450 *Priester*, ZIP 1989, S. 1301, 1305; *Burgard*, in: Gesellschaftsrecht in der Diskussion 2002, S. 45, 48; *Schneider*, in: Festschrift Döllerer, S. 537, 538; Eingehend *Wehlen*, in: Lutter/Scheffler/Schneider, Handbuch der Konzernfinanzierung, Rn. 23.1 ff.; *Hormuth*, Recht und Praxis des konzernweiten Cash Managements, S. 51 ff.

Im Gegenzug erhalten die Unternehmen eine Gutschrift[451] oder anders ausgedrückt: es wird ein Rückzahlungsanspruch aktiviert. Dieser Transfer der liquiden Mittel zwischen den Konzerngesellschaften dient insbesondere dazu, die finanziellen Ressourcen möglichst optimal zu nutzen und die Fremdfinanzierungsbelastung niedrig zu halten[452]. Einen Liquiditätsverbund hatte auch das die Existenzvernichtungshaftung einleitende *Bremer Vulkan*-Urteil[453] zum Gegenstand. Die abhängige Gesellschaft war dem Vertrag über konzerninterne Finanzierungen und Geldanlagen beigetreten und daher verpflichtet, frei verfügbare liquide Mittel ausschließlich dem zentralen Liquiditätsausgleich des Konzerns zur Verfügung zu stellen. Die aus staatlichen Eingliederungsbeihilfen eingebrachten Gelder konnte die Gesellschaft später jedoch mangels eigener Liquidität des Konzerns nicht mehr abrufen. Mit Eröffnung des Konkursverfahrens über das Vermögen der Obergesellschaft mussten in der Bilanz der abhängigen Gesellschaft die Rückzahlungsforderungen auf Null wertberichtigt werden[454]. Dies führte zu ihrer Überschuldung und damit mangelnder Fähigkeit, ihren Verbindlichkeiten nachzukommen und ihr Unternehmen weiter zu betreiben[455]. Der *BGH* stellte zu Recht eine Verletzung der Eigenbelange der Gesellschaft fest[456]. Im Rahmen eines zentralen Cash-Managements ist darauf zu achten, dass die Liquidität der Gesellschaft nur insoweit entzogen wird als noch genügend Mittel vorhanden bleiben, um ihre bestehenden sowie absehbaren zukünftigen Verbindlichkeiten zu erfüllen. Von entscheidender Bedeutung ist dabei die Liquidität der Ausgleichsansprüche gegen die Mutter- und Schwestergesellschaften sowie der vereinbarte Rückzahlungszeitpunkt. Die Finanzverfassung der anderen Konzerngesellschaften und ihre voraussichtliche Fähigkeit, die zur Verfügung gestellten Gelder zum antizipierten Bedarfszeitpunkt der GmbH wieder zurück zu zahlen, ist genau zu prüfen. Je sicherer die Finanzverfassung der Mutter- und Schwestergesellschaft sich darstellt, umso mehr Liquidität kann der GmbH entzogen werden. Nichts desto weniger ist aber auch hier zu beachten, dass nicht jeder Zweifel an der Bonität der anderen Unternehmen sowie jede Fehlentscheidung über den voraus-

451 *Fuhrmann*, NZG 2004, S. 552.

452 *Ensthaler/Kreher*, BB 1995, S. 1422, 1427 f.; *Schneider*, in: Lutter/Scheffler/Schneider, Handbuch der Konzernfinanzierung, Rn. 25.2.; *Hoffmann-Becking*, in: Probleme des Konzernrechts, S. 80; *Burgard*, aaO., 47 ff.; *Jula/Breitbarth*, AG 1997, S. 256.

453 *BGH*, NJW 2001, S. 3622.

454 *BGH*, aaO., 3623.

455 Die Insolvenz wurde letztlich allerdings abgewendet, indem die Klägerin, die Bundesanstalt für vereinigungsbedingte Sonderaufgaben als Nachfolgerin der Treuhandanstalt, die ruinierte Gesellschaft aus dem Konzern ausgliederte und sie finanziell unterstützte, vgl. *BGH*, aaO.

456 Vgl. *BGH*, aaO., 3623 f.

sichtlichen Finanzbedarf der GmbH die Annahme einer Pflichtverletzung rechtfertigt. So wie bei anderen Entscheidungen verbleibt auch diesbezüglich dem Gesellschafter ein weiter Ermessensspielraum. Er muss die Mindestgrundsätze kaufmännischer Sorgfalt eingehalten haben, wofür auch eine Rolle spielt, inwieweit die konzerninterne Finanzierung der GmbH wirtschaftlich zu Gute kam und inwieweit es einem Drittvergleich stand halten würde.

Eine andere Richtung hat allerdings eine jüngere Entscheidung des *BGH*[457] eingeschlagen, die das aus dem gebundenen Gesellschaftsvermögen gewährte Darlehen der GmbH an ihren Gesellschafter auch dann als eine verbotene Auszahlung behandelt, wenn sich die Bonität und Solvenz des Gesellschafters als gesichert darstellt und der Rückzahlungsanspruch der GmbH als vollwertig zu qualifizieren ist. Trotz bloßen Aktiventauschs und bilanzrechtlich neutralen Vorgangs[458] nimmt der *BGH* einen Verstoß gegen die Kapitalerhaltungsvorschriften an, da der Austausch liquider Haftungsmasse gegen eine zeitlich hinausgeschobene schuldrechtliche Forderung die Vermögenslage der Gesellschaft und die Befriedigungsaussichten ihrer Gläubiger verschlechtere[459]. Eine solche Bewertung hat die weitreichende Folge, dass das konzerninterne Liquiditätsmanagement mit ihren wirtschaftlich erheblichen Vorteilen praktisch ausgeschlossen ist[460]. Der vom *BGH* letztendlich verfolgte Liquiditätsschutz ist zwar geboten. Die §§ 30 f. GmbHG sind insoweit jedoch nicht das richtige Schutzinstrumentarium, da sie allein den rechnerischen Wert der Stammkapitalziffer schützen[461]. Sie erfassen nicht den Schutz des Gesellschaftsvermögens in seiner gegenständlichen Zusammensetzung, den Schutz der wirtschaftlichen Ertragskraft des Unternehmens[462] oder den Schutz vor bestimmten Risiken wie das der Vermögensge-

---

457 NZG 2004, S. 233.

458 Vgl. *Sotiropoulos*, GmbHR 1996, S. 653, 654; *Schneider*, in: Festschrift Döllerer, S. 537, 544; *Müller*, BB 1998, S. 1804, 1805; *Bähr/Hoos*, GmbHR 2004, S. 302, 303; *Helmreich*, GmbHR 2004, S. 457, 458.

459 *BGH*, aaO., 234. Vgl. auch *BGHZ* 81, 311, 320 f. („*Sonnenring*") = NJW 1982, S. 383, 385.

460 Vgl. *Schilmar*, DB 2004, S. 1411, 1413 ff.; *Fuhrmann*, NZG 2004, S. 552, 553; *Helmreich*, GmbHR 2004, S. 457, 462. Der *BGH*, aaO., 235, hat zwar angedeutet, dass ausnahmsweise etwas anderes gelten könnte, wenn die Darlehensvergabe im Interesse der Gesellschaft liege, die Darlehensbedingungen dem Drittvergleich standhielten und die Kreditwürdigkeit des Gesellschafters selbst bei Anlegung strengster Maßstäbe außerhalb jedes vernünftigen Zweifels stehe oder die Rückzahlung des Darlehens durch werthaltige Sicherheiten voll gewährleistet sei. Wollte man jedoch diese überaus strengen Voraussetzungen auf die konzerninterne Finanzierung übertragen, so würde sie ihren wirtschaftlichen Reiz verlieren, der gerade in der Entlastung von Fremdfinanzierungskosten besteht.

461 Vgl. oben, Kapitel 3 A) I. und B) I.

462 *Schilmar*, aaO., 1412.

fährdung[463]. Vielmehr bietet insoweit die vom *BGH* selbst ins Leben gerufene Haftung aus existenzvernichtendem Eingriff ein hinreichendes und genügend flexibles Gläubigerschutzinstrument, ohne wirtschaftlich inadäquate Ergebnisse zur Folge zu haben. Die Konzernfinanzierung im Rahmen eines Cash-Managements / Cash-Pools ist daher zulässig, soweit ex ante gesehen die aktivierbaren Rückzahlungsansprüche vollwertig sind und der GmbH keine Liquidität entzogen wird, die sie für Verbindlichkeiten benötigt, die vor Fälligkeit des Rückzahlungsanspruchs zu bedienen sind. Strengere Anforderungen stünden nicht im Einklang mit Sinn und Zweck der GmbH, eine Risikoaufteilung vorzunehmen und in Projekte zu investieren, deren durchschnittlich zu erwartender Gewinn den durchschnittlich zu erwartenden Verlust übersteigt.

Der Entzug flüssiger Mittel kann natürlich auch in diversen anderen Konstellationen eine Sorgfaltspflichtverletzung des Gesellschafters begründen. Hängt z.B. die Zahlungsfähigkeit der Gesellschaft von der Kreditzusage der Bank ab und macht diese eine weitere Kreditgewährung davon abhängig, dass der bereits eingeräumte Kreditrahmen auf einen bestimmten Betrag zurückgeführt wird, so darf der Gesellschafter die für die GmbH bestimmten Zahlungen nicht an dieser vorbei auf sein eigenes Konto lenken[464].

c) „Aschenputtelgesellschaft“

Pflichtwidrige, haftungsauslösende Gesellschaftermaßnahmen zeichnen sich in vielen Fällen auch dadurch aus, dass der Gesellschafter mit Hilfe von besonderen Satzungs- und Vertragskonstruktionen ein krasses Missverhältnis zwischen der Verteilung von Chancen und Risiken bzw. Kosten und Gewinn erreicht. Während sich die Chancen in anderweitigem Vermögen realisieren, treffen die GmbH als primäre Kostenträgerin regelmäßig die Risiken des Geschäfts[465]. Sie wird in solchen Fällen daher auch bildhaft als „Aschenputtelgesellschaft“ bezeichnet[466]. Auch hier gilt es zunächst festzuhalten, dass es dem Anteilsinhaber grundsätzlich frei steht, das Risiko des Geschäfts mit Hilfe der GmbH zu begrenzen und ihren Zweck auf eine bestimmte unternehmerische Funktion zu beschränken. Selbst die Zuweisung der Gewinne an sich persönlich statt an die Gesellschaft ist für sich allein gesehen noch nicht vorwerfbar. Der Gesellschafter ist jedoch bei seinen

463 *Sonnenhol/Groß*, ZHR 159 (1995), S. 388, 400; *Sotiropoulos*, GmbHR 1996, S. 653, 654; *Schneider*, in: Festschrift Döllerer, S. 537, 544.

464 Vgl. dazu *OLG Saarbrücken*, GmbHR 1993, S. 39, 41 („*Gergen*“).

465 *Röhricht,* in: Festschrift aus Anlass des fünfzigjährigen Bestehens von Bundesgerichtshof, Bundesanwaltschaft und Rechtsanwaltschaft beim Bundesgerichtshof, S. 83, 92.

466 Vgl. *Röhricht*, aaO., 91, 107; *Burgard*, WuB II C. § 13 GmbHG 1.02, S. 149, 152.

Vertragsgestaltungen gehalten, eine mit einfachsten kaufmännischen Grundsätzen vereinbare kostendeckende Preiskalkulation für die GmbH zu beachten. Werden etwa bei Bauprojekten Festpreise vereinbart, so dürfen diese unter Zugrundelegung der Sorgfalt eines ordentlichen Geschäftsmannes nicht so berechnet sein, dass sie offensichtlich noch nicht einmal die voraussichtlichen Baukosten decken werden[467], wenn auch keine anderweitige Kompensation zu erwarten ist. Die Preiskalkulation darf der GmbH nicht von vornherein die Fähigkeit vorenthalten, die normalen Risiken des Geschäftsbetriebs zu bestehen[468]. Hierunter fallen allerdings nicht, sofern keine besonderen Anzeichen gegeben sind, die Änderung der wirtschaftlichen Rahmenbedingungen, da es sich insoweit um „unvorhergesehene Entwicklungen“[469] handeln würde[470]. War also die GmbH trotz der ihr aufgebürdeten Risiken anfänglich überlebensfähig und ist sie erst in Schwierigkeiten geraten, als sich das wirtschaftliche Umfeld verschlechterte[471], so trifft den Gesellschafter keine Pflichtverletzung. Weiterhin bleibt das kurzfristige geschäftliche Agieren unter nicht kostendeckenden Preisen trotz schwerer Verluste dann sanktionslos, wenn es notwendig ist, um die gefährdete Marktstellung gegen die Konkurrenz zu behaupten, und die begründete, konkretisierte Erwartung besteht, dass das Unternehmen auf diese Weise wieder in die Gewinnzone gelangen wird[472].

Eine andere Form der einseitigen Risikoverlagerung zu Lasten der Gläubiger stellt die Übertragung einer dauernd verlustbringenden Geschäftssparte[473] auf die GmbH dar, wenn ihr dadurch auf absehbare Zeit die Lebensfähigkeit geraubt wird, da sie bereits in einer Krise steckt oder ihre marginalen Erträge erkennbar die Verluste nicht auffangen werden können. Um sich entlasten zu können, muss der Gesellschafter schon darlegen, dass mit der Auslagerung des defizitären Geschäftsbereichs auf die GmbH Synergieeffekte und damit eine sich umkehrende, positive Geschäftsentwicklung zu erwarten waren.

---

467 Vgl. *BGH*, NJW 1979, S. 2104, 2105; *BGH*, NJW-RR 1992, S. 1061, 1062 („*PS Bau*“); *BGH*, BB 1994, S. 2303, 2305 („*Architekt I*“).

468 Vgl. *Röhricht,* aaO., S. 83, 107.

469 *BGH*, ZIP 1994, S. 1690, 1693.

470 Tendenziell auch *BGH*, WM 1994, S. 2016, 2019. Anders wohl *BAG*, AG 1999, 376, 377: „ Eine Möglichkeit, schwierige Zeiträume zu überbrücken, bestand [...] nicht“.

471 Vgl. *Burgard*, WuB II C. § 13 GmbHG 1.02, S. 149, 153.

472 Anders *BAG*, ZIP 1992, S. 1566, 1570. Vgl. aber auch *Lutter*, JZ 1993, S. 580, 581; *Drygala*, GmbHR 1993, S. 317, 326.

473 *OLG Dresden*, GmbHR 1997, S. 215, 218 f.

d) Forderungsverzicht

Auch der Verzicht des Gesellschafters auf Forderungen der GmbH kann einen pflichtverletzenden Eingriff in das Gesellschaftsvermögen begründen. Dabei ist zwischen „internen" Ansprüchen der Gesellschaft, namentlich Schadensersatzforderungen gegen ihre Geschäftsführer gemäß § 43 Abs. 2 GmbHG, und „externen" Ansprüchen gegenüber ihren Vertragspartnern zu differenzieren.

Der Verzicht auf einen Anspruch der GmbH gegen ihre Vertragspartner, sei es aus Schadensersatz, Warenlieferung oder Darlehensgewährung, stellt regelmäßig eine existenzvernichtende Maßnahme dar, wenn die GmbH dadurch erkennbar auf absehbare Zeit in die Illiquidität bzw. Überschuldung getrieben wird. Etwas anderes gilt nur bei einem sachlichen Grund für den Verzicht bzw. die fehlende Geltendmachung, so etwa wenn die hohen Kosten des zu führenden Rechtsstreits nicht im Verhältnis zu den Erfolgsaussichten der prozessualen und vollstreckungsrechtlichen Durchsetzung stehen oder der Verzicht im Hinblick auf die zu erwartenden weiteren Geschäftsbeziehungen kaufmännisch vernünftiger ist.

Hat dagegen der Geschäftsführer im Rahmen seiner Handlungen für die GmbH das Gesellschaftsvermögen mit einer Schadensersatzpflicht belastet, etwa wegen fehlerhafter Kapitalanlageberatung[474], und sich damit wiederum selbst einem Schadensersatzanspruch der Gesellschaft gemäß § 43 Abs. 2 GmbHG ausgesetzt, so stellt der Verzicht des Gesellschafters auf den Anspruch gegen den Geschäftsführer auch dann keinen haftungsauslösenden Eingriff dar, wenn sie offensichtlich und direkt den wirtschaftlichen Ruin der Gesellschaft bedeutet. Eine andere Wertung würde den Grundsatz der Haftungsbeschränkung unterlaufen, der den Gesellschafter von dem allgemeinen Geschäftsrisiko seiner Tätigkeit, wozu auch grundsätzlich die Haftung wegen Fehlverhalten und schuldhafter Vertragsverletzung gehört, freistellen will. Entgegen der Ansicht des *BGH*[475] macht es dabei keinen Unterschied, ob die der GmbH zuzurechnende Verletzungshandlung vom geschäftsführenden Alleingesellschafter vorgenommen wurde bzw. von Anfang an auf Weisung des Gesellschafters erfolgte und daher wegen weisungsgemäßen Handelns des Geschäftsführers schon gar kein Anspruch gemäß § 43 Abs. 2 GmbHG entstanden ist, oder der Geschäftsführer ohne Weisung handelte, aber der Gesellschafter später die Maßnahme rückwirkend genehmigt bzw. auf den entstandenen Anspruch verzichtet hat. Ein sachlicher Grund für eine unterschiedliche Behandlung ist nicht ersichtlich. Auch der nachträgliche Verzicht ist von der übergeordneten Kompetenz des Gesellschafters über die Entscheidungen

474 Vgl. *BGH*, ZIP 2000, S. 493.
475 AaO., 494.

des Geschäftsführers bzw. seiner Dispositionsfreiheit über unternehmerische Tätigkeiten gedeckt. Der grundsätzliche Haftungsausschluss für schuldhaftes Fehlverhalten darf nicht davon abhängen, ob die Zustimmung der Gesellschafter vor oder erst nach dem schadensstiftenden Ereignis erklärt wird. Zufallsabhängige Ergebnisse wären sonst die Folge. Für eine mögliche Haftung des Gesellschafters aus existenzvernichtendem Eingriff kann nur an die die Schadensersatzpflicht der Gesellschaft gegenüber dem Dritten begründende Handlung selbst angeknüpft werden. Sie kommt in Betracht, wenn die Verletzungshandlung von solch spekulativem Charakter war, dass das Risiko der die Gesellschaft dann treffenden Schadensersatzpflicht erkennbar außer Verhältnis zu ihren Vermögensverhältnissen stand. Hat der Geschäftsführer die Handlung auf Weisung des Gesellschafters ausgeführt, so haften beide nebeneinander gesamtschuldnerisch. Den Gesellschafter trifft aufgrund der Weisung die Existenzvernichtungshaftung und den Geschäftsführer trifft aufgrund der Vornahme der schadensersatzpflichtigen Handlung ein inhaltsgleicher Anspruch aus § 43 Abs. 2 GmbHG[476]. Die Gesellschafterweisung bewirkt dabei keine Entlastung des Geschäftsführers, da sie sich nicht mehr in den Grenzen der Dispositionsfreiheit bewegt. Hat der Geschäftsführer die zur Insolvenz der GmbH führende Verletzungshandlung selbständig ohne Weisung des Gesellschafters begangen, so ist ein späterer „Verzicht" des Gesellschafters auf den Anspruch ebenso ohne besondere Bedeutung. Der Verzicht lässt die Haftung des Geschäftsführers unberührt, da er nicht mehr von der Entscheidungskompetenz des Gesellschafters gedeckt ist. Andererseits kann der Verzicht keine zusätzliche Haftung des Gesellschafters begründen, da der wirtschaftliche Ruin der Gesellschaft bereits durch die schadensersatzpflichtige Handlung herbeigeführt worden ist und der Gesellschafter insoweit keinen Ursachenbeitrag geleistet hat.

II. Existenzgefährdung oder -vernichtung?

Fraglich ist, ob es sich beim pflichtverletzenden Eingriff um einen existenzgefährdenden oder -vernichtenden handeln muss. Indem die Begriffe meist alternativ verwendet werden[477], bleibt im Dunkeln, inwieweit bereits eine Existenzgefährdung zur Haftung genügen kann.

---

476 Vgl. zum Verhältnis von Gesellschafter- und Geschäftsführerhaftung bei existenzvernichtenden Eingriffen näher unten Kapitel 6 B).

477 Vgl. *Mülbert*, DStR 2001, S. 1937, 1943; Rowedder-*Pentz*, GmbHG, § 13, Rn. 113; *Fleck*, ZHR 149 (1985), S. 387, 396; *ders.*, ZGR 1990, S. 31, 36 f.; *K. Schmidt*, ZIP 1986, S. 146, 148; *Schnauder/Müller-Christmann*, JuS 1998, S. 980, 984 f.; *Priester*, ZGR 1993, S. 512, 525 ff.; *Winter*, Mitgliedschaftliche Treuebindungen im GmbH-

Festzuhalten ist aber zunächst, dass jedenfalls eine Schädigung des Gesellschaftsvermögens im Vorfeld der Existenzgefährdung nicht ausreichend sein kann. Zu einem anderen Ergebnis kommt das oben[478] vorgestellte Organhaftungsmodell von *Wilhelm*[479]. Indem *Wilhelm* die Gesellschafter den selben strengen Maßstäben unterwirft wie sie für die Geschäftsführer gelten, macht er sie umfassend für jede fahrlässige Schädigung haftbar, und zwar auch dann, wenn dadurch noch nicht die Existenz der Gesellschaft gefährdet wird. Ein solch umfassender Schutz mag aus Gläubigersicht rechtspolitisch wünschenswert sein, da es den Bestand der GmbH langfristig sichert und das Ausfallrisiko der Gläubiger verringert. Er ist jedoch mit der dem Gesellschafter eingeräumten Dispositionsfreiheit bzw. der gesetzlichen Kompetenzverteilung zwischen Geschäftsführern und Gesellschaftern nicht vereinbar und daher abzulehnen[480]. Zu weit geht ebenfalls die von *Burgard*[481] erhobene Forderung, auch außerhalb der Grenzen der Existenzgefährdung müsse bei der Einpersonengesellschaft die nachteilige Einflussausübung, wie etwa die Aneignung von Geschäftschancen der Gesellschaft oder der anderweitige Entzug von Gesellschaftsvermögen, schadensersatzpflichtig sein, wenn dies *vorsätzlich* geschehe. Dies folge aus einer entsprechenden Anwendung des § 117 AktG. Auf diese Weise könne eine Verhaltenssteuerung im Sinne einer gläubigerschützenden Corporate Governance[482] erreicht und deliktsrechtliche Schutzlücken geschlossen werden[483]. Auch dieser Ansatz überschreitet die Grenzen zulässiger Rechtsfortbildung. Die umfassende Weisungsbefugnis des Gesellschafters erlaubt grundsätzlich auch solche Vorgaben, die zu einer Beeinträchtigung des Gesellschaftsvermögens oder einer Verschlechterung der Wirtschafts- und Ertragslage der Gesellschaft führen[484]. Ein generelles Schädigungsverbot, sei es auch nur auf vorsätzliches Verhalten begrenzt, kann den Vorgaben des GmbH-Gesetzes nicht entnommen werden. Die gesetzlichen Bestimmungen verbieten nur Auszahlungen unterhalb der Stammkapitalziffer. Was den von §§ 30, 31 GmbHG nicht umfassten Vermögensentzug betrifft, so ist festzuhalten, dass das wirtschaftliche Wohl der GmbH als solches nicht unter dem

---

Recht, S. 202 ff.; *ders.*, ZGR 1994, S. 570, 585 ff.; *Becker*, Das gesellschaftsrechtliche Wettbewerbsverbot in der Einmann-GmbH, S. 135 ff., 140 ff.; *Nissing*, Eigeninteresse der Gesellschaft oder Liquidation auf kaltem Wege?, S. 46 ff., 51 ff., 94 ff., 114 ff.

478 Kapitel 4 B) I.

479 Rechtsform und Haftung bei der juristischen Person, S. 336 ff.

480 Näher oben, Kapitel 4 B).

481 ZIP 2002, S. 827, 837 f.; *ders.*, in: Gesellschaftsrecht in der Diskussion 2002, S. 45, 59.

482 *Burgard*, aaO., 831.

483 *Burgard*, aaO., 838.

484 Vgl. *Keßler*, GmbHR 2001, S. 1095, 1097.

Schutz der Rechtsordnung steht[485]. Dem Gesellschafter ist es etwa nicht vorwerfbar, wenn er im vorhinein oder nachträglich die Tätigkeit der Gesellschaft auf einzelne Funktionen beschränkt, und zwar selbst dann nicht, wenn die Gesellschaft bereits Vorleistungen für die Schaffung und Nutzung der entzogenen Geschäftschance oder die Erschließung des ihr nachträglich entzogenen Tätigkeitsfeldes erbracht hat[486]. Die Nutzung der GmbH in dieser Weise fällt unter die mit ihr bezweckte und vom Gesetzgeber auch gewollte Risikoaufteilung. Es ist daher bereits missverständlich, wenn von einer „Schädigung" der Gesellschaft gesprochen wird. Dabei ändert die Verschuldensform des Vorsatzes, d.h. das Wissen und Wollen über die Nachteiligkeit solcher Maßnahmen, nichts an ihrer grundsätzlichen Zulässigkeit und kann daher nicht für die Frage des Schutzbereichs entscheidungserheblich sein. Ein ergänzender Gläubigerschutz ist vielmehr erst dann geboten, wenn die Maßnahme evident in die Insolvenz der Gesellschaft führt. Dadurch wird nämlich eine vollständige Befriedigung der Gläubiger regelmäßig ausgeschlossen. Im genannten Beispiel des nachträglichen Entzugs einer Gewinnchance trotz bereits erbrachter Vorleistungen der Gesellschaft für die Schaffung und Nutzung, ist die Haftungsgrenze daher erst erreicht, wenn die Erfüllung der begründeten Verbindlichkeiten nicht durch anderweitige Ertragschancen bzw. das restliche Vermögen gesichert ist und sich die Gesellschaft daher allein als Verlustträger erweist[487]. Soweit ein umfassenderer Gläubigerschutz im Sinne der Gewährleistung eines möglichst dauernden prosperierenden Geschäftsbetriebs bzw. ein „Recht auf langes Leben" der Gesellschaft[488] angestrebt wird, handelt es sich um rechtspolitische Anliegen, die nur vom Gesetzgeber wahrgenommen werden können.

Lehnt man ein generelles Schädigungsverbot der Gesellschafter ab, so kommt als nächstes Stadium, in dem eine zu Gunsten der Gläubiger schadensersatzbewehrte Sanktion zu erwägen ist, das der Existenzgefährdung in Betracht. Sowohl im Schrifttum[489] als auch in der Rechtsprechung[490] wird sehr oft von einer Scha-

---

485 Treffend *OLG Frankfurt*, GmbHR 2001, S. 346, 348.

486 *Röhricht*, in: Festschrift aus Anlass des fünfzigjährigen Bestehens von Bundesgerichtshof, Bundesanwaltschaft und Rechtsanwaltschaft beim Bundesgerichtshof, S. 83, 105. Siehe auch *Mattheus/Witt*, Haftung im qualifizierten faktischen GmbH-Konzern – Verbleibende Relevanz nach dem TBB-Urteil?, S. 73, 77.

487 Vgl. dazu *BGH*, ZIP 1994, S. 207, 209 („*EDV-Peripherie*").

488 *OLG Frankfurt*, aaO.

489 *Mülbert*, DStR 2001, S. 1937, 1943; Rowedder-*Pentz*, GmbHG, § 13, Rn. 113; *Fleck*, ZHR 149 (1985), S. 387, 396; *ders.*, ZGR 1990, S. 31, 36 f.; *K. Schmidt*, ZIP 1986, S. 146, 148; *Schnauder/Müller-Christmann*, JuS 1998, S. 980, 984 f.; *Priester*, ZGR 1993, S. 512, 525 ff.; *Winter*, Mitgliedschaftliche Treuebindungen im GmbH-Recht, S. 202 ff.; *ders.*, ZGR 1994, S. 570, 585 ff.; *Becker*, Das gesellschaftsrechtliche Wettbewerbsverbot in der Einmann-GmbH, S. 135 ff., 140 ff.; *Nissing*, Eigenin-

densersatzhaftung des Gesellschafters bereits bei „existenzgefährdenden“ Eingriff gesprochen. Der *BGH* hat schon lange vor der den qualifizierten faktischen Konzern aufhebenden neuen Rechtsprechung mögliche Grenzen der Dispositionsfreiheit des Gesellschafters angedeutet und dabei als Voraussetzung gefordert, dass die Gesellschaft in ihrer Existenz *bedroht* sein müsse[491]. Auch in der *Bremer Vulkan*-Entscheidung[492] wird keine besondere Abgrenzung vorgenommen zwischen bestandsvernichtenden Eingriffen[493] und solchen, die die Existenz der Gesellschaft gefährden[494]. Existenzgefährdende Eingriffe zeichnen sich dadurch aus, dass sie ex ante gesehen mit hoher Wahrscheinlichkeit in nächster Zeit zur Insolvenz der GmbH führen, der wirtschaftliche Ruin dann aber aufgrund positiven Geschäftsverlaufs oder sonstiger besonderer Umstände doch nicht eintritt. Es bleibt bei einer reinen Gefährdung des Gesellschaftsbestandes. Treffend führt *Röhricht*[495] hierzu aus, dass die Ausfallhaftung noch nicht durch die Herbeiführung der Gefahr der Existenzzerstörung begründet werden könne. Entscheidend sei, dass sich die Gefahr tatsächlich verwirkliche und zu dem wirtschaftlichen Zusammenbruch der Gesellschaft führe, der sie dann außerstande setze, ihren Verbindlichkeiten nachzukommen[496]. Solange die GmbH ungeachtet der ihr zugemuteten Benachteiligungen noch in der Lage sei, ihre Gläubiger zu befriedi-

---

teresse der Gesellschaft oder Liquidation auf kaltem Wege?, S. 46 ff., 51 ff., 94 ff., 114 ff. Siehe auch *Wiedemann*, ZGR 2003, S. 283, 293 f.; *Ziemons*, Die Haftung der Gesellschafter für Einflussnahmen auf die Geschäftsführung der GmbH, S. 94 ff., 135 f.; *Henze*, NZG 2003, S. 649, 658.

490 *BGHZ* 119, 257, 260 („*Bildzeichen*“); *BGHZ* 122, 333, 336 = *BGH*, ZIP 1993, S. 917; *OLG Köln*, GmbHR 1995, S. 449, 450; *BGHZ* 142, 92, 95; *BGH*, ZIP 2000, S. 493, 494.

491 Vgl. vorige Fn.

492 *BGH*, NJW 2001, S. 3622.

493 *BGH*, aaO., 3623 unter 1.

494 *BGH*, aaO., 3623 unter 2. und 3.

495 In: Festschrift aus Anlass des fünfzigjährigen Bestehens von Bundesgerichtshof, Bundesanwaltschaft und Rechtsanwaltschaft beim Bundesgerichtshof, S. 83, 109, 113 f. Zustimmend *Hoffmann*, NZG 2002, S. 68, 69; *Wilhelmi*, DZWiR 2003, S. 45, 46; *Lutter/Banerjea*, ZGR 2003, S. 402, 417 f.

496 Auch in „*Bremer Vulkan*“, aaO., war die abhängige GmbH in die Überschuldung geraten. Die Gesellschaft meldete nur deshalb keine Insolvenz an, da sie auf Betreiben der Klägerin aus dem Konzern ausgegliedert und von dieser finanziell unterstützt wurde. Ohne Beseitigung der Überschuldung und Unterbilanz wäre sie nicht in der Lage gewesen, ihren Verbindlichkeiten nachzukommen und ihr Unternehmen weiter zu betreiben. Fehl geht daher die Ausführung von *Burgard*, in: Gesellschaftsrecht in der Diskussion 2002, S. 45, 56 f., die Entscheidung „*Bremer Vulkan*“ zeige, dass das Verbot der „Existenzgefährdung“ auch Fälle erfasse, in denen es nicht zu einer Insolvenz der abhängigen Gesellschaft komme und daher kein Zerschlagungsverlust entstehe.

gen, bestehe kein Anlass, ihren Gesellschafter in die Haftung zu nehmen[497]. Damit wird unmissverständlich klar gestellt, dass es sich bei dem neuen Konzept auch um eine Erfolgshaftung handelt. Zwar schwächt der existenzgefährdende Eingriff die Finanzverfassung der GmbH und macht sie gegenüber unvorhergesehenen Gefahren des Geschäftsverlaufs in weiter Zukunft stärker anfällig. Mittelbar kann der Eingriff daher zu einem Ausfallschaden der Gläubiger führen. Ein solch mittelbarer, entfernter Kausalverlauf ist jedoch nicht ausreichend, um eine Verantwortlichkeit des Gesellschafters zu begründen. Würde man eine Existenzgefährdung ausreichen lassen, so würde das bloße Risiko mit seiner Verwirklichung gleichgesetzt und damit im Ergebnis eine Risikohaftung ähnlich der Rechtsprechung zum qualifizierten faktischen Konzern, die ihren Höchststand an inakzeptablen Ergebnissen in der „Vermutungskaskade"-Rechtsprechung des *Video*-Urteils[498] aufwies, wieder begründet[499]. Der Eingriff muss vielmehr in naher Zukunft voraussehbar den wirtschaftlichen Zusammenbruch der Gesellschaft tatsächlich herbeiführen.

Nichts desto weniger sind aber existenzgefährdende Eingriffe rechtswidrig, da sie ex ante betrachtet eine evidente, kaufmännisch nicht mehr hinnehmbare Gefahr für den Bestand der Gesellschaft und damit einen drohenden Ausfallschaden für die Gläubiger schaffen, der sich nur zufällig nicht verwirklicht. Sie können zwar keinen Schadensersatzanspruch begründen, es erscheint jedoch geboten, der GmbH insoweit einen Unterlassungsanspruch einzuräumen[500]. Soweit ersichtlich, erkennt das Schrifttum bei drohender Schädigung des Gesellschaftsvermögens Ansprüche auf Unterlassung nur im Hinblick auf die Mitgesellschafter an[501]. Zu berücksichtigen ist aber, dass die Gesellschafter auch im Hinblick auf den gebotenen Gläubigerschutz an Grenzen ihres Dispositionsrechts stoßen können, näm-

497 So auch im Falle der Haftung wegen Vermögensvermischung, vgl. *Boujong*, in: Festschrift Odersky, S. 739, 743; *Stimpel*, in: Festschrift Goerdeler, S. 601, 615; *Raiser*, in: Festschrift Lutter, S. 637, 645.

498 *BGH*, ZIP 1991, S. 1354.

499 Im Rahmen des qualifizierten faktischen Konzerns reichte die bloße Gefährdung der Existenz der GmbH für eine Haftung aus, vgl. Scholz-*Emmerich*, GmbHG, Anhang Konzernrecht, Rn. 105; *Decher*, in: Münchener Handbuch des Gesellschaftsrechts, Band 3, 1. Auflage, § 71, Rn. 25 ff., 28 ff.; *Ulmer*, in: Hachenburg, GmbHG, Anh § 77, Rn. 136; *Habersack*, in: Emmerich/Habersack, Aktien- und GmbH-Konzernrecht, 2. Auflage, Anh. II § 318, Rn. 8.

500 Ausdrücklich dagegen, allerdings ohne nähere Begründung, *Ulmer*, in: Hachenburg, GmbHG, Anh § 77, Rn. 89.

501 Vgl. *Ulmer*, in: Hachenburg, aaO.; *Lutter/Hommelhoff*, in: Lutter/Hommelhoff, GmbHG, Anh § 13, Rn. 19; Scholz-*Emmerich*, GmbHG, Anhang Konzernrecht, Rn. 86; *Raiser*, Recht der Kapitalgesellschaften, § 53, Rn. 48; *Decher*, in: Münchener Handbuch des Gesellschaftsrechts, Band 3, § 69, Rn. 28; *Zöllner*, in: Baumbach/Hueck, GmbHG, GmbH-KonzernR, Rn. 61.

lich dann, wenn der wirtschaftliche Ruin der Gesellschaft in evidenter Weise zu erkennen ist. Konsequenterweise ist daher der GmbH zum Schutze der Gläubiger ein Unterlassungsanspruch im Falle von existenzgefährdenden Maßnahmen zu gewähren, der bei fehlender Verfolgung durch den Geschäftsführer auch von den Gläubigern selbst, meist im Wege des einstweiligen Rechtsschutzes, geltend gemacht werden kann.

Voraussetzung des Haftungstatbestandes ist also der Eintritt eines Verletzungserfolges. Das Gesellschaftsvermögen darf zur Bedienung der Verbindlichkeiten nicht ausreichen, so dass die Gläubiger einen Ausfall erleiden. Auf einen bei der GmbH verursachten, vom Forderungsausfall der Gläubiger möglicherweise abweichenden Vermögensnachteil kommt es dagegen nicht an[502]. Zwar handelt es sich um eine Innenhaftung, bei der die GmbH Geschädigte und Anspruchsinhaberin ist. Die Haftung des Gesellschafters begründet sich aber aus der sorgfaltswidrigen Wahrnehmung von Fremdinteressen, nämlich der vermögensmäßigen Pflichten der Gesellschaft gegenüber ihren Gläubigern. Folglich hat sich auch der Schadensumfang allein hieran zu orientieren.

Die Haftung ist der Höhe nach auch nicht begrenzt auf die Stammkapitalziffer[503], da es sich um einen Schadensersatzanspruch handelt, der über die Rückgewähr von Erlangtem hinausgeht und auch Folgeschäden umfasst. Die Haftung dient der Ergänzung des besonders von den Rechtsfolgen her defizitären gesetzlichen Kapitalerhaltungssystems. Fehl geht daher der Einwand, vom Eintragungszeitpunkt an sei nur das Stammkapital als solches geschützt bzw. der GmbH-Gesellschafter würde ansonsten faktisch einer Nachschusspflicht unterworfen[504].

III. Kausalität

Weiterhin bedarf es der Kausalität, wobei zwischen der haftungsbegründenden und der haftungsausfüllenden Kausalität zu unterscheiden ist. Unter haftungsbegründender Kausalität ist der Ursachenzusammenhang zwischen Verhalten des Schädigers und dem Haftungsgrund zu verstehen[505], d.h. hier die Kausalität zwischen Gesellschaftereingriff und Insolvenz der GmbH. Die haftungsausfüllende Kausalität betrifft den Ursachenzusammenhang zwischen Haftungsgrund und entstandenen Schaden[506], d.h. vorliegend die Kausalität zwischen Insolvenz der Ge-

502 So aber *Ulmer*, in: Haftung im qualifizierten faktischen GmbH-Konzern – Verbleibende Relevanz nach dem TBB-Urteil?, S. 41, 68 f.
503 So aber *Bruns*, WM 2003, S. 815, 822; *ders.*, NZG 2004, S. 409, 411.
504 So *Bruns*, aaO.
505 Palandt-*Heinrichs*, BGB, Vorb v§ 249, Rn. 55.
506 Palandt-*Heinrichs*, BGB, Vorb v§ 249, Rn. 56.

sellschaft und dem eingetretenen Ausfallschaden der Gläubiger. In aller Regel decken sich jedoch beide Ursachenzusammenhänge, da eine vollständige oder auch nur annähernd vollständige Befriedigung der Gläubiger im Falle der Insolvenz der Gesellschaft kaum vorkommt[507]. Mithin muss feststehen, dass ohne den Eingriff die Zahlungsunfähigkeit/Überschuldung nicht eingetreten und die Forderungen der Gläubiger in voller Höhe erfüllt worden wären[508].

An früherer Stelle der Arbeit[509] ist schon auf jene relevanten Fallgruppen hingewiesen worden, in denen sich bereits das von den Gläubigern zu tragende unternehmerische Risiko zu einem großen Teil verwirklicht hat und die Gesellschafter erst dann durch Ressourcenabzug in die Gesellschaft eingreifen. Das sich aufgrund externer Umstände partiell verwirklichte, allgemeine wirtschaftliche Risiko darf den Gesellschaftern nicht angelastet werden. Die Gesellschafter haben insoweit keinen Schaden der Gläubiger vorwerfbar verursacht. *Bitter*[510] ist sogar der Ansicht, dass in solchen Fällen der Rückgewähranspruch aus §§ 30, 31 GmbHG völlig ausreichend sei und eine (Global-) Haftung der Gesellschafter ganz ausscheide. Der Vorteil des hier vertretenen Konzepts einer Schadensersatzhaftung statt eines Durchgriffs analog § 128 HGB liegt nun unter anderem darin, dass es die nicht gerechtfertigte, globale Haftung vermeidet, andererseits aber vor den Besonderheiten des Falles nicht kapituliert und den Gesellschafter für die zurechenbar verursachten Schäden haftbar macht. Befindet sich die GmbH in einer desolaten Lage und steht die Insolvenz kurz bevor, so wäre auch ohne den darauf folgenden Eingriff des Gesellschafters ein gewisser Forderungsausfall der Gläubiger eingetreten. Zu berücksichtigen ist aber, dass der Abzug von Ressourcen in diesem Stadium meist eine Intensivierung der bereits eingetretenen Verluste bewirkt[511]. Die Überschuldung wird vertieft und damit auch der

---

507 Vgl. *Fleck*, ZHR 149 (1985), S. 387, 394; *ders.*, ZGR 1990, S. 31, 37; *Roth*, ZGR 1993, S. 170, 171; *Bitter*, WM 2001, S. 2133, 2136; *Haas*, Geschäftsführerhaftung und Gläubigerschutz, S. 30 ff.

508 In *BGH*, WM 1997, S. 316, 317 f. etwa, der noch unter Gesichtspunkten des qualifizierten faktischen Konzerns geprüft wurde, fehlte die Kausalität, da die Zahlungsunfähigkeit der GmbH bereits vor der „Konzernierung" eingetreten war und dieser Zustand auch während der Konzernierung statisch blieb bzw. in dieser Phase kein weiterer Entzug von Liquidität in Form von Abzug eines vorhandenen Erlöses aus der Veräußerung der Ware festgestellt werden konnte. Siehe weiter *BGH*, GmbHR 1998, S. 87.

509 Vgl. oben Kapitel 4 B) IV. 1.

510 WuB II C. § 13 GmbHG 2.02, S. 793, 796.

511 So auch unter Verweis auf §§ 1 S. 1 a.E., 22 Abs. 1 S. 2 Nr. 2 InsO („Betriebsfortführung") *Lutter/Banerjea*, ZGR 2003, S. 402, 418, 421 f., die jedoch die „Insolvenzvertiefung" der Existenzvernichtung gleichstellen und daher eine Gesellschafterhaftung in voller Höhe des Forderungsausfalls annehmen.

Ausfallschaden der Gläubiger. Die Kapitalerhaltungsregeln können diesen Schaden meist nicht auffangen, da die Höhe der nicht erfüllten Verbindlichkeiten den zurückzugewährenden Auszahlungsbetrag überschreitet. Der Eingriff verursacht also eine Vertiefung des Schadens und ist daher insoweit von den Gesellschaftern zu tragen[512].

Weiterhin ist denkbar, dass nach dem Ressourcenabzug des Gesellschafters und vor dem endgültigen Zusammenbruch der GmbH weitere Verbindlichkeiten gegenüber *neuen* Gläubigern begründet werden. Dies stellt einen zusätzlichen, die Überschuldung noch weiter vertiefenden Eingriff des Gesellschafters dar. Fraglich ist, ob in diesem Fall die „alten" und „neuen" Gläubiger gleich zu behandeln sind. Diesbezüglich können parallele Wertungen zur Gläubigerdifferenzierung im Rahmen der Insolvenzverschleppungshaftung gemäß § 823 Abs. 2 BGB i.V.m. § 64 Abs. 1 GmbHG angestellt werden. Danach steht „Altgläubigern", also die, die bei Eintritt der Insolvenzreife ihre Gläubigerstellung bereits erlangt hatten, entsprechend dem Schutzzweck des § 64 Abs. 1 GmbHG nur der Quotenschaden zu[513]. Dies ist der Betrag, um den sich die Masse und damit die Insolvenzquote der Altgläubiger infolge der Insolvenzverschleppung verringert hat. Die Höhe des Schadens entspricht also der Differenz zwischen dem Erlös, den die Gläubiger bei rechtzeitiger Antragstellung erlangt hätten und dem tatsächlich erzielten Erlös. „Neugläubiger" hingegen, d.h. die, die erst nach Eintritt der Insolvenzreife und vor Eröffnung des Insolvenzverfahrens Gläubiger geworden sind[514], sind nicht auf die Quote beschränkt, sondern können Ausgleich des Schadens geltend machen, der ihnen dadurch entsteht, dass sie in Rechtsbeziehungen zu einer überschuldeten oder zahlungsunfähigen Gesellschaft getreten sind[515]. Die Differenzierung rechtfertigt sich aus dem Grundsatz des allgemeinen

---

512 Dagegen wohl *Bender*, GmbHR 2002, S. 552, 553. Unklar *BGHZ* 150, 61, 67: „[...] und um diesen Betrag die Überschuldung der Gesellschaft erhöht worden. ... Ein bestandsvernichtender Eingriff, [...], kann darin jedoch schon deswegen nicht gesehen werden, weil die Beklagte zu 1 der Gemeinschuldnerin, [...], insgesamt 8,6 Millionen DM zur Verfügung gestellt hat."

513 Rowedder-*Schmidt-Leithoff*, GmbHG, § 64, Rn. 39, 42; *Schulze-Osterloh*, in: Baumbach/Hueck, GmbHG, § 64, Rn. 84; *Lutter/Kleindiek*, in: Lutter/Hommelhoff, GmbHG, § 64, Rn. 47; *BGHZ* 29, 100, 102 ff.; 75, 96, 106; 100, 19, 23.

514 *BGHZ* 29, 100, 104; *Lutter/Kleindiek*, aaO., Rn. 41.

515 *BGHZ* 126, 181, 192 ff.; 138, 211, 214; *Flume*, ZIP 1994, S. 337, 339 ff.; *Kübler*, ZGR 1995, S. 481, 494; *Karollus*, ZIP 1995, S. 269 f.; *Bork*, ZGR 1995, S. 505, 512 ff.; *Lutter*, GmbHR 1997, S. 329, 332; *Altmeppen*, ZIP 1997, S. 1173, 1178. A.A. – mit dem Argument des fehlenden Schutzzwecks bzw. beschränkten persönlichen Schutzbereichs des § 64 Abs. 1 GmbHG, die Kausalitätsbetrachtung an sich dagegen nicht angreifend – *Ulmer*, ZIP 1993, S. 769, 771 f.; *K. Schmidt*, NJW 1993, S. 2934 f.; *Canaris*, JZ 1993, S. 649, 650 ff.

Schadensersatzrechts, dass jedem Gläubiger nur der gerade ihm entstandene Schaden zu ersetzen ist. Wäre der Geschäftsführer seiner Pflicht nachgekommen, einen Antrag auf Eröffnung des Insolvenzverfahrens zu stellen, wären die Neugläubiger erst gar nicht in die Gläubigerstellung gelangt, hätten keinen Vertrag mehr geschlossen und damit keinen Schaden erlitten. Dagegen fällt die vor der Insolvenzreife eingetretene Entwertung der Forderungen der Altgläubiger in den Risikobereich der Altgläubiger und ist nicht ersatzfähig[516]. Dieser Gedanke trifft gleichermaßen auf die hier dargestellte Konstellation zu. Diejenigen, die ihre Gläubigerstellung bereits vor Ressourcenabzug erlangt hatten, haben einen durch die Gesellschafter verursachten vorwerfbaren Schaden nur in Höhe des zusätzlich entstandenen Ausfallschadens, also den Ausfall, der ohne den Eingriff nicht mehr eingetreten wäre, erlitten. Der Ausfallschaden der „Neugläubiger", also diejenigen, die einen Anspruch gegen die GmbH erst nach Ressourcenabzug erworben haben, ist dagegen für die Gesellschafter im ganzen Ausmaß evident erkennbar gewesen. Die Begründung der Verbindlichkeit bedeutet einen groben Sorgfaltspflichtverstoß und dessen Ausfall ist in voller Höhe von den Gesellschaftern verursacht. Folglich können diese Gläubiger ihre nicht erfüllte Forderung in voller Höhe geltend machen.

Schwierigkeiten der Schadensberechnung bei teilweise durch externe Umstände, teilweise durch vorwerfbare Gesellschaftereingriffe verursachte Schäden sind mit Hilfe von § 287 ZPO auszuräumen[517]. Besondere Vorsicht ist bei der Schadensberechnung geboten, wenn der Gesellschafter hypothetische Schadensursachen vorträgt und daher einwendet, der Gläubigerausfall wäre ohnehin bzw. auch bei pflichtgemäßem Verhalten eingetreten[518]. Aufgrund des Charakters der Existenzvernichtungshaftung als Schadensersatzanspruch sind zwar die zu den §§ 249 ff. BGB entwickelten Grundsätze anwendbar. Das rechtmäßige Alternativverhalten[519] des Gesellschafters ist daher grundsätzlich beachtlich[520], denn eine Berücksichtigung kommt immer dann in Betracht, wenn die verletzte Norm

---

516 *BGHZ* 126, 181, 193.

517 Vgl. bereits oben, Kapitel 4 B) IV. 3. Siehe auch für die Ermittlung des Ersatzanspruchs bei Insolvenzverschleppung gemäß § 823 Abs. 2 i.V.m. § 64 Abs. 1 GmbHG: *Altmeppen*, ZIP 1997, S. 1173, 1177 f.; Rowedder-*Schmidt-Leithoff*, GmbHG, § 64, Rn. 42; *Ulmer*, in: Hachenburg, GmbHG, § 64, Rn. 53.

518 Systematisch handelt es sich dabei nicht um eine Frage der Kausalität, sondern der Schadenszurechnung, vgl. Palandt-*Heinrichs*, BGB, Vorb v § 249, Rn. 96; *BGHZ* 96, 157, 172; 104, 355, 359.

519 Vgl. dazu Palandt-*Heinrichs*, BGB, Vorb v § 249, Rn. 105 ff.; *BGH*, LM, § 249 (Ba), Nr. 23, Bl. 2; *BGHZ* 90, 103, 111; 120, 281, 285; *BGH*, NJW 2000, S. 661, 663.

520 Offen gelassen von *OLG Köln*, BB 1997, S. 169, 170 für die Haftung im qualifizierten faktischen Konzern. Siehe aber auch *OLG Saarbrücken*, GmbHR 1993, S. 39, 41.

bloß eine bestimmte Verletzungsart verhindern will und nicht den Verletzungserfolg überhaupt[521]. Dies ist bei der Haftung aus existenzvernichtendem Eingriff der Fall, da sie nicht die Herbeiführung der Insolvenz an sich sanktionieren will, sondern nur die Insolvenzverursachung aufgrund von Verletzung kaufmännischer Mindestgrundsätze. Es sind jedoch kaum Fallgestaltungen denkbar, in denen auch ohne den groben sorgfaltswidrigen Gesellschaftereingriff der Schaden des Gläubigers in exakt derselben Höhe mit an Sicherheit grenzender Wahrscheinlichkeit eingetreten wäre. Das Gericht muss von der hypothetischen Schadensursache überzeugt sein; es reicht nicht aus, wenn der Schädiger sich damit verteidigt, der Schaden wäre bei einem rechtmäßigen Vorgehen vielleicht auch entstanden[522]. An die substanziierte Darlegung solcher hypothetischen Kausalverläufe, für die der Gesellschafter die Darlegungs- und Beweislast[523] trägt, sind hohe Anforderungen zu stellen, um eine missbräuchliche Umgehung der Haftung zu vermeiden. Auch ist erforderlich, dass derselbe Erfolg bei pflichtgemäßem Verhalten effektiv eingetreten wäre[524]. Die bloße Möglichkeit, ihn rechtmäßig herbeizuführen zu können, genügt nicht[525]. Schließlich bleibt auch ein dahin gehender Vortrag des Anteilinhabers erfolglos, der wirtschaftliche Zusammenbruch der Gesellschaft wäre aufgrund eines *nach* dem Eingriff auftretenden externen Umstands ohnehin eingetreten. Nach den Grundsätzen zur „Schadensanlage“ wird eine Reserveursache dann berücksichtigt, wenn sie bei Wirksamwerden der realen Ursache bereits als Anlage dem Schadensobjekt innewohnte und binnen kurzem *denselben* Schaden herbeigeführt hätte[526]. Hypothetische Ereignisse, die zu einem späteren Zeitpunkt aus anderem Anlass eingetreten wären, bleiben dagegen außer Betracht[527]. Handelte es sich also bei der GmbH zum Zeitpunkt des Eingriffs um eine werbende, „gesunde“ Gesellschaft, so ändert sich an der Haftung des Gesellschafters nichts dadurch, dass etwa aufgrund eines späteren Ausfalls eines Großabnehmers oder sich nach dem Zeitpunkt der Pflichtverletzung ändernder Marktbedingungen die Insolvenz und der Gläubigerausfall gleichsam eingetreten wären.

---

521 Staudinger-*Schiemann*, BGB, § 249, Rn. 105.

522 Vgl. *BGHZ* 138, 359, 366; MüKo-*Oetker*, BGB, Band 2, 4. Auflage, § 249, Rn. 206.

523 Zur Beweislast des Schädigers bei rechtmäßigem Alternativverhalten: *BGH*, LM, § 249 BGB (Ba), Nr. 23, Bl. 2; *BGHZ* 78, 209, 214; 90, 103, 111; 120, 281, 285.

524 Vgl. MüKo-*Oetker*, BGB, 4. Auflage, § 249, Rn. 214.

525 *BGH*, NJW 1959, S. 1316, 1317; *BGHZ* 120, 281, 287.

526 Staudinger-*Schiemann*, BGB, § 249, Rn. 97 ff.; Palandt-*Heinrichs*, BGB, Vorb v § 249, Rn. 99 ff.; *BGHZ* 29, 207, 215 f.; 125, 56, 61 f. Vgl. besonders *BGH*, MDR 1969, S. 31 f., der ein Unternehmen zum Gegenstand hatte, das auch ohne die reale Schadensursache wegen mangelnder Rentabilität sowie wachsender Verschuldung binnen kurzem unvermeidbar hätte liquidiert werden müssen.

527 *BGHZ* 125, 56, 61 f.

Der Ausfallschaden kann auch durch eine gemeinsame Pflichtverletzung mehrerer Gesellschafter verursacht werden[528]. Dabei kommt es nicht darauf an, ob dem Gesellschafter ein Vermögensvorteil zugeflossen ist[529]. Haftungsbegründend ist bereits die infolge der groben Sorgfaltsverletzung vereitelte Befriedigung der Gläubiger. Im Hinblick auf die unterschiedlichen Verursachungsbeiträge der handelnden Gesellschafter, wofür bereits das Einverständnis zu den geplanten Maßnahmen genügt[530], ist § 830 Abs. 1, S. 1, Abs. 2 BGB entsprechend anwendbar[531], so dass es nicht mehr darauf ankommt, in welchem Umfang der einzelne an der Entstehung des Schadens beteiligt war[532]. Der gesamte Schaden wird allen zugerechnet mit der Folge einer gesamtschuldnerischen Haftung jedes Gesellschafters. Wirken solche Anteilinhaber an der Schädigung mit, die keine oder nur sehr begrenzte Einflussmöglichkeiten auf die Geschicke der Gesellschaft haben, so ist es zumindest denkbar, dass der oder die anderen Gesellschafter den Eingriff auch allein vorgenommen hätten. Insoweit finden die soeben ausgeführten Grundsätze zu hypothetischen Schadensursachen Anwendung. Die einflusslosen Gesellschafter trifft dann die Beweislast, wobei sie vor allem klären müssen, wieso sie bei fehlendem Einfluss überhaupt an dem Eingriff mitgewirkt bzw. die bestimmungsmächtigen Gesellschafter nicht von vornherein allein gehandelt haben. Es reicht bereits eine geringe Mitursächlichkeit ihres Beitrags aus, die auch nur in einer faktisch-psychischen Einflussnahme liegen kann. Wenig brauchbar ist daher die Heranziehung der Höhe der Gesellschaftsanteile für die Beantwortung der Frage, ob der Gläubigerschaden den nicht einflussreichen Anteilinhabern zuzurechnen ist[533].

IV. Verschulden

Als Verhaltenshaftung ist die Haftung aus existenzvernichtendem Eingriff vom Vorliegen eines Verschuldens abhängig. Zu vermeiden ist die nicht überzeugende

---

528 So in *BGHZ* 150, 61; *BGH*, ZIP 2002, S. 1578 („*KBV*").

529 *BGHZ*, aaO.; *BGH*, aaO.,1580.

530 *BGHZ*, aaO.; *BGH*, aaO.

531 Vgl. auch *BGHZ* 101, 106, 111; 55, 96, 98 f.

532 Keine Bedeutung hatte es daher in der *KBV*-Entscheidung für die Haftung des Beklagten zu 3), dass wohl der andere Gesellschafter die „treibende Kraft" gewesen war, vgl. *BGH*, aaO., 1579.

533 *Lutter/Banerjea*, ZGR 2003, S. 402, 437 f. wollen in Zweifelsfällen die Wertung des § 32 a Abs. 3, S. 2 GmbHG heranziehen, der nichtgeschäftsführende Gesellschafter mit einer Beteiligung von zehn Prozent oder weniger betrifft. Vor allem aber verkennen *Lutter/Banerjea*, aaO., in diesem Zusammenhang die Beweislastverteilung.

Konstruktion einer „modifizierten“ Verhaltenshaftung[534] wie sie dem qualifizierten faktischen Konzern zugrunde lag, die einen rein objektiven Missbrauch[535] der beherrschenden Gesellschafterstellung genügen ließ[536]. Ist ein bestimmter Pflichtenrahmen einzuhalten, dessen handlungsbedingte Verletzung Schadensersatzansprüche auslöst, so ist bereits nach allgemeinen Grundsätzen des bürgerlichen Rechts – abgesehen von Sondertatbeständen wie der Gefährdungs- oder Garantiehaftung, die hier nicht vorliegen – der subjektive Tatbestand notwendige Anspruchsvoraussetzung. Wie an früherer Stelle bereits ausgeführt[537], ist jedoch eine erhöhte Verschuldensform, nämlich die der groben Fahrlässigkeit, erforderlich. Darüber hinaus besteht die Besonderheit, dass die objektive Pflichtverletzung und das Verschulden regelmäßig zusammenfallen bzw. schwer voneinander zu trennen sind[538]. Es handelt sich um einen Fall der im allgemeinen Zivilrecht diskutierten sogenannten „verbotsbezogenen Rechtswidrigkeit“[539]. Die Differenzierung von objektiver Pflichtverletzung und Verschulden ist in diesen Fällen deshalb nicht einfach, da dem Haftenden nicht die Herbeiführung des Erfolges an sich, etwa das Ausbleiben der vertraglich geschuldeten Leistung oder die Schädigung eines bestimmten Rechtsguts, vorgeworfen wird, sondern die Übertretung einer bestimmten Verhaltensnorm. Die Haftung aus existenzvernichtendem Eingriff trifft den Gesellschafter nicht aufgrund der Herbeiführung des wirtschaftlichen Ruins der GmbH an sich, sondern aufgrund der durch Überschreiten des weiten unternehmerischen Entscheidungsspielraums begründeten Insolvenz, d.h.

---

534 Vgl. Scholz-*Emmerich*, GmbHG, Anhang Konzernrecht, Rn. 111. Siehe auch *Ulmer*, in: Hachenburg, GmbHG, Anh § 77, Rn. 113; *Decher*, in: Haftung im qualifizierten faktischen GmbH-Konzern – Verbleibende Relevanz nach dem TBB-Urteil?, S. 25, 30.

535 *BGHZ* 122, 123, 130 („*TBB*“).

536 Auch die Anhänger der Durchgriffshaftung bei existenzvernichtenden Eingriff verfolgen einen rein objektiven Ansatz, vgl. *Bitter*, WM 2001, S. 2133, 2139; *ders.*, Konzernrechtliche Durchgriffshaftung bei Personengesellschaften, S. 100 ff.; *Lutter/Banerjea*, ZGR 2003, S. 402, 416; *Bruns*, WM 2003, S. 815, 817; *ders.*, NZG 2004, S. 409 f.; *Roth*, NZG 2003, S. 1081, 1082 f. Für ein gleiches Verständnis der Rechtsprechung spricht die Bezugnahme auf den in *BGHZ*, aaO. aufgestellten objektiven Missbrauchsgedanken, vgl. *BGHZ* 151, 181, 187 („*KBV*“); *BGH*, NJW 2001, S. 3622, 3623 („*Bremer Vulkan*“), sowie die objektive Anknüpfung in anderen Durchgriffsfällen, vgl. *BGHZ* 20, 4, 13; 31, 258, 271; *BGH*, NJW 1974, S. 1371, 1372. Unklar dagegen *OLG Rostock*, ZIP 2001, S. 118, 120, 121, das einerseits von einer „Verschuldenshaftung“ spricht, andererseits einen objektiven Missbrauch verlangt.

537 Vgl. oben, Kapitel 4 C) I. 2.

538 Vgl. auch *Winter*, Mitgliedschaftliche Treuebindungen im GmbH-Recht, S. 108 f.

539 Dazu MüKo-*Hanau*, BGB, Band 2, 3. Auflage, § 276, Rn. 29 ff.; *U. Huber*, in: Festschrift für Ernst Rudolf Huber, S. 253, 261 ff. Vgl. auch *Winter*, aaO.

immer dann, wenn für einen gewissenhaften, sorgfältigen Kaufmann im Zeitpunkt der Vornahme der Handlung unter Zugrundelegung aller erkennbaren Umstände und der sich abzeichnenden Entwicklung evident war, dass der mögliche Nutzen der Maßnahme zum Risiko des Liquiditätsausfalls völlig außer Verhältnis stand. Steht also fest, dass der Gesellschafter die Grenzen seiner Dispositionsfreiheit überschritten hat, ist damit gleichzeitig sein grob fahrlässiges Verhalten festgestellt[540]. Auf den zu Gunsten der Gläubiger bestehenden Beweislastgrundsatz gemäß § 280 Abs. 1, S. 2 BGB kommt es daher regelmäßig nicht mehr an.

V. Subsidiarität

Das in Rechtsfortbildung entwickelte neue Haftungsinstitut findet entsprechend seiner Funktion, Gläubigerschutzdefizite auszufüllen, erst Anwendung, wenn die gesetzlich vorgesehenen Mechanismen nicht den gebotenen Schutz bieten können. Nur dann, wenn die Maßnahme schon tatbestandlich nicht unter die gesetzlichen Kapitalerhaltungsregeln subsumierbar ist, oder aber deren angeordnete Rechtsfolgen den eingetretenen Ausfall nicht vollständig abdecken können, wird die Haftung aus existenzvernichtendem Eingriff ausgelöst. Deliktische Ansprüche sowohl der Gesellschaft als auch der Gläubiger selbst bleiben dabei außer Betracht[541]. Angesichts dieser Subsidiarität verwundert zunächst die Prüfung eines Anspruchs aus existenzvernichtendem Eingriff im *KBV*-Urteil[542]. Der eingeklagten Forderung von ca. DM 80.000,00 stand nämlich ein Rückgewähranspruch gemäß § 31 GmbHG wegen übernommener Waren und Forderungen der Gesellschaft i.H.v. ca. DM 380.000,00 gegenüber. Die Kapitalerhaltungsregeln hätten daher eigentlich in diesem Fall genügt und ein Rückgriff auf die Haftung aus existenzvernichtendem Eingriff wäre nicht nötig gewesen. Neben den bereits diskutierten[543], nicht überzeugenden prozessökonomischen Überlegungen des *BGH*, die für ihn den Ausschlag für die Durchgriffslösung und daher auch die Haftung

540 Dies lassen die Autoren unberücksichtigt, die die weiten Grenzen unternehmerischen Entscheidungsspielraums des Gesellschafters anerkennen und an die Pflichtverletzung entsprechend hohe Voraussetzungen stellen, für das Verschulden jedoch den allgemeinen Maßstab des § 276 Abs. 1 BGB genügen lassen, vgl. etwa *Ulmer*, ZIP 2001, S. 2021, 2028; *ders.*, in: Haftung im qualifizierten faktischen GmbH-Konzern – Verbleibende Relevanz nach dem TBB-Urteil?, S. 41, 68 f.; *Winter*, ZGR 1994, S. 570, 585 ff., 592.

541 Siehe auch *Ulmer*, ZIP 2001, S. 2021, 2028.

542 *BGH*, ZIP 2002, S. 1578 = *BGHZ* 151, 181.

543 Vgl. oben, Kapitel 4 B) IV. 2.

aus existenzvernichtendem Eingriff im *KBV*-Urteil gegeben haben[544], ist hierbei jedoch ein weiterer Gesichtspunkt zu beachten. Wohl aus Gründen ungenügender Solvenz einzelner Gesellschafter nahmen die Gläubiger – wie bereits in der Entscheidung vom 25.02.2002[545] – auch die Gesellschafter in Anspruch, die nicht Empfänger des ausgezahlten Vermögens i.S.v. § 30 GmbHG waren, sondern sich mit der Auszahlung nur einverstanden erklärt bzw. auf sonstige Weise daran mitgewirkt hatten. Bei alleiniger Anwendung der gesetzlichen Kapitalerhaltungsregeln käme aber für diese nur die auf den Betrag der Stammkapitalziffer beschränkte Ausfallhaftung des § 31 Abs. 3 GmbHG in Betracht. Mithin stellt sich die Frage des Verhältnisses der Haftung aus existenzvernichtendem Eingriff zu § 31 Abs. 3 GmbHG.

Nach früherer Rechtsprechung des *BGH* sollte der Gesellschafter, der durch sein Einverständnis schuldhaft an einer Auszahlung aus dem zur Erhaltung des Stammkapitals erforderlichen oder bereits überschuldeten Gesellschaftsvermögen mitgewirkt hatte, auch zum Ersatz für diejenigen Zahlungen verpflichtet sein, die an Mitgesellschafter geflossen waren[546]. Adressat des in § 30 GmbHG normierten Auszahlungsverbots sei nicht nur der Geschäftsführer, sondern auch und sogar in erster Linie der Gesellschafter[547]. Es treffe ihn das gesetzliche Gebot, den satzungsmäßigen Haftungsfonds im Interesse der Gläubiger zu erhalten[548]. Ein Verstoß dagegen bedeute eine Verletzung der Gesellschafterpflicht, für die er nach allgemeinen Regeln zu haften habe[549]. In dieser verschuldensabhängigen Schadensersatzhaftung wurden bereits zu jener Zeit Ansätze dafür erkannt, die Gesellschafter auch für solche Schäden der GmbH aus nachteiligen Weisungen haftbar zu machen, die zwar keine Rückzahlung von Stammkapital an Gesellschafter darstellen, aber dennoch das Gesellschaftsvermögen unter den Betrag des Stammkapitals vermindern oder zu einer Überschuldung der GmbH führen[550]. Die neuere Rechtsprechung hat aber die von § 31 Abs. 3 GmbHG unabhängige Schadensersatzhaftung des Mitgesellschafters aufgegeben, da ansonsten

544 Die beantragte Eröffnung des Insolvenzverfahrens über das Vermögen der GmbH war mangels Masse abgelehnt worden. Die Klage richtete sich daher gegen die Gesellschafter persönlich. Aus Sicht des *BGH* hätte jedoch in diesem Verfahren ein Anspruch aus § 31 GmbHG aufgrund seines Innencharakters nicht zugesprochen werden können. Die Kläger hätten auf den „Umweg“ einer Pfändung und Überweisung der Ansprüche der masselosen GmbH gegen ihre Gesellschafter verwiesen werden müssen. Dies suchte der *BGH* wohl zu vermeiden.

545 *BGH*, ZIP 2002, S. 848.

546 *BGHZ* 93, 146, 149 f. = *BGH*, NJW 1985, S. 1030, 1031.

547 *BGHZ*, aaO., 149.

548 *BGHZ*, aaO., 149.

549 *BGHZ*, aaO., 150.

550 Vgl. *Ulmer*, ZGR 2003, S. 598, 606 ff., 608; *K. Schmidt*, ZIP 1988, 1497, 1506.

die differenzierte, tendenziell auf eine Haftungsbegrenzung des Mitgesellschafters angelegte Regelung des § 31 Abs. 3 GmbHG unterlaufen werden würde[551]. Die Rechtsfolgen eines Verstoßes gegen § 30 GmbHG seien selbst dann ausschließlich nach § 31 GmbHG zu bestimmen, wenn es den Beteiligten auf eine Umgehung dieser Vorschriften ankomme[552]. Bereits in seiner Grundsatzentscheidung zu dieser Änderung seiner Rechtsprechung hat der *BGH* jedoch eine Ausnahme für den Fall angedeutet, dass die Mitwirkung an der das Kapitalerhaltungsgebot verletzenden Transaktion zu einer Existenzgefährdung der GmbH führe[553].

Von der früheren Linie des *BGH* ist nun als wichtige Erkenntnis festzuhalten, dass zum Zwecke des gebotenen Gläubigerschutzes die Kapitalerhaltungsvorschriften durch eine verschuldensabhängige Schadensersatzhaftung des Gesellschafters ergänzt werden müssten. Dies gilt auch dann, wenn der Gesellschafter – ohne selbst etwas empfangen zu haben – nur an einem Verstoß gegen die Kapitalerhaltungsvorschriften mitgewirkt hat. Hält man daran fest, dass das Gesellschaftsvermögen, das zur Erfüllung der im Namen der Gesellschaft eingegangenen Verbindlichkeiten benötigt wird, in der Gesellschaft zum Zwecke der Befriedigung ihrer Gläubiger verbleiben muss und daher der Dispositionsbefugnis der Gesellschafter entzogen ist[554], so gilt dies auch und erst recht für das Stammkapital, das gerade als „Risikopolster"[555] zu Gunsten der Gläubiger dienen soll. Die in § 31 Abs. 3 GmbHG geregelte begrenzte Garantiehaftung steht einer weitergehenden verschuldensabhängigen Haftung nicht entgegen, da eine solche Haftung zusätzlich ein schuldhaftes Handeln zur Voraussetzung hat. Der Gesellschafter wird daher keinem unkalkulierbaren Haftungsrisiko ausgesetzt[556]. Unglücklich formuliert ist daher die vom *BGH* für seinen Rechtsprechungswandel angeführte Begründung, dass ansonsten „die differenzierte, tendenziell auf eine Haftungsbegrenzung des Mitgesellschafters angelegte Regelung des § 31 Abs. 3 GmbHG unterlaufen werden würde". Damit ist nicht generell das Erfordernis einer weitergehenden verschuldensabhängigen Haftung in Frage gestellt. Der *BGH* will vielmehr den Geltungsbereich der zusätzlichen Haftung auf das notwendige Maß beschränken. Die Grenzen der Rechtsfortbildung sind erreicht, wenn eine Haftung der Gesellschafter für ihre Mitwirkung an dem Verstoß gegen die Kapitalerhal-

---

551 Vgl. *BGHZ* 142, 92, 96. Siehe auch *BGH*, ZIP 2002, S. 848, 850; *Goerdeler/Müller*, in: Hachenburg, GmbHG, § 31, Rn. 57; *Henze*, NZG 2003, S. 649, 653.

552 *BGHZ*, aaO.; *BGH*, ZIP 1997, S. 1450, 1451.

553 *BGHZ*, aaO., 92 unter Leitsatz c).

554 *BGH*, ZIP 2002, S. 1578, 1579 f. („*KBV*").

555 *Lutter*, ZGR 1982, S. 244, 249; *Haas*, Geschäftsführerhaftung und Gläubigerschutz, S. 146.

556 Treffend *Burgard*, NZG 2002, S. 606, 607; *Altmeppen*, ZIP 1997, S. 1354, 1355.

tung auch für den Fall angenommen wird, dass es nicht zu einer auf grob pflichtwidriger Auszahlung beruhenden Existenzvernichtung der Gesellschaft kommt. Insoweit besteht kein Bedürfnis für eine Schadensersatzhaftung. Ist durch den Verstoß nur eine Unterbilanz eingetreten und nicht der finanzielle Zusammenbruch der Gesellschaft, dann liegt kein Ausfall der Gläubiger vor und die Haftung ist nicht zur Gläubigerbefriedigung erforderlich. Daher ist die Annahme einer verschuldensabhängigen Haftung auf Auffüllung des zur Erhaltung des Stammkapitals erforderlichen Vermögens, wie die frühere Rechtsprechung sie vertrat, nicht überzeugend. Schutzwürdig ist nur – anders als bei minderheitsschädigenden Treuepflichtverstößen, die auch den Verlust von Überschüssen oberhalb der Stammkapitalziffer erfassen können – das Interesse der Gläubiger an Begleichung ihrer Forderungen, nicht jedoch der Fortbestand des Unternehmens an sich[557]. Soweit die Insolvenz der Gesellschaft ohnehin feststand und der Kapitalerhaltungsverstoß den Zusammenbruch nicht erst verursacht hat, so ist daran zu erinnern, dass die Haftung aus existenzvernichtendem Eingriff auch schadensvertiefende Gesellschaftereingriffe erfasst. Es entstehen also auch insoweit keine Schutzlücken. Für eine eigenständige, neben der Existenzvernichtungshaftung stehende Haftung wegen schuldhaften Mitwirkens an Kapitalerhaltungsverstößen verbleibt daher kein Raum[558].

Folglich ist der Anwendungsbereich des neuen Haftungsinstituts auch dann eröffnet, wenn der existenzvernichtende Eingriff einen Kapitalerhaltungsverstoß zum Gegenstand hat und der Rückerstattungsanspruch gegen einen Teil der Gesellschafter gemäß der Regelung des § 31 Abs. 3 GmbHG beschränkt ist. Dabei kommt es nicht darauf an, ob der die Auszahlung empfangende Gesellschafter liquide und damit der Anspruch durchsetzbar ist. Es handelt sich auch insoweit um eine unmittelbare, gesamtschuldnerische Haftung der Gesellschafter gegenüber der GmbH.

557 Verfehlt daher noch *Ulmer*, in: Haftung im qualifizierten faktischen GmbH-Konzern – Verbleibende Relevanz nach dem TBB-Urteil?, S. 41, 68. Für Richtigstellung vgl. *ders.*, ZIP 2001, S. 2021, 2028. Siehe auch *Bitter*, ZIP 2001, S. 2133, 2136.

558 Anders *Burgard*, NZG 2002, S. 606, 607. Vgl. auch *Altmeppen*, ZIP 2002, S. 961, 963 ff., 966 ff.; *ders.*, ZIP 2002, S. 1553, 1559, der einen Unterschied zu der Haftung aus existenzvernichtendem Eingriff insoweit macht, als sich der Gesellschafter nur schuldhaft an der Einlagenrückgewähr beteiligen müsse und es auf eine verschuldete Existenzvernichtung nicht ankomme. Außerdem reiche bereits einfache Fahrlässigkeit aus. Siehe weiter *Cahn*, ZGR 2003, S. 298, 313.

Kapitel 5: Erfordernis einer zusätzlichen Konzernhaftung?

Sind, wie die vorhergehendenen Abschnitte ergeben haben, die GmbH-rechtlichen Gläubigerschutzdefizite mit Hilfe einer Haftung des Gesellschafters für existenzvernichtende Eingriffe zu beheben, stellt sich die Frage, ob es noch in den Fällen der konzernverbundenen GmbH einer besonderen Konzernhaftung bedarf[559].

Festzuhalten ist zunächst, dass die Grundsätze der Existenzvernichtungshaftung auch im Konzern Anwendung finden. Zu dem oben gewonnenen Ergebnis, dass durch den Beherrschungsvertrag keine über die allgemeinen Regeln des GmbH-Rechts hinaus zulässigen Eingriffsmöglichkeiten des Gesellschafters gegenüber der Gesellschaft begründet werden, die eines „Ausgleichs", etwa in Form einer Verlustausgleichshaftung, bedürften[560], gehört auch die Unzulässigkeit existenzvernichtender Eingriffe[561]. So hat *Beinert*[562] in ihrer Arbeit überzeu-

---

559 Die oben in Kapitel 2 abgelehnte Anwendung der §§ 302, 303 AktG bedeutet noch nicht notwendigerweise, dass eine konzernspezifische Haftung ausgeschlossen ist. Die Analogie zu den aktienrechtlichen Vorschriften scheitert an den unterschiedlichen gesetzgeberischen Wertungen im Aktien- und GmbH-Recht. Dennoch kann kraft Rechtsfortbildung eine davon unabhängige konzernspezifische Haftung in Betracht kommen, vgl. dazu etwa *Ulmer*, in: Haftung im qualifizierten faktischen GmbH-Konzern – Verbleibende Relevanz nach dem TBB-Urteil?, S. 41, 49 („kraft höchstrichterlicher Rechtsprechung"); *Limmer*, Die Haftungsverfassung des faktischen GmbH-Konzerns, S. 84 f. („Prinzipienbildung").

560 Vgl. Kapitel 2 C) II. 2.

561 Vgl. *von Schwabe*, Abgrenzung der weisungsfesten Regelungsbereiche im Vertragskonzern, S. 127 ff.; *Geßler*, ZHR 140 (1976), S. 433, 439; *Hommelhoff*, Die Konzernleitungspflicht, S. 150 f.; *ders.*, WM 1984, S. 1105, 1113; *Sonnenschein*, ZGR 1981, S. 429, 441; *Sina*, AG 1991, S. 1, 7; *Kleindiek*, Strukturvielfalt im Personengesellschafts-Konzern, S. 167 ff.
Siehe auch Scholz-*Emmerich*, GmbHG, Anhang Konzernrecht, Rn. 185, der zwar anerkennt, dass existenzvernichtende Eingriffe zu unterbleiben haben, aber dann als besonders wichtigen Aspekt der Überlebensfähigkeit der abhängigen Gesellschaft die Verpflichtung des herrschenden Unternehmens zum Verlustausgleich entsprechend § 302 AktG erwähnt. Hierbei wird übersehen, dass für einen Verlustausgleich auf Grundlage von § 302 AktG kein Raum mehr ist, wenn solche Eingriffe erst gar nicht zulässig sind. Ähnlich wie Scholz-*Emmerich*, aaO., auch *Fleck*, ZHR 149 (1985), S. 387, 414; *Altmeppen*, in: Roth/Altmeppen, GmbHG, Anh § 13, Rn. 60 f.

562 Die Konzernhaftung für die satzungsgemäß abhängig gegründete GmbH, S. 22 ff., 27 ff., 67 ff.

gend herausgestellt, dass der Gesellschaftszweck zwar weithin disponibel ist und im Gesellschafts- bzw. Beherrschungsvertrag eine umfassend dienende Funktion der GmbH bestimmt werden kann. Dennoch verbleibt ein Mindeststandard an Gesellschafterpflichten in Form des Existenzschutzes, der auch nicht im Wege eines Beherrschungsvertrages aufgelöst werden darf[563]. Die Schranke des unzulässigen existenzvernichtenden Eingriffs ist genauso wie die aus zwingendem Gesetzesrecht gemäß §§ 134, 138 BGB unumgehbar.

Zu erörtern ist also, ob es über die Existenzvernichtungshaftung hinaus im Konzern noch eines *zusätzlichen* Schutzes der Gläubiger bedarf[564].

A) Die Unübersichtlichkeit von Konzernverhältnissen

Eine spezifische Konzernhaftung wird vor allem damit begründet, dass aufgrund kaum quantifizierbarer struktureller Maßnahmen bzw. undurchschaubarer Leitungsmaßnahmen einzelne Weisungen und ihre Folgen nicht isolierbar seien[565]. Wie jedoch bereits an anderer Stelle der Arbeit erörtert[566], spielt diese Haftungsproblematik, die hier als Unmöglichkeit des Einzelausgleichs aus tatsächlichen Gründen bezeichnet wurde, allenfalls für die Frage des Minderheitenschutzes eine Rolle. Der im Hinblick auf den Gläubigerschutz einzig erhebliche Fall der sogenannten „Waschkorblage", d.h. der mangelnden ordnungsgemäßen Buchführung und Dokumentation der Geschäftsvorgänge zwischen herrschenden und abhängigen Unternehmen, wird bereits durch die im allgemeinen GmbH-Recht anerkannte Fallgruppe der Durchgriffshaftung wegen Vermögensvermischung ausreichend erfasst. Andere Schwierigkeiten tatsächlicher Art sind mit Hilfe von Darlegungs- und Beweiserleichterungsgrundsätzen sowie der Schätzungsmög-

563 Während *Beinert*, aaO., S. 84 ff. jedoch den nicht disponiblen Kernbereich des Gesellschaftszwecks auf existenzgefährdende „Auszahlungen" beschränkt, indem sie §§ 30 f. GmbHG extensiv auslegt, tritt die vorliegende Arbeit für eine Ausweitung des Kernbereichs auf jede Art von direkter oder indirekter Einflussnahme auf das Gesellschaftsvermögen ein.

564 Vgl. insoweit auch die Kritik von *K. Schmidt*, NJW 2001, S. 3577, 3580, nach dem Urteil des *BGH*, NJW 2001, S. 3622 („*Bremer Vulkan*"): „ [...] war schon lange mit der Überreaktion zu rechnen, dass die Diskussion von diesem Extrem in das andere fallen und den konzernrechtlich begründeten Verlustausgleich vollends aus dem GmbH-Recht vertreiben würde." Siehe auch *Wiedemann*, ZGR 2003, S. 283, 296 f.; *Westermann*, NZG 2003, S. 1129, 1133.

565 Vgl. *Ulmer*, in: Hachenburg, GmbHG, Anh § 77, Rn. 140; *Lutter*, DB 1994, S. 129, 130; *ders./Hommelhoff*, GmbHG, Anh § 13, Rn. 31. Ausführlich dazu oben, Kapitel 2 B) I.

566 Siehe oben, Kapitel 2 C) II. 2. b).

lichkeit nach § 287 ZPO zu lösen[567]. Einer besonderen Konzernhaftung bedarf es nicht. Es wäre nicht gerechtfertigt insoweit eine Differenzierung zwischen abhängigen und unabhängigen Gesellschaften vorzunehmen. Die fehlende Einzelausgleichsmöglichkeit im Unternehmensverbund wird zwar meist auf die hohe Intensität der Einflussnahme zurückgeführt. Dies ist jedoch kein Spezifikum des Konzerns[568]. Auch „schlichte" Mehrheitsgesellschafter können zu einem hohen Grad Weisungen erteilen und bewirken, dass diese schwierig voneinander isolierbar und auf einzelne schädigende Auswirkungen hin überprüfbar sind.

B) Der Konzernkonflikt

Für die Anhänger der besonderen Konzernhaftung gibt es jedoch noch einen weiteren, mindestens ebenso wichtigen Beweggrund, der von dem der Unmöglichkeit des Einzelausgleichs aus tatsächlichen Gründen zu unterscheiden ist.

Es handelt sich um die die deutsche Konzernrechtsdogmatik bereits seit langem dominierende Frage des Konzernkonflikts[569]: In der selbständigen GmbH bestehe ein gewisser Gleichklang der Interessen des Gesellschafters und der Gesellschaft, da eine erfolgreiche Geschäftstätigkeit der GmbH im Eigeninteresse des oder der Gesellschafter liege. Diese Annahme des erwerbswirtschaftlichen Prinzips rechtfertige sich wiederum daraus, dass eine GmbH typischerweise zu dem Zweck gegründet werde, Gewinne zu erwirtschaften und auszuschütten[570]. Die Gläubiger könnten also berechtigterweise erwarten, dass sich der herrschende Gesellschafter rational verhalten und alles tun werde, um den Gewinn des Unternehmens zu maximieren. *Rehbinder*[571] spricht insoweit von Gläubigerchancen,

567 Siehe dazu oben Kapitel 4 B) IV. 3.

568 Vgl. *Westermann*, in: Heidelberger Konzernrechtstage: Der qualifizierte faktische GmbH-Konzern, S. 21, 38; *Versteegen*, DB 1993, S. 1225, 1227.

569 Vgl. bereits die Motive für die Aktienrechtsreform 1965 bei *Kropff*, Aktiengesetz: Textausgabe mit Begründung des Regierungsentwurfs und Bericht des Rechtsausschusses, Vorbemerkung zum Dritten Buch, S. 373; weiter *Zöllner*, JuS 1968, S. 297, 299; *Emmerich*, AG 1975, S. 253, 256; *Schilling*, in: Probleme des Konzernrechts, S. 106, 107 f.; *Priester*, ZIP 1986, S. 137, 140; *Assmann*, JZ 1986, S. 928, 930; *Schwark*, JuS 1987, S. 443, 446 f.; Rowedder-*Koppensteiner*, GmbHG, Anh. nach § 52, Rn. 1; *Möhring*, Schutz der Gläubiger einer konzernabhängigen GmbH, S. 24 ff.; *BGHZ* 89, 162, 166 („*Heumann-Ogilvy*"); *BGH*, ZIP 1985, S. 1263, 1265 („*Autokran*"); ZIP 1991, S. 1354, 1355 („*Video*").

570 *Beinert*, Die Konzernhaftung für die satzungsgemäß abhängig gegründete GmbH, S. 33; *Pleyer*, AG 1959, S. 8, 10. Dagegen allerdings *Ehlke*, DB 1986, S. 523, 525 mit dem Argument der weitgehenden Satzungs- und Gestaltungsautonomie der Gesellschafter.

571 AG 1986, S. 85, 93.

die den „harten" Kernbereich des Gläubigerschutzes, d.h. die zwingenden Kapitalerhaltungsregeln, ergänzen. Bei der konzernverbundenen GmbH sei dieses für den Rechtsverkehr sehr wesentliche Regulativ nicht mehr vorhanden[572]. Das eigenständige Interesse der Gesellschaft werde durch das Konzerninteresse überlagert und das herrschende Unternehmen tendiere dazu, die Tätigkeit der abhängigen Gesellschaft an diesem Konzerninteresse auszurichten[573]. An Stelle der Gewinnerzielung träten Unternehmensziele, die außerhalb der Gesellschaft durch das herrschende Unternehmen gesetzt würden und der abhängigen Gesellschaft eine dienende Rolle im Gesamtkonzern zuwiesen.

I. Unzulässiger Präventivschutz

Bemerkenswert ist bei dieser Diskussion, dass nur von „Vermutungen"[574], „Chancen"[575] und „Erwartungen"[576] die Rede ist. Ob sich die Risiken auch wirklich realisiert haben, spielt allenfalls am Rande eine Rolle. Es wird also eine rein präventive Zwecke dienende Haftung verfolgt[577]. Dies ist jedoch dem Gesellschafts- und besonders dem GmbH-Recht grundsätzlich fremd[578]. Der Gläubigerschutz orientiert sich nicht vorbeugend an bloßen Gefahren*potentialen*, sondern repressiv an der Verwirklichung dieser Potentiale, d.h. an den konkret eingetretenen Schäden. Eine Parallele hierzu stellt die oben gezogene Differenzierung zwischen existenzgefährdenden und -vernichtenden Eingriffen dar[579]. Auch dort wurde festgestellt, dass die Existenzgefährdung noch nicht haftungsauslösend ist, da noch kein Schaden eingetreten ist. Solchen bloßen Gefährdungspotentialen kann allein durch Unterlassungsansprüche entgegen gewirkt werden.

Darüber hinaus ist zu berücksichtigen, dass den erwogenen Gefahren gleichermaßen positive Aussichten und Chancen gegenüber stehen. Die in Betracht kommende betriebswirtschaftliche Effizienz der Konzernierung, nicht nur für die herrschende Gesellschaft, sondern für den gesamten Unternehmensverbund und damit auch die abhängige GmbH, ist heute nahezu einhellig anerkannt und ent-

---

572 Vgl. auch *BGH*, ZIP 1985, S. 1263, 1265 („*Autokran*").

573 *Ulmer*, ZHR 148 (1984), S. 391, 396; *Assmann*, JZ 1986, S. 928, 930.

574 *Schilling*, in: Probleme des Konzernrechts, S. 106, 108.

575 *Rehbinder*, AG 1986, S. 85, 93.

576 *Beinert*, Die Konzernhaftung für die satzungsgemäß abhängig gegründete GmbH, S. 92.

577 Vgl. etwa *Krieger*, ZGR 1994, S. 375, 378: „Wo die potentielle Gefahr solcher Verhaltensweisen besteht, muss die Rechtsordnung vorsorgen, [...]"

578 Siehe auch *Versteegen*, DB 1993, S. 1225, 1226; *Mülbert*, DStR 2001, S. 1937, 1947 und dort Fn. 98.

579 Vgl. oben, Kapitel 4 C) II.

scheidender Beweggrund für die Begründung von Beherrschungsverhältnissen[580]. So kommt es etwa vielfach zur Straffung der Tätigkeit des beherrschten Unternehmens durch Beschränkung auf seine ertragreichen Funktionen und der Verlagerung der weniger effizienten Geschäftsbereiche auf andere Gesellschaften mit diesbezüglich besseren Ergebnissen. Dadurch werden Ressourcen optimiert und Synergieeffekte erzielt, die einen größeren Gewinn der abhängigen Gesellschaft zur Folge haben[581]. Weiterhin ist der herrschenden Gesellschaft an der Gewinnoptimierung des abhängigen Unternehmens schon deshalb gelegen, weil sein Untergang auch ihrem eigenen Kredit schadet[582]. Würden also bloße Gefahrenpotentiale eine Haftung auslösen können, so müssten konsequenterweise umgekehrt die reinen Aussichten auf den durch die Konzernierung erzielbaren höheren Gewinn eine Privilegierung zur Folge haben. Dieselbe rechtswidrige Schädigungshandlung, die bei der selbständigen GmbH einen Anspruch auslösen würde, würde dann bei der konzernierten Gesellschaft wegen der möglichen positiven Effekte nur unter erschwerten Voraussetzungen eine Haftung begründen können. Genauso wie jedoch eine solche Konstruktion absurd erscheint und nicht ernstlich zu vertreten ist, muss eine Haftung allein aufgrund von in Betracht kommenden Risiken ausscheiden.

II. Interessendivergenz auch außerhalb des Konzerns

Des Weiteren ist hinsichtlich der konfligierenden Interessen eines Gesellschafters, wofür besondere Haftungsregeln erwogen werden, zu berücksichtigen, dass diese auch außerhalb eines Konzerns auftreten können. Die Verfolgung von anderen, mit den Eigeninteressen der Gesellschaft nicht kompatiblen Interessen ist nicht nur dann möglich, wenn der Gesellschafter anderweitig *unternehmerisch* tätig ist. Gleichermaßen kann der Gesellschafter private Interessen zu Lasten der Gesellschaft verfolgen und damit dieselbe Interessenverletzung herbeiführen. Soweit ein Verhalten in bestimmte, unantastbare Vermögensinteressen eingreift,

580 Vgl. etwa *Scheffler*, AG 1990, S. 173, 174; *Lehmann*, in: Festschrift Beusch, S. 479, 487.

581 Vgl. zu weiteren Synergieeffekten, wie etwa günstigere Finanzierung durch zentrales „Cash-Management", Zusammenführung von Know-how, Wegfall von Parallelverwaltung, *Schneider*, ZGR 1984, S. 497 ff.; *Baums*, AG 1990, S. 221, 226 f.; *Hoffmann-Becking*, in: Probleme des Konzernrechts, S. 68, 80; *Scheffler*, in: Festschrift Goerdeler, S. 469, 479; *ders.*, AG 1990, S. 173, 174 ff.; *Drüke*, Die Haftung der Muttergesellschaft für Schulden der Tochtergesellschaft, S. 137; *Brandes*, in: Festschrift Kellermann, S. 25, 29.

582 *Kübler*, in: Festschrift Heinsius, S. 397, 423; *Versteegen*, Konzernverantwortlichkeit und Haftungsprivileg, S. 178.

können Voraussetzungen und Rechtsfolgen der Haftung nicht von den Motiven bzw. den Eigenschaften des Gesellschafters abhängen[583]. Etwas anderes würde eine grundlose Diskriminierung von unternehmerisch noch anderweitig tätigen Gesellschaftern gegenüber solchen Gesellschaftern bedeuten, die nur eine GmbH beherrschen und keine darüber hinausgehenden unternehmerischen Interessen haben[584]. *Wilhelm*[585] hat diesen Aspekt einmal sehr treffend wie folgt auf den Punkt gebracht: „Es werden allgemeine Schutzbedürfnisse beschrieben und entwickelt und dann wird in den konzernrechtlichen Instrumentenkasten gegriffen mit der Rechtfertigung, dass auch die herausgegriffenen Instrumente mit den allgemeinen Schutzbedürfnissen zu tun haben. Dass das allgemeine Schutzproblem bei der Regelung einer konkreten Situation nur mit berücksichtigt wird, also nicht das Telos der spezifischen Norm insgesamt ausmacht, [...] wird [...] zu wenig beachtet.“

Letztendlich werden zwei Prinzipien des GmbH-Rechts vernachlässigt: (1) § 13 Abs. 2 GmbHG ordnet ausdrücklich eine Haftungstrennung an. Es handelt sich bei Gesellschaft und Gesellschafter um zwei verschiedene Rechtspersönlichkeiten; die von der GmbH vorgenommenen Rechtshandlungen haben keine Wirkungen gegenüber ihrem Gesellschafter. Eine mögliche Interessendivergenz ist also dem Haftungskonzept der GmbH bereits immanent. Dem Argument des Vertrauens in den „Eigentümer-Egoismus“[586], d.h. das Vertrauen, der Eigentümer werde das Seine sorgsam behandeln, kann daher nur bis zur Grenze des Kapitalerhaltungsgebots der §§ 30 f. GmbHG gefolgt werden[587]. (2) Zum anderen ist im GmbH-Recht die Einflussmöglichkeit der Gesellschafter auf die Geschicke der Gesellschaft von vornherein sehr weit gefasst. Nicht ein unabhängiger Vorstand, sondern die Gesellschafter selbst bestimmen die zu verfolgenden Ziele. Daher

---

583 Vgl. etwa *OLG Jena*, ZIP 2002, S. 631, 633, wo die Gesellschafterin sowohl im Interesse der von ihr beherrschten Gesellschaft als auch im privaten Interesse Eingriffe vornahm; weiter *BGH*, ZIP 1985, S. 1263 („*Autokran*“), in der das herrschende Unternehmen die abhängige Gesellschaft anwies, die Rechnung für den Ausbau seines *Privat*besitzes in Höhe von DM 500.000,00 bis DM 800.000,00 zu zahlen. Siehe auch *K. Schmidt*, ZIP 1993, S. 549, 553; *Kübler*, NJW 1993, S. 1204, 1205; *Röhricht*, in: Festschrift aus Anlass des fünfzigjährigen Bestehens von Bundesgerichtshof, Bundesanwaltschaft und Rechtsanwaltschaft beim Bundesgerichtshof, S. 83, 120.

584 *Ehricke*, Das abhängige Konzernunternehmen in der Insolvenz, § 5 III 3 b) cc) S. 414; vgl. auch *Fabritius*, Die Überlassung von Anlagevermögen an die GmbH durch Gesellschafter, S. 212 f.

585 DB 1986, S. 2113.

586 *Wilhelm*, Rechtsform und Haftung bei der juristischen Person, S. 346 und dort Fn. 226.

587 Diese Vorschriften bleiben auch im Konzern zwingend, siehe oben, Kapitel 2 C) II. 2. a).

lässt sich auch kein zwingender Schluss von der besonderen aktienrechtlichen Regelung für Konzerne auf das GmbH-Recht ziehen.

Hiergegen kann nun nicht eingewendet werden, dass die Verletzung des Eigeninteresses *typischerweise*[588] im Konzern anzutreffen sei, da es dann regelmäßig vom Konzerninteresse überlagert werde, während der Privatgesellschafter „im Zweifel“[589] den ihm zustehenden Einfluss nicht dazu einsetzen werde, um andere, der Gewinnerzielung in der Gesellschaft widersprechende Ziele zu verfolgen. Zunächst ist bereits sehr zweifelhaft, ob diese Annahme zutrifft,[590]. Es gibt bisher kein aussagekräftiges empirisches Material über die Rechtswirklichkeit[591]. Auch die Fälle aus der Rechtsprechung bestätigen nicht die Konzerngefahr, indem etwa die Gerichte die Gläubigergefährdung bei konzerngebundenen Gesellschaften in größerem Ausmaß beschäftigen würde als bei unabhängigen GmbH. Die Beeinträchtigung der vermögensmäßigen Interessen der GmbH durch pflichtwidrige Einflüsse des schlichten Mehrheitsgesellschafters ist vielmehr allzu häufige „Prozesserfahrung“[592].

Für die Ablehnung einer besonderen Konzernhaftung spricht jedoch noch ein viel entscheidenderer Grund. Mit *Ehricke*[593] muss nämlich an die Entwicklung eines eigenständigen Konzernhaftungsrechts (mit womöglich weitreichenderen

588 So *Beinert*, Die Konzernhaftung für die satzungsgemäß abhängig gegründete GmbH, S. 93 und dort Fn. 271.

589 *Ulmer*, ZHR 148 (1984), S. 391, 396.

590 *Gäbelein*, AG 1990, S. 185, 187, *Westermann*, in: Der GmbH-Konzern, S. 25, 30, und *Jahraus*, Ordnung und Haftung im faktischen GmbH-Konzern, S. 5 f. zweifeln an der Realitätsnähe dieser Vorstellung. Entgegen *Ulmer*, in: Haftung im qualifizierten faktischen GmbH-Konzern – Verbleibende Relevanz nach dem TBB-Urteil?, S. 50, herrscht daher über das besondere Konzernrisiko für Gläubiger keinesfalls „seit langem Einigkeit“.

591 Vgl. *Versteegen*, Konzernverantwortlichkeit und Haftungsprivileg, S. 150 ff. Eine Untersuchung von *Hesselmann/Hüfner/Pinkwart*, Betriebsaufspaltung und Insolvenzrisiko, S. 76 f., 95 hat sogar ergeben, dass aufgespaltene Unternehmen tendenziell weniger insolvenzanfällig sind. Eine Erhöhung des Gläubigerrisikos konnte nicht festgestellt werden. Nicht überzeugend daher *Ulmer*, ZHR 148 (1984), S. 391, 397 f., der das Fehlen statistischer Erhebungen einräumt, aber dennoch die Gefahren der Konzernherrschaft für den Gläubigerschutz für unverkennbar erklärt.

592 Vgl. *Stimpel*, AG 1986, S. 117, 121. Insoweit kann auch auf die zahlreichen Entscheidungen der Strafgerichte verwiesen werden, die die Strafbarkeit des GmbH-Geschäftsführers wegen Untreue zum Nachteil der nicht konzernverbundenen GmbH zum Gegenstand hatten. Die Geschäftsführer handelten in diesen Fällen stets auf Weisung bzw. mit Zustimmung der Gesellschafter. Vgl. etwa *BGH*St 34, 379, 387 ff.; 35, 333, 336 f.; *BGH*, wistra, 1983, S. 71; NStZ 1984, S. 118, 119; WM 1989, S. 136, 137. Eine gute Rechtsprechungsübersicht hierzu bietet auch *Kohlmann*, in: Festschrift Werner, S. 387, 388 ff.

593 Das abhängige Konzernunternehmen in der Insolvenz, § 5 III. 3. a) bb), S. 410 f.

Rechtsfolgen) die Bedingung gestellt werden, dass die Gefahren *ausschließlich* in Konzernsituationen auftreten. Nur dann ist die Abkehr von den allgemeinen gesellschafts- oder bürgerlichrechtlichen Instrumentarien methodisch zulässig. Existieren die Gefahren grundsätzlich auch in anderen Bereichen, d.h. also auch in einer selbständigen GmbH, so ist dem besonderen Haftungsinstrument die Grundlage entzogen. Selbst die Vertreter der besonderen Konzernhaftung leugnen aber nicht, dass auch beim schlichten Mehrheitsgesellschafter die Verfolgung anderer, dem Unternehmen fremder Ziele nicht ausgeschlossen ist[594]. Daher eröffnet der Konzernsachverhalt keine „ganz neue Gefahrenlage"[595], sondern – wenn überhaupt – eine erhöhte Gefahrenlage. Die (angeblich) höhere Wahrscheinlichkeit der Interessenverletzung kann jedoch keine speziellen materiellrechtlichen Regeln begründen, sondern allenfalls zivilprozessuale Folgen auslösen. Aber selbst insoweit ist zu beachten, dass dies nicht auf eine Typizitätsregel bzw. einen Anscheinsbeweis der Interessenverletzung bei Konzernierung hinaus laufen darf. Denn das wäre wieder eine Rückkehr zum „qualifizierten faktischen" Konzern, bei dem sich gerade herausgestellt hat, dass eine solche Vermutungsregel faktisch immer zu einer Haftung führt und daher aufzuheben ist[596]. Hingegen kann der zweite Leitsatz der *TBB*-Entscheidung[597] weiterhin Geltung haben, nach dem dem Kläger Erleichterungen hinsichtlich seiner Substanziierungslast einzuräumen sind, soweit das herrschende Unternehmen im Gegensatz zum Kläger die maßgebenden Tatsachen kennt und ihm die Darlegung des Sachverhalts zumutbar ist.

Es muss daher vor allem eine spezifische Konzern*zustands*haftung, d.h. die alleinige Anknüpfung an den Konzerntatbestand zum Auslösen von bestimmten Rechtsfolgen, ausscheiden. Insbesondere *K. Schmidt*[598] vertritt, dass konkurrierend neben einer allgemeinen verhaltensbezogenen Verschuldenshaftung wegen Schädigung der Gesellschaft eine organisationsbezogene Konzernhaftung bestehen müsse. Eine solche Haftung setzt aber voraus, dass sich bei einer Konzernierung – welchen Grades auch immer – ständig die Gefahr einer Interessenverletzung infolge einer Kollision von Eigen- und Fremdinteressen realisiert. Wenn

594 Vgl. etwa *Beinert*, Die Konzernhaftung für die satzungsgemäß abhängig gegründete GmbH, S. 93 und dort Fn. 271; *Ulmer*, ZHR 148 (1984), S. 391, 396.

595 So aber *Beinert*, Die Konzernhaftung für die satzungsgemäß abhängig gegründete GmbH, S. 113.

596 Dies vernachlässigt *K. Schmidt*, Gesellschaftsrecht, § 39 III 2, S. 1224; *ders.*, ZIP 1989, S. 545, 548, wenn er vom herrschenden Unternehmen den Beweis dafür verlangt, dass er seine Konzernleitungsaufgaben mit der erforderlichen Sorgfalt wahrgenommen und den entstandenen Schaden nicht schuldhaft herbeigeführt hat.

597 *BGHZ* 122, 123 unter b).

598 NJW 2001, S. 3577, 3580 f.; AG 1994, S. 189, 191, 195; ZIP 1991, S. 1325, 1327 ff.; ZIP 1989, S. 545, 546 ff.; Gesellschaftsrecht, § 39 III 3 und 4, S. 1224 ff.

aber nicht einmal empirisch erwiesen ist, dass die Verletzung des Eigeninteresses *typischerweise* im Konzern vorkommt, dann ist an einer *ständigen* Interessenverletzung um so mehr zu zweifeln. In Betracht kommt allenfalls als Rechtfertigung für eine schadensunabhängige Gefährdungs- bzw. Zustandshaftung, dass die bestehende Gefahr bei Verfolgung von anderweitigen unternehmerischen Interessen „qualitativ"[599] andersartig einzustufen sei als die Gefahr bei Verfolgung von privaten Interessen und daher ein präventiver Schutz geboten sei. Wie aber bereits erörtert lassen sich hierfür keinerlei Anhaltspunkte finden[600]. Die Schädigung der GmbH ist in beiden Fällen auf dieselbe Weise mit denselben Folgen für die Gesellschaft denkbar und nicht abhängig von den Motiven des Gesellschafters. Etwas anderes ergibt sich auch nicht aus der von *K. Schmidt*[601] mehrfach angeführten *Fertighaus*-Entscheidung des *BGH*[602], die er als das Musterbeispiel seiner favorisierten konzernspezifischen Zustandshaftung anführt. In jenem Fall hatte eine Baugesellschaft den Betriebsteil ihrer Fertighausproduktion auf eine Tochter-GmbH ausgegliedert, die mit einem Stammkapital von nur 20.000,00 DM ausgestattet war. Büroräume und Bauhof befanden sich auf den Grundstücken der Muttergesellschaft, die den Vertrieb und die Verwaltung übernommen hatte. Das Anlagevermögen war unter Eigentumsvorbehalt bei Kreditierung des Kaufpreises in Form einer Darlehensgewährung zur Verfügung gestellt. Als die Tochtergesellschaft in finanzielle Schwierigkeiten geriet, nahm die Muttergesellschaft unter entsprechender Gutschrift der verkauften Gegenstände das Anlagevermögen teilweise wieder an sich. Der Kläger machte Ansprüche aus den Gesichtspunkten der Unterkapitalisierung und der Konzernierung geltend. Die Vorinstanz gab der Klage aufgrund der völligen wirtschaftlichen Unselbständigkeit der abhängigen Gesellschaft, die sich im Fehlen eines angemessenen Stammkapitals und der vermögensmäßigen, personellen und funktionellen Verklammerung mit der Muttergesellschaft ausdrücke, statt[603]. Das Unternehmen sei zwar organisatorisch ausgegliedert, aber wirtschaftlich als eine „unselbständige Betriebsabteilung" der Beklagten anzusehen. Der *BGH* hat zu Recht dem entgegen gesetzt, dass der Umstand der Beherrschung noch keine Haftung rechtfertige, und zwar auch dann nicht, wenn der Alleingesellschafter der abhängigen Gesellschaft wiederum eine GmbH sei[604]. Es sei unerheblich, ob der entscheidende Einfluss von einem Privatgesellschafter oder einem anderen Unternehmen stamme. Die Urteilsgründe

599 So *Assmann*, JZ 1986, S. 928, 930.
600 Vgl. oben Kapitel 5 B) II.
601 ZIP 1989, S. 545, 548 f.; NJW 2001, S. 3577, 3580 f.; Gesellschaftsrecht, § 39 III 3, S. 1228.
602 *BGHZ* 68, 312.
603 *BGHZ*, aaO., 314.
604 *BGHZ*, aaO., 320.

deuten darauf hin, dass der *BGH* eine bloße Gefährdungshaftung vermeiden wollte. Dafür spricht besonders die Feststellung des Gerichts, dass eine andere Beurteilung in Betracht käme, wenn es sich bei der Tochter-GmbH um eine ganz willkürliche und von vornherein nicht praktikable Ausgliederung gehandelt hätte, die darauf hinausliefe, dass eine rechtliche Selbständigkeit ausschließlich der Form nach bestünde[605]. Dies sei hier jedoch nicht gegeben, da die Gesellschaft etwa anderthalb Jahre werbend tätig gewesen sei. Mithin beabsichtigte der *BGH*, die Haftung von einer konkreten Schädigung abhängig zu machen. Es hätte durchaus eine Existenzvernichtungshaftung angenommen werden können, wenn der Kläger dargelegt hätte, dass die GmbH so geführt wurde, dass sie ihren Verbindlichkeiten nicht mehr nachkommen konnte. Genau dieses war jedoch nach den Urteilsfeststellungen nicht der Fall. So sollten etwa die Gewinne aus dem Bau der Fertighäuser nach Abzug einer Verkaufsprovision der Tochtergesellschaft voll zustehen[606]. Was den Entzug des Anlagevermögens nach Eintritt von finanziellen Schwierigkeiten betrifft, so ist zu berücksichtigen, dass die Gegenstände unter Eigentumsvorbehalt standen, eine Gutschrift erfolgte und vor allem innerhalb kürzester Zeit, nachdem Sanierungsversuche gescheitert waren, der Antrag auf Eröffnung des Insolvenzverfahrens gestellt wurde. Mithin handelte es sich nicht um ein „Leerlaufenlassen" der GmbH durch Ressourcenabzug. Zu Recht wies der *BGH* daher die Klage ab. Sie hätte ansonsten zu der selben nebulösen Haftung geführt, die zu vermeiden uns die Erfahrungen des „qualifizierten faktischen" Konzerns gelehrt haben. Erst bei Verstoß gegen Mindestprinzipien kaufmännischer Sorgfalt muss der Gläubigerschutz eingreifen. Eine pauschale, schadensunabhängige Haftung wegen „vollständigen Autonomieverlusts"[607] ist dagegen nicht zu rechtfertigen. Der damals eingeschlagene Weg des *BGH* in der *Fertighaus*-Entscheidung war daher richtig, wurde aber unter anderem aufgrund der heftigen Kritik der Literatur[608] nicht weiter verfolgt. Es bedurfte mehrerer Jahr-

---

605 *BGHZ*, aaO., 322, mit Verweis auf *BGHZ* 22, 226, 233 f.

606 *BGHZ*, aaO., 321. Eine durch die vertraglichen Vereinbarungen praktische Gewinnlosstellung der Muttergesellschaft, wie *Priester*, ZIP 1986, S. 137, 144 und dort Fn. 56 behauptet, kann dem Urteil nicht entnommen werden.

607 *K. Schmidt*, Gesellschaftsrecht, § 39 III 3, S. 1230 f.; ähnlich *Wiedemann*, Die Unternehmensgruppe im Privatrecht, S. 83: „Gibt es mithin einen naturrechtlichen Satz: wer als herrschendes Unternehmen die Selbständigkeit einer abhängigen Gesellschaft aufhebt, muss mit den Vorteilen zugleich die Schuldenlast übernehmen"; *ders.*, ZGR 2003, S. 283, 296 f.

608 *Emmerich*, NJW 1977, S. 2163; *ders.*, GmbHR 1987, S. 213 f.; *Kübler*, Gesellschaftsrecht, § 30 III, 3 b, S. 382; *Ulmer*, NJW 1986, S. 1579, 1581; *K. Schmidt*, NJW 1977, S. 1451 f.; *ders.*, BB 1985, S. 2074, 2076. Vgl. auch *BGH*, NJW 1977, S. 1683, 1686.

zehnte bis man sich eines Besseren besann. Diese Chance sollte zumindest nunmehr wahrgenommen und nicht wiederum vertan werden.

III. Die Konzerngefahr als allgemeines Geschäfts-/Insolvenzrisiko

Bei der Diskussion um die eine zusätzliche Haftung rechtfertigende konzernbegründete Interessendivergenz wird weiterhin der Gedanke in Ansatz gebracht, dass die Gläubiger nur bei Kenntnis von der Konzernierung und den damit einhergehenden Ausfallrisiken den Wert ihrer Investition ermitteln und eine marktgerechte Kalkulation erreichen könnten[609]. Soweit sie keine Kenntnis hiervon erlangen, sei eine konzernspezifische Haftung erforderlich. Zwei entscheidende Beispiele für solche die Kalkulation abwägungserheblichen Risiken nennt *Limmer*[610]: den „Mitreißeffekt“ und die Sanierung der Muttergesellschaft auf Kosten der Tochtergesellschaft. Der Mitreißeffekt betrifft den Fall der Insolvenz der Konzernspitze, die meist auch zur Insolvenz der Untergesellschaft führt. Aufgrund der starken wirtschaftlichen Integration im Konzern können selbst finanzstarke Unternehmen in die Insolvenz „mitgerissen“ werden[611]. Ein weiteres Risiko kann sich daraus ergeben, dass die Muttergesellschaft in der Krise ihre Sanierung auf Kosten der Tochtergesellschaft durchführt, etwa indem sie ihr keine weiteren Mittel aus dem gewährten Massekredit zur Verfügung stellt[612].

Hinter dem Erfordernis der notwendigen Kenntnisnahme von diesen Risiken steht letztlich der Gedanke, dass der Geschäftspartner nur bei Kenntnis entsprechende Vorsorge schaffen könne, indem er etwa Sicherheiten fordere oder durch einen entsprechenden Preisaufschlag die Risiken in die Kostenberechnung mit einfließen lasse[613]. Werde ihm dagegen eine solche Kenntnisnahme verwehrt, so müsse er in seinem entgegen gebrachten, „enttäuschten“ Vertrauen durch eine besondere Konzernhaftung zusätzlich geschützt werden. Dieser Ansatz nähert sich also einer Art „Vertrauenshaftung“[614]. Fraglich ist aber, ob solchem Vertrauen

609 Siehe etwa *Beinert*, Die Konzernhaftung für die satzungsgemäß abhängig gegründete GmbH, S. 133; *Limmer*, Die Haftungsverfassung des faktischen GmbH-Konzerns, S. 19.

610 AaO., S. 18 f.

611 Vgl. *Limmer*, aaO., mit Beispielen aus der Praxis. Siehe auch *Hoffmann-Becking*, in: Probleme des Konzernrechts, S. 68, 81.

612 Vgl. *Limmer*, aaO., S. 19.

613 Vgl. auch *Kübler*, Gesellschaftsrecht, § 30 III, 3 b, S. 383.

614 Vgl. zur Vertrauenshaftung auch *Rehbinder*, Konzernaußenrecht und allgemeines Privatrecht, S. 305 ff., 335 ff., der allerdings die umgekehrte Fallgestaltung des Konzernvertrauens, d.h. die Haftung bei Kenntnis von der Unternehmensverbindung behandelt.

überhaupt besonderer Schutz zu gewähren ist. Das GmbHG schreibt zwingend Kapitalaufbringung und Kapitalerhaltung vor. Die Gläubiger können also berechtigterweise erwarten und darauf „vertrauen", dass die §§ 30 f. GmbHG eingehalten werden. Diese Vorschriften bleiben daher auch im Konzern weiterhin anwendbar[615]. Da es umfassende Möglichkeiten zur Umgehung des Kapitalschutzes und Aushöhlung des Gesellschaftsvermögens gibt, ist das Vertrauen auch bezüglich der Umgehung schutzwürdig. Insoweit wird mit Hilfe der Grundsätze der Existenzvernichtungshaftung entsprechender, ausreichender Schutz gewährt, indem der Verstoß gegen Mindestgrundsätze kaufmännischer Sorgfalt sanktioniert wird. Dabei werden der privat und der konzernmäßig veranlasste Verstoß gleichmäßig behandelt[616]. Was jedoch die generelle Art und Weise der wirtschaftlichen Betätigung der GmbH angeht, vorliegend die Ausrichtung des unternehmerischen Interesses auf den Konzern, so besteht kein Grund für den Schutz eines etwaigen Vertrauens der Gläubiger in Form besonderer, womöglich pauschaler Haftungsgrundlagen. Die Gesellschafter verfügen über einen weiten Entscheidungsspielraum hinsichtlich der Unternehmensführung. Diesbezüglich sind sie ihren Vertragspartnern gegenüber nicht im einzelnen rechenschaftspflichtig und erst recht nicht haftbar. Eine Garantie für wirtschaftlichen Erfolg kann nicht verlangt und das gewöhnliche unternehmerische Risiko nicht ausgeschlossen werden. Es handelt sich insoweit um das jeder Vertragsbeziehung innewohnende Geschäfts-/Insolvenzrisiko, das von den Parteien hinzunehmen ist. Die Grenzen sind dabei aufgrund der Unternehmensverfassung der GmbH sehr weit zu ziehen. Verwiesen werden kann hierzu auf § 1 GmbHG, der die Gründung der Gesellschaft zu jedem gesetzlich zulässigen Zweck ermöglicht, sowie auf die Leitungsbefugnis der Gesellschafter, die umfassende Einfluss- und Gestaltungsmöglichkeiten auf die Geschäftsführung gewährt. Die von *Limmer* dargestellten Risiken fallen genau in diesen Bereich des allgemeinen Geschäfts-/Insolvenzrisikos. Sie

615 Siehe oben, Kapitel 2 C) II. 2. a).

616 *Beinert*, Die Konzernhaftung für die satzungsgemäß abhängig gegründete GmbH, S. 86 und 132, kommt hingegen zu einer Differenzierung zwischen privat und konzernmäßig veranlasster Aushöhlung des Gesellschaftsvermögens, da sie hinsichtlich der selbständigen GmbH nur ein gemäß §§ 30 f. GmbHG bestehendes Verbot existenzgefährdender *Auszahlungen* anerkennt. Rowedder-*Koppensteiner*, GmbHG, Anh. nach § 52, Rn. 51, 78, kommt im Ergebnis zu derselben Auffassung wie hier. Er will zwar den für erforderlich gehaltenen Schutz vor konzernspezifischen Gefahren de lege lata mit Hilfe des in §§ 311, 317 AktG steckenden Rechtsgedankens bewältigen, hält aber gleichzeitig eine „GmbH-spezifische Abwandlung" der Bestimmungen für erforderlich. Diese Abwandlung versteht er dahin gehend, dass erst solche Weisungen unerlaubt sind, „die auf eine Risikoverlagerung zu Lasten der Gesellschaftsgläubiger hinauslaufen", vgl. aaO., Rn. 78 mit Verweis auf § 43, Rn. 71 und dort Fn. 275. Siehe aber auch aaO., Rn. 104 und dort Fn. 364b.

sind nicht in besonderer Weise schutzwürdig, insbesondere betreffen sie nicht eine Umgehung des Kapitalschutzes, dem mit der Existenzvernichtungshaftung zu entgegnen sei. Soweit die Krise der Gesellschaft Folge der Marktentwicklung ist und die Obergesellschaft alles getan hat, damit das abhängige Unternehmen nach dem gewöhnlichen Verlauf der Dinge ihren Verbindlichkeiten nachkommen kann, liegt in der Nichtzuführung von Massekredit an eine notleidende Tochtergesellschaft noch kein haftungsbegründender Verstoß. Wirtschaftspolitisch mag es ein Interesse an der Aufrechterhaltung wettbewerbsfähiger Unternehmen geben[617], eine Pflicht hierzu besteht jedoch nicht. Vielmehr bieten die §§ 60 ff. GmbHG die Möglichkeit, das Unternehmen jederzeit zu liquidieren und aufzulösen.

Eine andere Schlussfolgerung kann auch nicht daraus gezogen werden, dass der von einer beherrschten GmbH abgeschlossene Unternehmensvertrag gemäß §§ 53, 54 GmbHG in das für sie zuständige Handelsregister einzutragen ist[618]. Die notwendige Eintragung bedeutet nicht, dass die Ausrichtung auf das Konzerninteresse atypische Gläubigerrisiken in sich birgt, die eine besondere Konzernhaftung verlangen. Die Vorschriften der §§ 53, 54 GmbHG sind anwendbar, da mit Abschluss des Unternehmensvertrages satzungsgleich der rechtliche Status der Gesellschaft geändert wird, indem sich der Gesellschaftszweck von nun an am Konzerninteresse ausrichtet[619]. An Stelle einer unabhängigen erwerbswirtschaftlichen Teilnahme am Wirtschaftsverkehr tritt eine dienende, dem Interesse des herrschenden Unternehmens untergeordnete gesellschaftliche Tätigkeit. Zwar handelt es sich beim Gesellschaftszweck nicht um eine gemäß §§ 3 Abs. 1, 10 Abs. 1 GmbHG eintragungspflichtige Tatsache, die im Gesellschaftsvertrag notwendigerweise geregelt zu werden braucht. Satzung i.S.v. §§ 53, 54 GmbHG ist jedoch nicht unbedingt gleichbedeutend mit dem Satzungstext wie er von den Gesellschaftern festgelegt wurde und bei den Handelsregisterakten zur Einsicht vorliegt[620]. Vielmehr ist zwischen formellen oder unechten und materiellen oder echten Satzungsbestandteilen zu unterscheiden[621]. Zum Ersteren gehören alle Bestimmungen, die in der Satzungsurkunde enthalten sind; zum Letzteren die nor-

---

617 So die Argumentation von *Limmer*, aaO., S. 29 ff.

618 Vgl. dazu *BGHZ* 105, 324, 337 ff. („*Supermarkt*"); 116, 37, 39 („*Stromlieferung*"); *BGH*, GmbHR 1992, S. 253, 255 f. („*Siemens*"); *Priester*, in: Entwicklungen im GmbH-Konzernrecht, S. 151, 168 ff.; *K. Schmidt*, Gesellschaftsrecht, § 38 III 2 b, S. 1193; Rowedder-*Koppensteiner*, GmbHG, Anh. nach § 52, Rn. 61; Rowedder-*Zimmermann*, GmbHG, § 53, Rn. 32; Scholz-*Emmerich*, GmbHG, Anhang Konzernrecht, Rn. 152.

619 *BGHZ* 105, 324, 337 ff. („*Supermarkt*"); *BGH*, GmbHR 1992, S. 253, 255 („*Siemens*").

620 *Helmke*, Satzungsdurchbrechungen bei der GmbH, S. 2.

621 *Zöllner*, in: Baumbach/Hueck, GmbHG, § 53, Rn. 2 a.

mative Grundordnung des Verbandes, d.h. die Grundlagen der Gesellschaft betreffende Regeln[622]. Nur die materiellen Satzungsbestandteile werden von den Änderungsvorschriften des GmbHG erfasst. Hierzu zählt aber nicht allein der in § 3 Abs. 1 GmbHG aufgeführte Katalog[623], sondern darüber hinaus auch solche Regelungen, die die Identität der Gesellschaft betreffen. Neben Name und Sitz ist auch der Gesellschaftszweck davon erfasst[624]. Die Eintragung dient dabei allein der Informations- und Publizitätsfunktion des Handelsregisters. Es soll gewährleisten, dass die Öffentlichkeit sich über die wesentlichen Grundlagen der Gesellschaft unterrichten kann[625]. Eine Aussage über atypische Gläubigerrisiken, die eine besondere Haftung erforderlich machten, wird dagegen nicht getroffen[626]. Entgegen zu treten ist daher der Begründung des *BGH* in der *Siemens*-Entscheidung[627] hinsichtlich der Eintragungspflicht des von einer Einpersonen-GmbH abgeschlossenen Unternehmensvertrages. Das Gericht verweist auf die Außerkraftsetzung der unabhängigen erwerbswirtschaftlichen Teilnahme am Wirtschaftsverkehr, wodurch für die Gesellschaftsgläubiger *wirtschaftliche Gefahren* aufträten, die sie *in erhöhtem Maße schutzbedürftig* machten[628]. Diese Schutzbedürftigkeit folge auch aus einer dem Alleingesellschafter der abhängigen GmbH aufgrund des Unternehmensvertrages zustehenden Weisungskompetenz, denn diese umfasse gemäß § 308 Abs. 1, Satz 2 AktG auch den Fall, dass eine den Belangen des herrschenden Unternehmens dienende, der abhängigen Gesellschaft nachteilige Weisung erteilt werde[629]. Der *BGH* berücksichtigt jedoch nicht, dass dem Alleingesellschafter auch ohne Abschluss eines Beherrschungsvertrages das Weisungsrecht zusteht und er daher bis zur Grenze der Existenzvernichtung ohnehin der Gesellschaft nachteilige Weisungen erteilen darf. Die Eintragung des Gesellschaftszwecks ist vielmehr allein deshalb erforderlich, weil es erhebliche wirtschaftliche und rechtliche Auswirkungen haben kann, über die sich die Gläubiger unterrichten können müssen. Ob es positive oder negative Effekte nach sich zieht, kann dabei nicht pauschal festgelegt werden[630]. Vielmehr ist dies abhängig von den jeweiligen Umständen des Einzelfalls, etwa Größe und Art des Betriebs, aktuelle Marktsituation usw. Zudem haben die Gläubiger ein

622 Scholz-*Priester*, GmbHG, § 53, Rn. 5.
623 *Helmke*, aaO., S. 3.
624 *Zöllner*, aaO., Rn. 3 b, 10 a.
625 *Ulmer*, in: Hachenburg, GmbHG, § 54, Rn. 1 f.; *Helmke*, Satzungsdurchbrechungen bei der GmbH, S. 82. Zu restriktiv hingegen *Kort*, AG 1988, S. 369, 370 f.
626 Vgl. auch *Gäbelein*, GmbHR 1992, S. 786, 787; *Bitter*, ZIP 2001, S. 265, 276.
627 GmbHR 1992, S. 253, 256.
628 *BGH*, aaO.
629 *BGH*, aaO.
630 Vgl. bezüglich der betriebswirtschaftlichen Effizienz der Konzernierung auch oben Kapitel 5 B) I.

„subjektives“ Interesse daran, über die wesentlichen Grundlagen der Gesellschaft informiert zu werden, damit sie auf Grund dessen ihre eigene kaufmännische Prognoseentscheidung treffen können. In gleicher Weise ist etwa auch die Änderung des Unternehmensgegenstandes einzutragen, obwohl die Änderung des Betätigungsbereichs und der -art nicht notwendigerweise Gläubigergefahren begründen, die eine besondere Haftung zur Folge haben.

IV. Zwischenergebnis

Zusammenfassend kann festgehalten werden, dass eine über die Existenzvernichtungshaftung hinausgehende besondere Konzernhaftung abzulehnen ist. Es würde auf eine unzulässige Präventivhaftung hinauslaufen. Entscheidend ist allein, ob ein Schaden eingetreten ist. Ex post gesehen ist es aber bedeutungslos, ob die rechtswidrige Schädigung konzernmäßig oder privat veranlasst war. Die Gläubiger sind nur im Hinblick auf die auch im Konzern zur Anwendung kommenden Kapitalerhaltungsregeln und Mindestgrundsätze kaufmännischer Sorgfalt schutzwürdig[631]. Die Haftung aus existenzvernichtendem Eingriff erfasst in hinreichender Weise gleichermaßen die privat wie auch die konzernmäßig veranlasste Aushöhlung des Gesellschaftsvermögens.

Die mit der Konzernierung verbundenen Gläubigerrisiken unterfallen dem allgemeinen Geschäfts-/Insolvenzrisiko. Davor kann nicht durch besondere Haftung geschützt werden. Die Unternehmensverfassung der GmbH macht vielmehr deutlich, dass diese Risiken von den Geschäftspartnern hinzunehmen sind.

631 Es verwundert daher auch nicht, wenn *Ulmer* nach der *Bremer Vulkan*-Entscheidung seinen jahrelang verfochtenen Ansatz von einer eigenständigen konzernspezifischen Haftung „stillschweigend“ aufgibt, vgl. etwa ZHR 148 (1984), S. 391, 400 ff. In: Haftung im qualifizierten faktischen GmbH-Konzern – Verbleibende Relevanz nach dem TBB-Urteil?, S. 41, 68 ff., bildet er noch entscheidende Unterschiede zwischen der Konzern- und Existenz-/Bestandsschutzhaftung heraus, und will an einer spezifischen Konzernhaftung auch für den Fall festhalten, dass sich die Existenzschutzhaftung allgemein durchsetzen sollte. In ZIP 2001, S. 2021, 2022 ff. äußert er sich dagegen sehr verhalten und relativierend, indem er ausführt, dass *Bremer Vulkan* die in *TBB* aufgestellten Haftungsvoraussetzungen allenfalls moderat fortentwickele, jedoch nichts grundlegend Neues schaffe. Ob die Existenzschutzhaftung künftig auch auf Alleingesellschafter einer nicht abhängigen GmbH ausgedehnt werde, bleibe offen, sei aber auch von kaum praktischer Bedeutung, da es „in aller Regel“ um Konzernfälle gehe, vgl. *Ulmer*, aaO., 2023 und 2027; siehe auch *ders.*, JZ 2002, S. 1049, 1051.

Kapitel 6: Die weitergehenden Auswirkungen der Existenzvernichtungshaftung

Das neue Haftungsinstitut hat Ausstrahlungswirkung auf eine Reihe anderer Komplexe. Als wichtigste sollen hier das Verhältnis zu den „anderen" Fallgruppen der Durchgriffshaftung, der Geschäftsführerhaftung sowie dem europäischen Gesellschaftsrecht behandelt werden.

A) Das Verhältnis zu den Fallgruppen der Durchgriffshaftung

Während weitgehend Einigkeit darüber besteht, dass den Gesellschaftern in bestimmten Fällen des „Missbrauchs" das Haftungsprivileg nicht zukommen darf, hat die seit jeher Rechtsprechung und insbesondere Wissenschaft beschäftigende Durchgriffshaftung bisher keinen bewegenden Fortschritt erzielen können[632]. Mit den Worten von *Altmeppen*[633] befindet sie sich „auf dem Stand der Dogmatik, den die Rechtswissenschaft bereits Mitte des vergangenen Jahrhunderts erreicht hatte". Die richterrechtlich entwickelte neue Haftung aus existenzvernichtendem Eingriff kann daher zum Anlass genommen werden, das hier vertretene, überlegene Konzept einer Binnenhaftung des Gesellschafters gegenüber der GmbH zu übernehmen und dadurch Gläubigerschutzfragen im GmbH-Recht in geordnetere Bahnen zu führen. An dieser Stelle ist das Verhältnis des neuen Haftungsinstituts zu den bisher diskutierten Fallgruppen Vermögensvermischung, Institutsmissbrauch und materielle Unterkapitalisierung näher zu hinterfragen und zu untersuchen, ob diese nunmehr nicht obsolet geworden sind.

I. Existenzvernichtungshaftung und Vermögensvermischung

Nach *Altmeppen*[634] kann eine Schadensersatzhaftung wegen existenzvernichtenden Eingriffs nur bei einer solchen Schädigung der GmbH angenommen werden, die nichts mit Einlagenrückgewähr zu tun hat, etwa wenn die Gesellschaft unver-

632 Vgl. bereits oben, Kapitel 4 B).
633 ZIP 2001, S. 1837, 1842.
634 ZIP 2002, S. 1553, 1557 ff.; ZIP 2001, S. 1837, 1839 ff.

tretbar hohe Risiken eingeht, die sich zu Lasten der Gläubiger verwirklichen[635]. Würden dagegen durch Verletzungen der Kapitalbindung nicht quantifizierbare Folgeschäden im Vermögen der GmbH angerichtet, so handele es sich dabei um nichts anderes als den bekannten Durchgriffsfall der Vermögensvermischung[636]. Entzögen die Gesellschafter ihrer GmbH das der Gläubigerbefriedigung gewidmete Vermögen in nennenswertem Umfang, so seien Ausmaß und Folgen dieser Schädigung oftmals gar nicht im einzelnen feststellbar[637]. Insbesondere werde durch die wertmäßige Rückführung des gebundenen Vermögens nach § 31 GmbHG der aufgrund der Einlagenrückgewähr angerichtete Gesamtschaden nicht stets vollständig beseitigt[638]. Der Nachweis über Art und Umfang des Erstattungsanspruchs der GmbH sei denjenigen Gesellschaftern aufzuerlegen, die die Kontrolle über die Einhaltung der Kapitalsicherungsregeln vereitelt hätten[639]. Da aber auch diesen der Nachweis nicht mehr möglich sei, sei eine unbegrenzte, unmittelbare Haftung anzunehmen[640]. Das Eigentümliche an dieser Haftung sei dabei gar nicht im materiellen Recht zu suchen[641]. Der Tatbestand der Vermögensvermischung, die die einzige anzuerkennende Fallgruppe der Durchgriffshaftung darstelle, rechtfertige den Durchgriff allein deswegen, weil eine „Beweislastumkehr" zu Lasten des Gesellschafters stattfinde[642]. Auch die *KBV*-Entscheidung habe einen Fall der Vermögensvermischung – und nicht den einer Schadensersatzhaftung aus existenzvernichtendem Eingriff – zum Gegenstand gehabt, da sich aus den tatsächlichen Feststellungen nicht mehr habe ermitteln lassen, ob gerade die gegen § 30 GmbHG verstoßenden Entnahmen der Gesellschafter die der Gläubigerbefriedigung gewidmete Vermögensmasse vernichtet hätten[643].

Dieser sehr schwer nachvollziehbare Ansatz stiftet Verwirrung in einem Stadium der Rechtsfortbildung, die durch die Aufgabe des qualifizierten faktischen Konzerns und der Entwicklung der Existenzvernichtungshaftung sich gerade dabei befindet, klar konturierte Haftungsstränge und -zusammenhänge zu erfahren. Die Entscheidungen zum qualifizierten faktischen Konzern zeichneten sich ganz überwiegend gerade dadurch aus, dass die gesetzlichen Kapitalerhaltungsregeln die von den Gesellschaftern verursachten Gläubigerschäden nicht auffangen konnten. Dieser Umstand wurde mit der fehlenden Möglichkeit des Einzelaus-

---

635 *Altmeppen*, ZIP 2002, S. 1553, 1561; *ders.*, ZIP 2001, S. 1837, 1841.
636 *Altmeppen*, ZIP 2002, S. 1553, 1558 f.
637 *Altmeppen*, aaO., 1559.
638 *Altmeppen*, aaO.
639 *Altmeppen*, aaO.
640 *Altmeppen*, aaO.
641 *Altmeppen*, aaO., 1558.
642 *Altmeppen*, aaO.
643 *Altmeppen*, aaO., 1559.

gleichs umschrieben und irrtümlicherweise verstanden als die Schwierigkeit, dass einzelne Eingriffe und und ihre Folgen nicht isolierbar seien. Nunmehr sollte sich jedoch als richtig erwiesen haben, dass dies nicht die entscheidende Problematik gewesen ist. *Altmeppen* schreitet jedoch zu dieser überkommenen Auffassung zurück, wenn er für die Fälle des Vermögensentzugs mit dem Argument, es könne in diesen Fällen der Eingriff und seine Folgen nicht genügend spezifiziert werden, stets den Fall einer Vermögensvermischung annehmen will. Schwierigkeiten der Darlegungs- und Beweislast treten nicht selten bei Schadensersatzansprüchen auf. Diesen kann jedoch hinreichend mit Hilfe der bereits oben[644] ausgeführten Beweiserleichterungsgrundsätze sowie der Schätzungsmöglichkeit nach § 287 ZPO begegnet werden. Aus welchem Grund in Fällen der Einlagenrückgewähr bzw. des Vermögensentzugs Probleme der Nachweisbarkeit zu einem Fall der Vermögensvermischung führen sollen, in Fällen anderweitiger Existenzvernichtung, die gleichermaßen mit Schwierigkeiten der genauen Bezifferbarkeit vom Ausmaß der Schädigung konfrontiert sein können, eine Schadensersatzhaftung gegenüber der GmbH heranzuziehen ist, bleibt im Dunkeln. Ebenso wenig verständlich ist, warum aufgrund einer „Beweislastumkehr" ausnahmsweise ein „Durchgriff" zu gestatten sei[645].

Die Haftung aus existenzvernichtendem Eingriff ist folglich mit dem Fall der Vermögensvermischung nicht, auch nicht teilweise, identisch[646]. Beide Institute haben vielmehr ihre eigenständige Geltungsberechtigung. Das eine behandelt die Verschleierung der Vermögensverhältnisse, die es faktisch unmöglich macht zu überprüfen, ob gegen die Kapitalerhaltungsvorschriften verstoßen worden ist. Das andere begegnet Vermögensschädigungen zu Lasten der Gläubiger, die von den gesetzlichen Stammkapitalvorschriften nicht erfasst werden.

II. Existenzvernichtungshaftung und materielle Unterkapitalisierung

Die wohl am meisten diskutierte und zugleich umstrittenste Fallgruppe der Durchgriffshaftung ist die der materiellen Unterkapitalisierung. Trotz gut vierzigjähriger Diskussion ist ein allgemeiner Haftungstatbestand der Unterkapitalisierung immer noch nicht gesichert sowie in Voraussetzungen und Rechtsfolgen

644 Kapitel 4 B) IV. 3.

645 Kritisch auch *Ulmer*, JZ 2002, S. 1049, 1050; *Lutter/Banerjea*, ZGR 2003, S. 402, 410; *Wilhelm*, NJW 2003, S. 175, 179 und dort Fn. 46; *Westermann*, NZG 2002, S. 1129, 1138.

646 Ungenau daher auch *Bruns*, WM 2003, S. 815, 823, der die Vermögensvermischung als Unterfall des existenzvernichtenden Eingriffs behandeln will.

nicht eindeutig präzisiert[647]. Auch die Rechtsprechung steht ihm sehr zurückhaltend gegenüber[648]. Sie weicht meist auf den Vorsatz verlangenden Deliktstatbestand des § 826 BGB aus[649] oder stellt fest, dass zur Annahme einer Haftung die Unterkapitalisierung allein noch nicht ausreiche, sondern zusätzliche Umstände hinzutreten müssten[650]. Nach der Lehre von der materiellen Unterkapitalisierung ergibt sich eine Einstandspflicht der Gesellschafter daraus, dass sie es unterlassen haben, die Gesellschaft mit hinreichendem Eigenkapital auszustatten. Eine Gesellschaft sei dann als unterkapitalisiert anzusehen, wenn das Eigenkapital nicht ausreiche, um den nach Art und Umfang der angestrebten oder tatsächlichen Geschäftstätigkeit unter Berücksichtigung der Finanzierungsmethoden bestehenden, nicht durch Kredite Dritter zu deckenden mittel- oder langfristigen Kapitalbedarf zu befriedigen[651]. Soweit das erforderliche Eigenkapital bereits bei Gründung der GmbH fehle, handele es sich um anfängliche Unterkapitalisierung[652]. Es sei aber auch denkbar, dass dieser Zustand erst später infolge von Verlusten, Entnahmen oder einer Erweiterung des Geschäftsumfangs eintrete[653]. Angesichts der Schwierigkeit, die angemessene Höhe des Eigenkapitals zu bestimmen, nimmt die weit überwiegende Ansicht der Befürworter dieses Tatbestandes eine persönliche Haftung der Gesellschafter erst bei qualifizierter Unterkapitalisierung an, d.h. wenn die finanzielle Ausstattung der Gesellschaft eindeutig und für Insider klar erkennbar unzureichend ist[654]. Hierbei sind Parallelen zur Existenzvernichtungshaftung gewiss nicht zu leugnen[655]: Auch das neue Haftungsinstitut zielt auf die Finanzierungsfolgeverantwortung der Gesellschafter ab. Es sanktioniert Gesellschaftermaßnahmen, die angesichts der gegenwärtigen und prognostizierten zu-

647 *Ehricke*, AcP 199 (1999), S. 257, 277. Vgl. weiter *Ulmer*, in: Hachenburg, aaO., Rn. 5 f., 35; *Bitter*, Konzernrechtliche Durchgriffshaftung bei Personengesellschaften, § 5 II, S. 110, 125; *Vonnemann*, GmbHR 1992, S. 77, 82; *Hueck/Windbichler*, Gesellschaftsrecht, § 36, Rn. 35; *K. Schmidt*, Gesellschaftsrecht, § 9 IV 4 c), S. 243; *ders.*, in: Die GmbH in Krise, Sanierung und Insolvenz, Rn. 56, 1945; *BAG*, ZIP 1999, S. 878, 879 f. = NJW 1999, S. 2299 f.

648 Vgl. *BGHZ* 22, 226, 231; *BGHZ* 31, 258, 270 = NJW 1960, S. 285, 287; *BGHZ* 68, 312, 316 ff. = NJW 1977, S. 1449, 1450 f. („*Fertighaus*“); *BGH*, NJW 1977, S. 1683, 1686; *OLG Hamm*, BB 1984, S. 873 f.

649 Vgl. *BGH*, NJW 1979, S. 2104 („*PS-Bau*“); *BGH*, WM 1995, S. 396, 398.

650 Vgl. *BGHZ* 68, 321 f. = NJW 1977, S. 1449, 1451 („*Fertighaus*“); *BAG*, ZIP 1999, S. 24, 26 = NJW 1999, S. 740, 741; *BAG*, ZIP 1999, S. 878, 879 f. = NJW 1999, S. 2299.

651 *Ulmer*, in: Hachenburg, GmbHG, Anh § 30, Rn. 16.

652 Scholz-*Emmerich*, GmbHG, § 13, Rn. 83.

653 Scholz-*Emmerich*, aaO.; *Ulmer*, in: Hachenburg, aaO., Rn. 22.

654 *Ulmer*, in: Hachenburg, aaO., Rn. 18, 23.

655 Vgl. auch *Priester*, ZGR 1993, S. 512, 526; *Burgard*, WuB II C. § 13 GmbHG 1.02, S. 149, 153; *K. Schmidt*, NJW 2001, 3577, 3580.

künftigen Finanzlage in evidenter Weise die Zahlungsunfähigkeit oder Überschuldung der Gesellschaft herbeiführen und einen Ausfallschaden der Gläubiger bewirken. Der wesentliche Kern des verfolgten Gläubigerschutzes liegt bei beiden Haftungskonzepten in dem Gedanken, dass die Rechtsform der GmbH zwar den Gesellschaftern die Möglichkeit geben soll, die Risiken ihrer Geschäftstätigkeit überschaubar zu halten und den Zugriff der Gläubiger auf das Gesellschaftsvermögen zu begrenzen, andererseits jedoch keine einseitige Risikoverlagerung auf Kosten der Gläubiger zuzulassen[656]. Den Gläubigern fehlt es an einem geeigneten Schutzinstrumentarium, da die §§ 30 ff. GmbHG nicht immer gegen eine Aushöhlung des Gesellschaftsvermögens schützen[657].

Die Haftung aus existenzvernichtendem Eingriff geht jedoch an die Problematik mit anderer Akzentsetzung und unter einer anderen Fragestellung heran. Gefragt wird nicht danach, ob die GmbH mit genügend bzw. offensichtlich zu wenig Stammkapital ausgestattet ist. Die Kapitalausstattung an sich wird nicht zum Vorwurf gemacht. Vielmehr ist von Bedeutung, ob das so und nicht anders vorhandene Vermögen in einer mit den Mindestgrundsätzen kaufmännischer Sorgfalt vereinbaren Weise eingesetzt worden ist. Das zur Befriedigung der Gläubiger vorhandene Gesellschaftsvermögen darf nicht infolge von grob sorgfaltswidrigen Maßnahmen vernichtet werden. Angeknüpft wird an ein an kaufmännischen Standards zu messendes *Verhalten* des Gesellschafters und nicht an den Umstand der „missbräuchlichen Kapitalausstattung“[658]. Dadurch werden die wirklichen Ursachen der Insolvenz zur Haftungsgrundlage genommen. Die (nachträgliche) qualifizierte materielle Unterkapitalisierung ist nämlich meist kaum von den Insolvenzeröffnungstatbeständen unterscheidbar[659]. Sie ist weniger die Ursache des späteren Zusammenbruchs der Gesellschaft, sondern selbst Folge einer oder mehrerer Maßnahmen, die möglicherweise die eingeräumte unternehmerische Dispositionsfreiheit überschritten haben. Ist andererseits die Gesellschaft zwar für ihre aktuelle Geschäftstätigkeit „ausreichend kapitalisiert“, ver-

656 Hinsichtlich der Existenzvernichtungshaftung siehe oben, Kapitel 4 A); hinsichtlich der materiellen Unterkapitalisierung siehe *Ulmer*, in: Hachenburg, GmbHG, Anh § 30, Rn. 11; *Banerjea*, ZIP 1999, S. 1153, 1161; *Bitter*, Konzernrechtliche Durchgriffshaftung bei Personengesellschaften, § 16 IV 3 b) bb) ccc), S. 542 f; Rowedder-*Koppensteiner*, GmbHG, § 43, Rn. 71.

657 Vgl. auch *Ulmer*, JZ 2002, S. 1049; *Fleck*, ZGR 1990, S. 31, 40.

658 Treffend *Altmeppen*, ZIP 2001, S. 1837, 1846; *ders.*, in: Roth/Altmeppen, GmbHG, § 13, Rn. 120. Dagegen *Bitter*, Konzernrechtliche Durchgriffshaftung bei Personengesellschaften, § 16 IV 4 b), S. 554: „[...] Anknüpfungspunkt der Haftung wiederum nicht die konkrete Einzelmaßnahme als solche ist, die [...] zur Übertragung besonderer Risiken auf die abhängige Gesellschaft geführt hat, sondern der Zustand der Unterkapitalisierung.“

659 Siehe *Haas*, Geschäftsführerhaftung und Gläubigerschutz, S. 149.

fügt sie aber nicht über „ausreichend“ Eigenkapital für die geplanten neuen Geschäftsaktivitäten, so ist nicht verständlich, warum an der Eigenkapitalstruktur, nicht aber an der wahren Ursache, nämlich eine die Liquiditäts- und Nettovermögensprüfung missachtende Einflussnahme auf das Gesellschaftsvermögen, etwa in Form der Begründung neuer Verbindlichkeiten, angeknüpft wird[660].

Die Existenzvernichtungshaftung vermag scharfe Tatbestandsmerkmale und Rechtsfolgen aufzustellen, ohne sich dem Einwand auszusetzen, nach der ausdrücklichen gesetzlichen Entscheidung in § 5 GmbHG sei nur die Aufbringung eines Mindeststammkapitals vorgeschrieben und keine individuell nach Art und Umfang der Geschäftstätigkeit differierende Gesellschaftereinlage, bzw. sei es betriebswirtschaftlich kaum möglich, objektivierbare und der Rechtssicherheit genügende Kriterien für die Ermittlung des Kapitalbedarfs einer Gesellschaft zu entwickeln. Die in Betracht kommenden Anwendungsfelder gebotener Gesellschafterhaftung für sorgfaltswidriges Verhalten sind zu vielfältig, als dass sie auf die Frage genügend vorhandenen Eigenkapitals reduziert werden könnten. So wären etwa in den oben näher diskutierten Fallgruppen des Ressourcenabzugs oder des Liquiditätsentzugs der Kern des dem Gesellschafter zu machenden Vorwurfs nicht hinreichend getroffen und die Besonderheiten des Falles nicht hinreichend berücksichtigt, wollte man auf eine missbräuchliche Kapitalausstattung abstellen. Die neue Haftung ist aufgrund der verschobenen Akzentsetzung und anderen Fragestellung in der Lage, die vielschichtigen Möglichkeiten zur Aushöhlung des Gesellschaftsvermögens allesamt überzeugend zu erfassen.

Schließlich macht die Existenzvernichtungshaftung im Unterschied zum Durchgriffstatbestand der Unterkapitalisierung die Haftung nicht von *unterlassener* Zufuhr von Liquidität abhängig. Vielmehr kommt zutreffenderweise im Einklang mit dem Organisationsrecht der GmbH die Haftung nur im Falle von konkreten „Eingriffen“ in das Gesellschaftsvermögen, d.h. von positivem Tun in Betracht[661]. Hierzu zählt aber nicht nur die Entziehung von Vermögenswerten, sondern gleichsam das unverantwortliche Eingehen von Risiken sowie die – punktuelle oder breitflächige – (sorgfaltswidrige) Begründung von Verbindlichkeiten, die angesichts des gegenwärtigen und zu erwartenden zukünftigen Geschäftsverlaufs offensichtlich nicht befriedigt werden können und infolge von Überschuldung das bestehende Gesellschaftsvermögen ruinieren. Ein ausreichender Schutz ist daher gewährleistet[662]. Der neuen Haftung aus existenzvernichtendem Eingriff ist also der Durchbruch gelungen, den unzulänglichen Tatbestand der materiellen

660 Vgl. *Haas*, aaO., 150, der auf eine „Wirtschaftlichkeits- und Rentabilitätsprüfung“ abstellt.

661 Fehlgehend daher *Wiedemann*, ZGR 2003, S. 283, 295.

662 Unbegründet sind daher die Bedenken von *K. Schmidt*, in: Insolvenzrecht 2003, S. 19, 30 f.

Unterkapitalisierung abzulösen und den gebotenen Gläubigerschutz durch ein hinreichend differenziertes und auf das notwendige Maß begrenztes Haftungskonzept zu erreichen[663].

III. Existenzvernichtungshaftung und Institutsmissbrauch

Als dritte Fallgruppe der Durchgriffshaftung wird die des Institutsmissbrauchs diskutiert[664]. Voraussetzung sei, dass gesetzliche Gestaltungsmöglichkeiten formal korrekt, d.h. unter Beachtung der gesetzlichen Voraussetzungen und Grenzen ausgeübt, mit deren Verwendung jedoch rechtswidrige Ziele verfolgt bzw. andere treuwidrig geschädigt werden[665]. Es wird eine zweck- und funktionswidrige Ausnutzung des Haftungsprivilegs verlangt. Der Institutsmissbrauch sei als Auffangtatbestand zu verstehen, der eingreife, wenn keine Unterkapitalisierung vorliege und auch keine Vermögensvermischung stattgefunden habe, dennoch aber die Verwendung der juristischen Person und die mit ihr verbundene Haftungsbegrenzung missbräuchlich erscheine[666]. Nun ist jedoch Grund der früh ins Leben gerufenen Durchgriffshaftung bzw. des für notwendig gehaltenen ergänzenden Gläubigerschutzes stets der zweckwidrige Gebrauch und Einsatz der Gesellschaft mit beschränkter Haftung gewesen. Alle bisher diskutierten Durchgriffsfallgruppen zeichnen sich durch Missbrauchselemente aus. Auch im Rahmen des qualifizierten faktischen Konzerns wurde der nicht hinnehmbare Missbrauch der beherrschenden Gesellschafterstellung zur Begründung der Haftung angeführt[667]. Genauso verhält es sich in den jüngsten Entscheidungen zu dem neuen Haftungsinstitut aus existenzvernichtendem Eingriff[668]. Mit der Bildung der eigenständigen Fallgruppe „Institutsmissbrauch" ist daher wenig gewonnen. Sie gibt keinen näheren Aufschluss über die konkreten Tatbestandsmerkmale der Haftung und trägt zur Rechtsunsicherheit bei. Nicht zuletzt deshalb wird darauf hingewiesen, dass eine abschließende Beschreibung nicht möglich sei und nur Beispiele aufgezählt werden könnten[669]. Dabei wird meist die Konstruktion von Geschäftsverhältnis-

663 Anders *Bitter*, WM 2001, S. 2133, 2137; *ders.*, Konzernrechtliche Durchgriffshaftung bei Personengesellschaften, § 16 IV 3 b) bb) ccc), S. 541; *Schön*, ZHR 168 (2004), S. 268, 290.

664 Vgl. dazu *Lutter*, ZGR 1982, S. 244, 252 f.; *Stimpel*, in: Festschrift Goerdeler, S. 601, 610 ff.; *Ehricke*, AcP 199 (1999), S. 257, 301 ff.; *Rehbinder*, in: Festschrift Robert Fischer, S. 579, 583 f.

665 *Wiedemann*, Gesellschaftsrecht, Band I, § 4 III 1 d), S. 227.

666 *Lutter*, aaO., 252.

667 Vgl. *BGHZ* 122, 123, 130 („*TBB*"). Siehe auch *Wiedemann*, ZGR 1986, S. 656, 658.

668 Vgl. *BGH*, ZIP 2002, S. 1578, 1580 („*KBV*").

669 *Wiedemann*, Gesellschaftsrecht, Band I, § 4 III 1 d), S. 228.

sen genannt, bei der die schlechten Risiken ins „Kröpfchen" der GmbH, die guten Risiken dagegen ins „Töpfchen" der Gesellschafter gelangen[670]. Ein solcher Sachverhalt führe bereits rein objektiv zur Haftung, da es einen Missbrauch der Risikotrennung darstelle. Mithin geht es um das Erfassen solcher Fälle, die sich durch eine unzulässige Risikoverlagerung zu Lasten der Gläubiger auszeichnen. Hierfür steht aber gerade die neue Rechtsfortbildung zur Haftung aus existenzvernichtendem Eingriff mit ihren hier näher entwickelten, differenzierten Voraussetzungen und Rechtsfolgen zur Verfügung. So wurde etwa der Fall der „Aschenputtel-GmbH" an früherer Stelle der Arbeit als eine Fallgruppe des neuen Haftungsinstituts ausdrücklich behandelt[671]. Folglich kann auch die Durchgriffsfallgruppe des „Institutsmissbrauch" als von der Haftung aus existenzvernichtendem Eingriff überholt bezeichnet werden[672]. Letzteres bietet ein überzeugendes, differenziertes Konzept zur Bewältigung sämtlicher „Missbrauchsfälle".

B) Auswirkung auf die Geschäftsführerhaftung

Die Haftung des Geschäftsführers gegenüber der Gesellschaft ist in § 43 GmbHG geregelt. § 43 Abs. 1 GmbHG verlangt vom Geschäftsführer, in Angelegenheiten der Gesellschaft den Sorgfaltsmaßstab eines ordentlichen Geschäftsmannes anzuwenden, Abs. 2 normiert für den Fall der Obliegenheitsverletzung eine Schadensersatzhaftung. Diese gesetzlich vorgeschriebene Bindung des Geschäftsführers wird jedoch überlagert von der Folgepflicht gegenüber den Beschlüssen der Gesellschafterversammlung. Der Geschäftsführer ist gemäß § 37 Abs. 1, Alt. 2 GmbHG verpflichtet, vorrangig nach den Weisungen der Gesellschafter zu handeln. Soweit der Alleingesellschafter bzw. in der Mehrpersonengesellschaft der ordnungsgemäß gefasste Gesellschafterbeschluss den Geschäftsführer zur Ausführung eines bestimmten Geschäftes anweist, kann der Geschäftsführer sich der Weisung auch dann nicht widersetzen, wenn sie möglicherweise nicht mit den Sorgfaltspflichten eines ordentlichen Geschäftsmannes vereinbar ist und das Gesellschaftsvermögen schädigt[673]. Im Gegenzug ist der Geschäftsführer jedoch von

670 *Lutter*, aaO., 253. Siehe auch *Ehricke*, aaO., 301; Rowedder-*Pentz*, GmbHG, § 13, Rn. 132.

671 Vgl. oben Kapitel 4 C) I. 3 c).

672 *OLG Jena*, ZIP 2002, S. 631, 633 f. stellt dagegen die Fallgruppe des Rechtsformmissbrauchs noch selbständig neben die Existenzvernichtungshaftung, räumt aber zumindest ein, dass die neue Haftung mit dem Rechtsformmissbrauch regelmäßig einhergeht.

673 Vgl. *Fleck*, ZHR 149 (1985), S. 387, 408; *Zöllner*, in: Baumbach/Hueck, GmbHG, § 43, Rn. 28; *Ebert*, GmbHR 2003, S. 444, 446; *BGHZ* 76, 154, 159.

Haftungsansprüchen der GmbH befreit[674]. Das umfassende Weisungsrecht der Gesellschafter findet erst dort eine Grenze, wo es auf zwingende gesetzliche Regelungen trifft. Hierzu gehören insbesondere die Kapitalerhaltungsvorschriften gemäß §§ 30, 31, 33 GmbHG und die Insolvenzantragspflicht gemäß § 64 GmbHG[675]. So bestimmt § 43 Abs. 3 GmbHG ausdrücklich, dass bei gegen § 30 GmbHG verstoßenden Entnahmen, soweit der Ersatz zur Gläubigerbefriedigung erforderlich ist, die Verpflichtung der Geschäftsführer dadurch nicht aufgehoben wird, dass sie in Befolgung eines Gesellschafterbeschlusses gehandelt haben. Erschöpft sich nun der gebotene Gläubigerschutz nicht in den Stammkapitalerhaltungsvorschriften, sondern erfährt er eine Ergänzung durch die Haftung für existenzvernichtende Eingriffe, so ergibt sich daraus die Konsequenz, dass die Folgepflicht der Geschäftsführer auch insoweit eine absolute Grenze findet. Führt der Geschäftsführer existenzvernichtende Weisungen aus, haftet er gemäß § 43 Abs. 2 GmbHG[676]. Erst recht unterliegt er einer Schadensersatzpflicht, wenn er solche Eingriffe eigenständig, ohne Vorliegen einer entsprechenden Gesellschafterweisung vornimmt.

Die Höhe des Anspruchs bemisst sich wie bei der Gesellschafterhaftung nach dem verursachten Ausfallschaden der Gläubiger. Haben Gesellschafter und Geschäftsführer zusammen gewirkt, so ist eine gesamtschuldnerische Haftung anzunehmen. *Lutter/Banerjea*[677] sind der Auffassung, es müsse für die Fälle, in denen sich die GmbH bereits vor dem Eingriff in einer Krise befand und sich der Ausfallschaden der Gläubiger teilweise aufgrund externer Umstände verwirklicht hat, dergestalt differenziert werden, als die gesamtschuldnerische Haftung der Geschäftsführer auf den Existenzvernichtungsschaden, die Insolvenzvertiefung, zu beschränken ist, während die Gesellschafter unbeschränkt haften. Sie verhehlen dabei nicht, dass der Gläubiger bei Inanspruchnahme des Geschäftsführers dann wieder genau auf das Problem stoßen wird, aufgrund dessen die Existenzvernichtungshaftung der Gesellschafter als unbeschränkte Durchgriffshaftung ausgestaltet worden ist, nämlich auf das der genauen Bemessung des verursachten Schadens[678]. Diese Problematik wird aber von ihnen relativiert, indem sie darauf hin-

---

674 *BGHZ* 31, 258, 278; 119, 257, 261 („*Bildzeichen*"); 122, 333, 336; *Fleck*, aaO., 410 f.; *Ebenroth/Lange*, GmbHR 1992, S. 69, 73; Michalski-*Haas*, GmbHG, § 43, Rn. 182; Rowedder-*Koppensteiner*, GmbHG, § 43, Rn. 28; *Marsch-Barner/Diekmann*, in: Münchener Handbuch des Gesellschaftsrechts, Band 3, § 46, Rn. 32; *Haas*, WM 2003, S. 1929.

675 Weitere zwingende Regelungen stellen die Pflicht zur Handelsregisteranmeldung, §§ 7, 8, 9a, 9b, 39, 40, 54, 57, 58, 65, 67, 78 GmbHG, die Pflicht zur ordnungsmäßigen Buchführung und Bilanzierung, §§ 41, 42 GmbHG, sowie §§ 134, 138 BGB dar.

676 A.A. ohne überzeugende Begründung *Bruns*, NZG 2004, S. 409, 410.

677 ZIP 2003, S. 2177, 2178, 2180.

678 *Lutter/Banerjea*, aaO., 2180.

weisen, der einzelne Gläubiger werde sich oftmals mit dem Beweis helfen können, dass der Existenzvernichtungsschaden der Gesellschaft jedenfalls mindestens die Höhe seiner ausgefallenen Forderung abdecke. Für den Insolvenzverwalter werde die Frage aufgrund seines besseren Einblicks in die Vermögensverhältnisse der Gesellschaft ohnehin nicht ganz so schwierig sein. *Lutter/Banerjea* geben also an dieser Stelle ihren eigenen Ansatz und ihre Kritik am Innenhaftungskonzept auf, und müssen gewisse Inkongruenzen ihres Konzepts einräumen. Hieran zeigt sich einmal mehr die Vorzugswürdigkeit des hier vertretenen Verschuldenshaftungsmodells. Indem es sich in ein geschlossenes Haftungssystem mit klaren Tatbestandsmerkmalen einordnet, ist es in der Lage, die diversen Fallkonstellationen stringent zu lösen. Die Anspruchshöhe gegen den Geschäftsführer und den Gesellschafter orientiert sich demgemäß einheitlich nach dem kausal durch den existenzvernichtenden Eingriff verursachten Schaden. Auch vermeidet das hier vertretene Konzept eine Divergenz zwischen dem Innencharakter des Geschäftsführeranspruchs und dem Durchgriffscharakter des Gesellschafteranspruchs, indem es beide Ansprüche als solche der GmbH behandelt[679].

Was schließlich den zwischen Geschäftsführer und Gesellschafter abzuwickelnden Innenausgleich betrifft, so hat dieser nach § 426 BGB zu erfolgen. Dabei bestimmt Abs. 1, S. 1, dass die Gesamtschuldner im Verhältnis zueinander zu gleichen Anteilen verpflichtet sind, soweit nicht ein anderes bestimmt ist. Inwieweit von der Hilfsregel abgewichen werden kann, hängt insbesondere von den Eigenheiten des Einzelfalles ab. Stets die Haftung im Innenverhältnis in voller Höhe den Gesellschaftern zuzuweisen, erscheint nicht gerechtfertigt[680]. Zwar spielt es auch eine Rolle, ob einer der Beteiligten durch den Eingriff einen Vermögensvorteil erlangt hat, etwa im Falle des insolvenzverursachenden Abzugs von Ressourcen in das Privat- oder anderweitige Gesellschaftsvermögen des Gesellschafters. Zu berücksichtigen ist aber in erster Linie, dass es sich bei der Existenzvernichtungshaftung um einen Schadensersatzanspruch und nicht um einen Anspruch auf Rückgewähr von zu Unrecht Erlangtem handelt. Gesellschafter und Geschäftsführer haften für die durch den Eingriff verursachten Folgeschäden, die durch Rückerstattungsansprüche nicht kompensiert werden. Die Haftung ist unabhängig davon, ob der Handelnde etwas erlangt hat. Der Vorwurf an den Geschäftsführer lautet, dass er eine wesentliche Verletzung seiner originären Pflichten als Organ der GmbH begangen und dadurch Gläubigerschäden verursacht hat. Zudem beschränkt sich der existenzvernichtende Eingriff nicht auf Entzug und Übertragung von Gesellschaftsvermögen. Erfasst werden gleichermaßen solche Einflussnahmen, die allein eine Schädigung des Gesellschaftsvermögens zur Fol-

679 Anders aber *Lutter/Banerjea*, aaO.
680 So aber *Lutter/Banerjea*, aaO., 2179 f.

ge haben, wie z. B. das spekulative Eingehen von Risikogeschäften. Im Vordergrund steht daher für den Innenausgleich wie auch sonst bei Schadensersatzansprüchen[681] das Maß der Verursachungsbeiträge und das Verschulden der einzelnen Beteiligten an dem eingetretenen Schaden.

Die Geschäftsführer haften also zwingend gemäß § 43 Abs. 2 GmbHG, wenn sie existenzvernichtende Weisungen des Gesellschafters ausführen oder solche Eingriffe aufgrund eigenständigen Entschlusses vornehmen. Die für die Gesellschafter entwickelten Grundsätze der Existenzvernichtungshaftung sind dabei auf das Handeln der Geschäftsführer entsprechend anwendbar. Jedoch kann darüber hinaus die Geschäftsführer – im Unterschied zu den Gesellschaftern – aufgrund ihrer Stellung als Organ der GmbH und ihrer besonders kodifizierten Pflichten eine Existenzvernichtungshaftung wegen grob sorgfaltswidrigen *Unterlassens* gefahrenabwendender Maßnahmen treffen. Ist infolge externer Umstände die Fähigkeit der Gesellschaft zur Bedienung ihrer Verbindlichkeiten bedroht und gebieten Mindestgrundsätze kaufmännischer Sorgfalt die Einleitung von bestimmten Maßnahmen zur Abwehr des wirtschaftlichen Zusammenbruchs der GmbH, so hat der Geschäftsführer seine originären, undisponiblen Pflichten bei Untätigbleiben verletzt. Dasselbe gilt, wenn der Geschäftsführer gegenüber existenzvernichtenden Eingriffen der Gesellschafter untätig bleibt. Dies hat besondere Bedeutung für den Fall, dass der Geschäftsführer gleichzeitig eine Gesellschafterposition inne hat, ihn in dieser Rolle jedoch aufgrund seiner Passivität und des fehlenden Einflusses keine Haftung trifft. Eine solche Konstellation lag einer Entscheidung des *BGH*[682] aus dem Jahre 1994 zugrunde. Die Beklagte war Minderheitsgesellschafterin und alleinige Geschäftsführerin der GmbH, sollte aber in ihrer „Hausfrauenrolle“[683] von vornherein in der Gesellschaft nichts zu sagen haben. Die Geschäfte schloss der Ehemann, der Einzelprokura hatte und Mehrheitsgesellschafter war. Ihm wurden unerlaubte Entnahmen und fehlende Abgrenzung zwischen Gesellschafts- und Privatvermögen vorgeworfen. Eine Mitwirkung der Ehefrau daran konnte nicht substanziiert dargelegt werden. Der *BGH* lehnte eine Haftung der geschäftsführenden Minderheitsgesellschafterin aufgrund ihres fehlenden Einflusses ab. Auch könne ihre Stellung als Geschäftsführerin und die damit verbundene rechtliche Möglichkeit und Verpflichtung, für einen gesetzmäßigen Zustand zu sorgen, ihre Verantwortlichkeit als Gesellschafterin nicht begründen[684]. Die Befugnis, die Geschäfte der GmbH zu führen, gebe einem Minderheitsgesellschafter keine beherrschende Stellung in der Gesellschaft,

681 Vgl. dazu Erman-*Ehmann*, BGB, Band I, § 426, Rn. 9, 54; Palandt-*Heinrichs*, BGB, § 426, Rn. 10.
682 ZIP 1994, S. 867.
683 *BGH*, aaO, 868.
684 *BGH*, aaO., 868.

denn er sei von den Weisungen der Gesellschaftermehrheit abhängig. Da die Entscheidung die persönliche, unmittelbare Haftung von Gesellschaftern wegen Vermögensvermischung betraf, blieb offen, ob nicht trotz der fehlenden Haftung als Gesellschafter eine Innenhaftung als Geschäftsführer gemäß § 43 Abs. 2 GmbHG angenommen werden konnte. Zu Recht hat *K. Schmidt*[685] auf eine solche notwendige Differenzierung hingewiesen. Wer sich als Gesellschafter einer GmbH aktiver Einflussnahme enthalte und Schädigungen der Gesellschaft lediglich in Kauf nehme, hafte nicht als Gesellschafter. Unabhängig davon bleibe aber Raum für eine Haftung aufgrund der Geschäftsführerstellung. Der Rückzug in die Passivität gewährleiste noch keine Freistellung von den Geschäftsführerpflichten. Auch die fehlende Einflussmöglichkeit könne nicht vor der durch Übernahme des Geschäftsführeramts begründeten Verantwortlichkeit bewahren. Soweit also der (Mehrheits-) Gesellschafter die Grenzen seiner Dispositionsbefugnis überschreitet, kann der Geschäftsführer nicht mehr geltend machen, der Gesellschafter habe die übergeordnete Kompetenz über die Angelegenheiten der Gesellschaft und er sei dem unterworfen. In diesem Sinne hat auch der *BGH*[686] jüngst in einem Fall entschieden, der einen Verstoß gegen die Kapitalerhaltungsvorschriften zum Gegenstand hatte. Dasselbe trifft auf undisponible, grob sorgfaltswidrige Pflichtverletzungen zu, die die Gesellschaft in den wirtschaftlichen Ruin treiben.

C) Die Existenzvernichtungshaftung unter europarechtlichen Aspekten

Die neue Rechtsfortbildung, verstanden als Insolvenz*verursachungs*haftung, ist neben der bereits anerkannten Haftung wegen Insolvenzverschleppung gemäß §§ 64 Abs. 1 GmbHG, 823 Abs. 2 BGB ein weiterer wesentlicher Beitrag zu einem verbesserten Insolvenzschutz der Gläubiger. Der entscheidende Aspekt liegt hierbei darin, dass die Haftung an einen Tatbestand *vor* Eintritt der Insolvenzreife der Gesellschaft anknüpft. Die Zahlungsunfähigkeit bzw. Überschuldung stellen das letzte Stadium des wirtschaftlichen Zusammenbruchs der GmbH dar. Selbst bei einem sofort gestellten Insolvenzantrag mit anschließendem Insolvenzverfahren entstehen in den allermeisten Fällen Kosten und Verluste, die eine vollständige oder auch nur annähernd vollständige Befriedigung der Gläubiger unmöglich machen[687]. Es ist daher von außerordentlicher Bedeutung und gilt als besonderes Verdienst der Haftung aus existenzvernichtendem Eingriff, dass nunmehr bereits die weiter in der Vergangenheit liegenden Ursachen der Insol-

685 ZIP 1994, S. 837, 843.
686 NZG 2004, S. 233, 235.
687 Siehe bereits oben, Kapitel 3 A) III.

venz unter Sanktion gestellt werden. In diesem Zusammenhang spielen auch die Bemühungen um eine Harmonisierung der Gesellschaftsrechte der Mitgliedstaaten der EU eine Rolle. Wenn auch nicht zwingend eine vollständige Angleichung zu schaffen ist, so sind doch europäische Mindestregeln, ein „equal legal playing field“[688], notwendig, um eine Behinderung der Unternehmen aus den verschiedenen Mitgliedstaaten im Binnenmarkt zu vermeiden. Anzustreben ist eine Kernbereichsharmonisierung, die Marktzutrittsschranken verhindert, aber ansonsten genügend Raum für den Standortwettbewerb der einzelnen Länder lässt[689]. Das *Forum Europaeum Konzernrecht*[690] sowie die im Jahre 2001 von der Europäischen Kommission eingesetzte *High Level Group of Company Law Experts*[691] haben insoweit Vorschläge erarbeitet, um die Entwicklung des europäischen Gesellschaftsrechts voranzubringen.

Vom *Forum Europaeum Konzernrecht*[692] wurde unter anderem Bezug genommen auf all jene Rechtsordnungen, die die Geschäftsleitungen schon mit Kriseneintritt besonderen Verhaltenspflichten unterwerfen, also mit ihrem Regelungsprogramm nicht bis zum Eintritt der Insolvenzreife zuwarten, und dadurch darauf hinwirken, dass nicht auf Kosten der Gläubiger fortgewirtschaftet wird bzw. möglichst eine frühzeitige und daher erfolgsversprechende Sanierung in Angriff genommen wird. So sieht etwa die im britischen Recht verankerte Haftung wegen *wrongful trading*[693] für den Zeitpunkt, in dem keine vernünftigen Aussichten mehr bestehen, die Auflösung der Gesellschaft zu vermeiden, die Verpflichtung jedes einzelnen Geschäftsführers vor, alles Erdenkliche zu unternehmen, um den möglichen Verlust für die Gläubiger der Gesellschaft so gering wie möglich zu halten. Dieser als Innenhaftung zu verstehende Tatbestand kommt allerdings erst dann zur Anwendung, wenn die Gesellschaft tatsächlich wegen Überschuldung oder Zahlungsunfähigkeit aufgelöst wird. Weiterhin muss der in Anspruch genommene Geschäftsführer subjektiv die Unvermeidbarkeit der Insolvenz vorhergesehen haben oder zumindest vorhergesehen haben können[694]. Als Rechtsfolge sieht das britische Recht den Ersatz jener Gläubigerschäden vor, die durch das pflichtwidrige Fehlverhalten des Geschäftsführers entstanden sind,

688 *Forum Europaeum Konzernrecht*, ZGR 1998, S. 672, 686.

689 *Forum Europaeum Konzernrecht*, aaO., 687.

690 AaO., 672 ff.

691 Siehe *Report of the High Level Group of Company Law Experts on a modern regulatory framework for Company Law in Europe*, Brussels, November 4, 2002.

692 AaO., 752 ff.

693 Sec. 214 Insolvency Act 1986. Siehe dazu *Wolf*, Konzernhaftung in Frankreich und England, S. 105 ff.; *Zimmer*, Internationales Gesellschaftsrecht, S. 285 ff.; *Fleischer*, AG 1999, S. 350, 355 ff.; *Hadden*, in: Das Gesellschaftsrecht der Konzerne im internationalen Vergleich, S. 329, 335 f.

694 Sec. 214 (4) Insolvency Act 1986. Siehe *Fleischer*, aaO., 358.

wobei über den Umfang dieses Schadensersatzanspruches die Gerichte nach freiem Ermessen entscheiden. Eine Differenzierung nach Alt- und Neugläubigern kommt dabei durchaus in Betracht. Der entscheidende Unterschied zu der im deutschen Recht geltenden Haftung wegen Insolvenzverschleppung liegt darin, dass der Anspruch wegen *wrongful trading* an den Zeitraum vor der Insolvenzreife der Gesellschaft anknüpft. Auch die französische[695] und belgische[696] *action en comblement du passif*[697] sehen eine Erweiterung des Insolvenzschutzes vor. Sie greifen sogar über das britische Recht hinaus, da sie jedes schuldhafte Fehlverhalten des Geschäftsführers sanktionieren, das für die Insolvenz der Gesellschaft und somit für den Forderungsausfall der Gläubiger zumindest mitursächlich war. Eine Haftung kann also auch durch ein vor Eintritt der Gesellschaftskrise liegendes sorgfaltswidriges Verhalten ausgelöst werden. In Anlehnung an diese Haftungskonzepte, besonders des englischen, hat das *Forum Europaeum*[698] Vorschläge für ein europäisches Konzernhaftungsrecht unterbreitet. Die in der vorliegenden Untersuchung näher entwickelten Voraussetzungen und Rechtsfolgen der Haftung aus existenzvernichtendem Eingriff, die gleichermaßen für die Geschäftsführer der GmbH gelten, weisen nun in erheblichem Maße Parallelen zu diesen Konzepten und Harmonisierungsvorschlägen auf. Zur Vermeidung von Wiederholungen seien hierzu nur stichwortartig das Anknüpfen an bereits vor Insolvenzreife liegende Ursachen, das vorausgesetzte Verschulden, die angenommene Innenhaftung, die Begrenzung der Haftung auf kausal herbeigeführte Schäden sowie die Möglichkeit der Schadensschätzung durch das Gericht genannt. Die neue Rechtsfortbildung passt sich daher gut in die Anstrengungen zur Entwicklung des europäischen Gesellschaftsrechts ein und bietet darüber hinaus eine denkbare Weiterentwicklung der Harmonisierungsvorschläge, indem es wie das französische und belgische Konzept auch schädigende, folgenreiche Maßnahmen fernab der Gesellschaftskrise zu ahnden vermag[699].

Auch die *High Level Group of Company Law Experts* schlägt in Anbetracht dessen, dass bei einer Insolvenz des Unternehmens die Verantwortung der Direktoren am stärksten vor der Zahlungsunfähigkeit selbst zum Tragen komme und dies ein zentrales Element der Unternehmensführung und -kontrolle darstelle, eine Vorverlagerung des Insolvenzschutzes nach Vorbild des britischen *wrongful trading* bzw. des französischen und belgischen *action en comblement du passif*

---

695 Art. 182 des Gesetzes Nr. 85-98 vom 25.01.1985.

696 Artt. 63ter und 133bis L.C.S.

697 Vgl. dazu *Schanze*, in: Das Gesellschaftsrecht der Konzerne im internationalen Vergleich, S. 473, 491, 495.

698 AaO., 760.

699 Auch *Fleischer*, aaO., 360, hält solche Konzepte für vorzugswürdig, die Maßnahmen bereits im Vorfeld der Unternehmenskrise zu erfassen imstande sind.

vor[700]. Darüber hinaus kommt die Gruppe in Übereinstimmung mit der Mehrheit der von ihr Befragten zu dem Ergebnis, dass die Regelungen zur Kapitalerhaltung zum Zwecke des Gläubigerschutzes nicht besonders wirkungsvoll seien[701]. Sie böten nur geringen Schutz, da das Unternehmen ungeachtet seiner Zahlungsfähigkeit großen Spielraum bei der Durchführung von Auszahlungen habe[702]. In den Stellungnahmen zum Konsultationspapier der Gruppe sei das Konzept allgemein unterstützt worden, vom derzeitigen System des Garantiekapitals abzugehen und ein neues System zu erarbeiten, das in den Aufbau des europäischen Gesellschaftsrechts passe[703]. Dieser neue Mechanismus, der nicht unbedingt das derzeitige auf Kapitalerhaltung beruhende System ersetzen solle, sondern als frei wählbare Alternative verstanden werden könne, funktioniere dergestalt, dass jeder Ausschüttung von Dividenden oder anderen Zahlungen eine angemessene Solvenzprüfung vorauszugehen habe[704]. Es sei stets die Zahlungsfähigkeit des Unternehmens sicher zu stellen. Auch vor dem Hintergrund dieser Vorschläge zur Modernisierung des Gesellschaftsrechts, die die Schadensersatzhaftung quasi von der angemessenen Rücksichtnahme auf die Fähigkeit der Gesellschaft, ihre Gläubiger zu befriedigen, abhängig machen, und zwar ungeachtet dessen, ob die Gesellschaft bereits in die Krise geraten ist, ist die Haftung aus existenzvernichtendem Eingriff zu begrüßen. Zudem gewährleistet die neue Rechtsfortbildung einen noch umfassenderen Gläubigerschutz, indem es nicht nur Vermögensausschüttungen, sondern jede Art von direkter oder indirekter sorgfaltswidriger Einflussnahme auf das Gesellschaftsvermögen mit der Folge der Insolvenz der Gesellschaft erfasst.

Die zu beobachtende neuere Tendenz im Gesellschaftsrecht, eine Wende dahin gehend vorzunehmen, auf ein gesetzlich garantiertes Stammkapital zu verzichten und statt dessen den Gläubigerschutz durch eine ex post Haftung sicher

---

700 Vgl. *Report of the High Level Group of Company Law Experts on a modern regulatory framework for Company Law in Europe*, Chapter III. 4.4, Brussels, November 4, 2002. Siehe auch *Group of German Experts on Corporate Law*, ZIP 2002, S. 1310, 1314; *dies.*, ZIP 2003, S. 863, 870.

701 Vgl. *Report of the High Level Group of Company Law Experts on a modern regulatory framework for Company Law in Europe*, aaO., Chapter IV 1., 3a) und 4. Weniger kritisch *Group of German Experts on Corporate Law*, aaO., 1315 f.; 872, 874.

702 *Report of the High Level Group of Company Law Experts on a modern regulatory framework for Company Law in Europe*, aaO., Chapter IV 4. a). Weniger kritisch *Group of German Experts on Corporate Law*, aaO., 1315 f.; 872, 874.

703 *Report of the High Level Group of Company Law Experts on a modern regulatory framework for Company Law in Europe*, aaO., Chapter IV 4.

704 Die *Group of German Experts on Corporate Law*, aaO., 1316, 1318; 874, unterstützt diesen Vorschlag allerdings nur im Sinne einer Ergänzung der Garantiekapitalregeln, nicht dagegen als Ersatz oder Alternative.

zu stellen[705], ist nicht zuletzt auch von der *EuGH*-Rechtsprechung zur Niederlassungsfreiheit der Unternehmen in der EU geprägt. Für die Frage, welche materiell-rechtlichen Regelungen auf eine nach ausländischem Recht gegründeten Gesellschaft, die ihren faktischen Verwaltungssitz grenzüberschreitend verlegt, gelten, ist zwischen Gründungs- und Sitztheorie zu unterscheiden. Nach der Gründungstheorie, der etwa die Niederlande und Großbritannien folgen, bestimmt sich das Gesellschaftsstatut nach dem Recht des satzungsmäßigen Sitzes, dem Gründungsort der Gesellschaft[706]. Nach der Sitztheorie hingegen, die etwa das deutsche internationale Gesellschaftsrecht beherrscht, findet auf die Gesellschaft das Recht des Staates Anwendung, in dem sich der tatsächliche Verwaltungssitz befindet[707]. Verlegt nun eine Gesellschaft ihren Verwaltungssitz in einen Mitgliedstaat, der der Sitztheorie folgt, während sie aber ihren Satzungssitz in einem der Gründungstheorie folgenden Mitgliedstaat beibehält, also etwa von den Niederlanden oder Großbritannien nach Deutschland, so fände aufgrund der im Zuzugsstaat geltenden Sitztheorie ein Statutenwechsel statt. Die Gesellschaft müsste nach den materiellen Vorschriften des Aufnahmelandes neu gegründet werden, um dort anerkannt werden zu können[708]. Nach einem Vorlagebeschluss des *BGH*[709] hat der *EuGH*[710] jedoch entschieden, dass eine solche Beschränkung gegen die in Artt. 43 und 48 EG garantierte Niederlassungsfreiheit verstoße. Der Mitgliedstaat, in dem die Gesellschaft ihren Verwaltungssitz verlegt habe, sei verpflichtet, die Rechtsfähigkeit zu achten, die diese Gesellschaft nach dem Recht ihres Gründungsstaates besitze. Das Erfordernis, die Gesellschaft im Zuzugsstaat neu zu gründen, käme der Negierung der Niederlassungsfreiheit gleich[711]. Der *EuGH* räumte jedoch ein, es ließe sich nicht ausschließen, dass zwingende Gründe des Allgemeinwohls, wie der Schutz der Gläubigerinteressen, unter bestimmten Umständen und unter Beachtung bestimmter Voraussetzungen

---

705 Vgl. etwa *Ulmer*, JZ 1999, S. 662, 664 f.; *Wilhelm*, ZHR 167 (2003), S. 520, 542 f.; *Eidenmüller/Rehm*, ZGR 2004, S. 159, 186.

706 *Eidenmüller*, ZIP 2002, S. 2233, 2234; *Behrens*, IPRax 1999, S. 323, 324 f.

707 Vgl. *BGHZ* 51, 27, 28 = NJW 1969, S. 188, 189; *BGHZ* 53, 181, 182 f.; *BGHZ* 78, 318, 334; *BGHZ* 97, 269, 271 = ZIP 1986, S. 643, 644; *Kindler*, NJW 2003, S. 1073; *Leible/Hoffmann*, RIW 2002, S. 925; *dies.*, DB 2002, S. 2203; *Schulz/Sester*, EWS 2002, S. 545; *Kegel/Schurig*, Internationales Privatrecht, § 17 II, S. 501 ff.

708 Vgl. *BGHZ* 97, 270, 271 f.; *Wilhelm*, ZHR 167 (2003), S. 520, 535.

709 ZIP 2000, S. 967 = IPRax 2000, S. 423.

710 ZIP 2002, S. 2037 („*Überseering*") = NJW 2002, S. 3614 = EuZW 2002, S. 754. Siehe daraufhin *BGH*, ZIP 2003, S. 718, 719 („*Überseering*"); *OLG Zweibrücken*, ZIP 2003, S. 849.

711 *EuGH*, aaO., 2044, Tz. 81, 2045, Tz. 93.

Beschränkungen der Niederlassungsfreiheit rechtfertigen können[712]. Manche Stimmen waren daher der Ansicht, dass es EG-rechtlich Bestand haben würde, wenn die Zuzugsstaaten die sitzverlegenden Gesellschaften ihren nationalen Kernvorschriften, wie vor allem die Aufbringung und Erhaltung eines gewissen Mindestkapitals, unterwerfen würden, sofern es um die Frage der Ausübung der gewerblichen Tätigkeit gehe[713]. Der *EuGH* hat jedoch in seiner jüngsten Entscheidung *Inspire Art*[714] anders entschieden. Gegenstand des Urteils war eine als „private company limited by shares" gegründete Gesellschaft englischen Rechts. Sie hatte ihren Satzungssitz im Vereinigten Königreich, übte ihre Geschäftstätigkeit jedoch im Wesentlichen bzw. ausschließlich in den Niederlanden aus. Nach englischem Recht fiel die Gesellschaft unter keine Vorschriften über ein Mindestkapital. Das niederländische Gesetz über formal ausländische Gesellschaften sah dagegen vor, dass das gezeichnete Kapital einer solchen Gesellschaft sich mindestens auf den Betrag des Mindestkapitals belaufen müsse, der für niederländische Gesellschaften mit beschränkter Haftung vorgeschrieben sei, andernfalls die Geschäftsführer unbeschränkt haften. Nach Ansicht der niederländischen Regierung, der sich auch die Bundesregierung anschloss[715], war selbst bei Annahme einer dadurch bewirkten Beschränkung der Niederlassungsfreiheit diese jedenfalls gerechtfertigt. Die Bestimmungen zur Einzahlung und Erhaltung des Mindestkapitals dienten dem Schutz der Gläubiger und Dritter. Sie bezweckten vor allem, die finanzielle Leistungsfähigkeit der Gesellschaften zu stärken und auf diese Weise einen besseren Schutz privater und öffentlicher Gläubiger zu gewährleisten[716]. Dem ist der *EuGH* jedoch nicht gefolgt. Die Gründung einer Gesellschaft zu dem Zweck, der Anwendung des als strenger angesehenen nationalen Gesellschaftsrechts eines anderen Mitgliedstaats zu entgehen, stelle noch keinen Missbrauch des Rechts dar. Es sei gerade Ziel der Vertragsvorschriften über die Niederlassungsfreiheit, es den Gesellschaften, die ihren satzungsmäßigen Sitz innerhalb der Gemeinschaft haben, zu erlauben, mittels einer Agentur, Zweigniederlassung oder Tochtergesellschaft in anderen Mitgliedstaaten tätig zu werden[717]. Schließlich belege auch der Umstand, dass die Gesellschaft ihre Tätigkeit ausschließlich im Mitgliedstaat ihrer Zweigniederlassung ausübe, noch kein missbräuchliches und betrügerisches Verhalten, das es erlauben würde, auf diese die Gemeinschaftsvorschriften über das Niederlassungsrecht nicht anzu-

712 AaO., 2045, Tz. 92.
713 Vgl. *Kindler*, NJW 2003, S. 1073, 1078.
714 ZIP 2003, S. 1885.
715 *EuGH*, aaO., 1892, Tz. 108.
716 *EuGH*, aaO., 1892, Tz. 110. In diesem Sinne auch *BGH*, ZIP 2000, S. 967, 968.
717 *EuGH*, aaO., 1893, Tz. 137. Vgl. auch schon *EuGH*, ZIP 1999, S. 438, 440, Tz. 26 f. („*Centros*") = NJW 1999, S. 2027.

wenden[718]. Die Anwendung nationaler Vorschriften über das Mindestkapital auf in einem anderen Mitgliedstaat gegründeten Gesellschaft, der solche Bestimmungen nicht vorsieht, ist also nach der Rechtsprechung des *EuGH* mit der garantierten Niederlassungsfreiheit unvereinbar. Es ist daher damit zu rechnen, dass bald immer mehr Gesellschaften mit beschränkter Haftung auf den deutschen Markt drängen werden, die in Großbritannien, Irland oder Nordirland, Mitgliedstaaten ohne Vorschriften über ein Mindestkapital[719], gegründet worden, aber in Deutschland tätig sind[720]. Die deutschen Stammkapitalerhaltungsregeln werden dadurch zumindest faktisch außer Kraft gesetzt. Langfristig ist wohl anzunehmen, dass diese Regeln ganz abgeschafft werden[721]. Gerade vor diesem Hintergrund wird die wichtige, zukünftige Rolle der Haftung aus existenzvernichtendem Eingriff deutlich. Durch ihre weitere Etablierung gemäß dem hier entwickelten Konzept könnte sich Deutschland in dem begonnenen Standortwettbewerb behaupten. Eine Abschaffung der Stammkapitalvorschriften würde eine Benachteiligung in Deutschland gegründeter GmbH vermeiden, gleichzeitig aber wäre aufgrund der Haftung aus existenzvernichtendem Eingriff ein wirksamer Gläubigerschutz sicher gestellt. Zudem würden neue Unternehmen von dem „Umweg" einer Gründung im Ausland absehen. Schließlich spricht im Unterschied zu den deutschen Stammkapitalvorschriften, die den gebotenen Gläubigerschutz nur sehr begrenzt gewährleisten und schwerlich den Erforderlichkeitstest im Rahmen der Verhältnismäßigkeitsprüfung bestehen können[722], einiges dafür, dass eine Anwendung der Existenzvernichtungshaftung auf im Ausland gegründete Kapitalgesellschaften mit beschränkter Haftung zumindest im Einzelfall zulässig ist und nicht auf

718 *EuGH*, aaO., 1893, Tz. 139. Vgl. auch schon *EuGH*, ZIP 1999, S. 438, 440, Tz. 29 („*Centros*").

719 Vgl. *Behrens*, in: Die Gesellschaft mit beschränkter Haftung im internationalen und europäischen Recht, GB/NI/EI 16, 18, 44. Mit Wirkung zum 01.01.2004 hat jetzt auch Frankreich die Regelungen über das gesetzlich vorgeschriebene Mindestkapital abgeschafft, vgl. *Becker*, GmbHR 2003, S. 1120.

720 Vgl. auch *Bücker*, FAZ vom 08.10.2003, S. 21, der auf Internetadressen wie www.tschuessdeutschland.de hinweist, die Komplettlösungen für Limited-Gründungen zu Festpreisen anbieten.

721 Siehe etwa den vom BMJ am 29.04.2005 veröffentlichten Referentenentwurf eines Gesetzes zur Neuregelung des Mindestkapitals der GmbH (MindestkapG), durch den das Mindestkapital der Gesellschaft von € 25.000,00 auf € 10.000,00 gesenkt werden sollte. Aufgrund der vorgezogenen Parlamentswahlen konnte der Entwurf in der letzten Legislaturperiode jedoch nicht mehr verwirklicht werden.

722 Vgl. auch *Ulmer*, JZ 1999, S. 662, 664; *Schulz/Sester*, EWS 2002, S. 545, 551; *Zimmer*, Internationales Gesellschaftsrecht, S. 326 ff.; *Behrens*, IPRax 2003, S. 193, 195; *Schanze/Jüttner*, AG 2003, S. 30, 34; *Roth/Altmeppen*, GmbHG, Einleitung, Rn. 24 ff.; *EuGH*, ZIP 1999, S. 438, 441, Tz. 35-37 („*Centros*"); ZIP 2002, S. 2037, 2045, Tz. 91 („*Überseering*").

europarechtliche Bedenken stößt. Der *EuGH* konzediert in der Entscheidung *Inspire Art*[723] weiterhin, dass eine Behinderung der Ausübung der durch den EG-Vertrag garantierten Grundfreiheiten gerechtfertigt sein kann, wenn sie in nicht-diskriminierender Weise angewandt wird, zwingenden Gründen des Allgemeinwohls dient und zur Erreichung des verfolgten Ziels geeignet und erforderlich ist[724]. Kennt das Gründungsrecht keine vergleichbaren Regelungen wie das neue richterrechtlich begründete Haftungsinstitut und käme es bei Nichtanwendung im konkreten Fall zu inakzeptablen Ergebnissen, so ist ein Rückgriff auf das inländische, deutsche Schutzinstrument der Existenzvernichtungshaftung zu Gunsten der Gläubiger gerechtfertigt[725]. Von Bedeutung ist dabei auch, dass das neue Haftungsinstitut nicht nur auf Geschäftsführer, sondern sogar in erster Linie auf die Gesellschafter anwendbar ist, und zwar auch dann, wenn die Ausübung der Weisungsbefugnis noch nicht als eine Übernahme der (faktischen) Geschäftsführung qualifizierbar ist[726]. Sie kann daher über Haftungsinstrumentarien ausländischen Rechts, die sich nur gegen die Geschäftsführer der Gesellschaft richten und den Gesellschafter nur im Falle einer de-facto-Geschäftsführung erfassen[727], hinausgehen und dadurch im Einzelfall den gebotenen Gläubigerschutz effektiver bewirken.

---

723 AaO., 1892, Tz. 133.

724 Siehe auch *EuGH*, ZIP 1999, S. 438, 441, Tz. 34, 38 („*Centros*"); EuZW 1993, S. 322, 324, Tz. 32 („*Kraus*"); NJW 1996, S. 579, 581, Tz. 37 („*Gebhard*").

725 So auch *Wilhelm*, ZHR 167 (2003), S. 520, 541; *Eidenmüller*, ZIP 2002, S. 2233, 2242; *Hirte*, EWS 2002, S. 573, 574; *Weller*, IPRax 2003, S. 207, 209 f.; *Riegger*, ZGR 2004, S. 510, 523 f. Siehe weiter *Ulmer*, JZ 1999, S. 662, 665; *Leible/Hoffmann*, DB 2002, S. 2203, 2207; *Lutter*, BB 2003, S. 7, 10; *Zimmer*, Internationales Gesellschaftsrecht, S. 320, 329, 355; *Schanze/Jüttner*, AG 2003, S. 30, 35.
Vgl. dazu konkret etwa die Entscheidung des *AG Hamburg*, NZI 2003, S. 442, die eine insolvente, englische „Aschenputtel"-Gesellschaft mit Verwaltungssitz in Deutschland zum Gegenstand hatte. Das Gericht nahm aus Gründen des Rechtsmissbrauchs bzw. eines Verstoßes gegen den deutschen *ordre public* eine unbeschränkte Haftung der Gesellschafter an. Zu Recht weisen jedoch *Mock/Schildt*, NZI 2003, S. 444 f. darauf hin, dass in diesem Fall eine Einschränkung der Niederlassungsfreiheit nicht erforderlich war, da effektivere Ansprüche gegen die Geschäftsführer nach englischem Recht aus *wrongful trading* oder *fraudulent trading* in Betracht kamen.

726 Siehe oben Kapitel 4 B) I.

727 So richtet sich etwa die im englischen Raum geltende Haftung des *wrongful trading* nur gegen Geschäftsführer. Eine Erweiterung auf Gesellschafter kommt nur dann in Betracht, wenn es sich um „shadow directors", „Schattendirektoren", handelt.

Kapitel 7: Zusammenfassung

Die Existenzvernichtungshaftung begründet im Wege der Rechtsfortbildung eine Haftung der Gesellschafter, um den gebotenen Gläubigerschutz im GmbH-Recht zu gewährleisten. Die Stammkapitalvorschriften verhindern nicht stets eine Aushöhlung des Gesellschaftsvermögens zu Lasten der Gläubiger. Bestimmte Gesellschaftereingriffe sind schon tatbestandlich nicht unter die gesetzlichen Kapitalerhaltungsregeln subsumierbar, oder aber deren angeordnete Rechtsfolgen können die schädigenden Auswirkungen nicht vollständig abdecken. Aufgrund ihrer bilanziellen Betrachtungsweise schützen sie nicht das Gesellschaftsvermögen in seiner gegenständlichen Zusammensetzung, sondern nur in seinem rechnerischen Wert. Die materiellen Auswirkungen einer Vermögensentnahme bleiben daher oft unberücksichtigt. So spiegelt etwa der Buchwert von Produktionsmitteln ihre wesentliche Bedeutung für die Fähigkeit zur Erhaltung und Weiterführung des Geschäftsbetriebs, d.h. ihren wirtschaftlichen Nutzungswert, bei weitem nicht wider. Darüber hinaus werden die Lasten des Unternehmens durch die Passivseite der Bilanz nicht stets in hinreichender Weise ausgewiesen[728]. Im Extremfall kann z.B. die Entnahme flüssiger Mittel die Gesellschaft unmittelbar in die Zahlungsunfähigkeit führen, ohne gegen das Verbot des § 30 GmbHG zu verstoßen, indem der Gesellschaft die Liquidität entzogen wird, die zur Erfüllung demnächst fälliger und daher noch nicht in die Stichtagsbilanz eingehender Verbindlichkeiten benötigt wird. Die Rechtsfolge der Kapitalerhaltungsregeln sieht lediglich einen Rückgewähranspruch, nicht hingegen einen Schadensersatzanspruch vor. Der der GmbH zugefügte Schaden reicht häufig weit über den konkret entnommenen Geldwert hinaus und bedarf einer Kompensation. Wird der Gesellschaft etwa in einer empfindlichen Phase Liquidität entzogen, die für die Fortführung ihres Geschäftsbetriebs unentbehrlich ist, so kann dies leicht zu einer Anhäufung von nicht erfüllbaren Verbindlichkeiten führen. Diese führen dann nicht nur zu einer Unterbilanz, sondern tief in die Überschuldung. Eine Rückzahlung der entnommenen Barmittel kann den dann verursachten Schaden der Gläubiger nicht mehr abdecken. Dies hängt eng mit den rechtspraktisch wenig effizienten Regeln des Insolvenzrechts zusammen. Selbst bei einem sofort nach Zahlungsunfähigkeit oder Überschuldung gestellten Insolvenzantrag mit anschließendem Insolvenzverfahren entstehen in den allermeisten Fällen Kosten und Verluste, die eine voll-

728 Vgl. *Schön*, ZHR 168 (2004), S. 268, 285.

ständige oder auch nur annähernd vollständige Befriedigung der Gläubiger unmöglich machen. Laufende Verbindlichkeiten der Gesellschaft wie z.B. Miet-, Energie-, Lohnkosten oder Sozialplanansprüche können nicht sofort eingestellt werden und verringern die verbleibende Haftungsmasse. Zudem kommt es im Insolvenzfall zu Zerschlagungsverlusten, da der Liquidationswert des Aktivvermögens meist weit niedriger ist als der Buchwert der einzelnen Gegenstände. Schließlich sind auch die Kosten des Insolvenzverfahrens und die sonstigen Masseverbindlichkeiten zu berücksichtigen, die gemäß § 53 InsO aus der Insolvenzmasse vorweg zu befriedigen sind. Zwar sehen § 64 Abs. 1 GmbHG i.V.m. § 823 Abs. 2 BGB sowie § 64 Abs. 2 GmbHG Schadensersatzansprüche vor, die über die Figur des „faktischen Geschäftsführers" oder die Teilnahmeregeln gemäß §§ 830 Abs. 1 und 2, 840 BGB auch auf die (formal) nichtgeschäftsführenden Gesellschafter Anwendung finden könnten. Sie schaffen jedoch gleichfalls keine Abhilfe, da sie nur gegen eine verspätete Antragstellung und zusätzliche Vermögenseingriffe *nach* Eintritt der Insolvenz schützen. Die vor dem wirtschaftlichen Zusammenbruch der Gesellschaft gesetzten Ursachen für die Insolvenzreife und ihre Folgen werden dagegen nicht erfasst.

Dies war auch das zu bewältigende Kernproblem im früheren qualifizierten faktischen GmbH-Konzern. Das defizitäre Gläubigerschutzsystem des GmbHG wurde durch eine unzulässige Analogie zu den §§ 302, 303 AktG zu beheben versucht. Folge war ein nebulöses, in Voraussetzungen und Rechtsfolgen nicht mehr nachvollziehbares Haftungskonstrukt. Es wurde den konzeptionellen Eigenheiten der Gesellschaftsform der GmbH nicht gerecht. Dagegen bildete die stets betonte Schwierigkeit, dass aufgrund umfassender Einflussnahme einzelne Weisungen und ihre Folgen nicht mehr isolierbar seien, nicht das eigentlich zu bewältigende besondere Gläubigerschutzproblem. Diese Schwierigkeit ließ sich bereits durch die im allgemeinen GmbH-Recht anerkannte Fallgruppe der Durchgriffshaftung wegen Vermögensvermischung ausreichend erfassen.

Der zu Recht an Stelle des qualifizierten faktischen GmbH-Konzerns getretenen Haftung aus existenzvernichtendem Eingriff ist der grundsätzliche Durchbruch gelungen, für die zum Zwecke eines effizienten Gläubigerschutzes gebotene Gesellschafterhaftung an einen Tatbestand *vor* Eintritt der Insolvenzreife der Gesellschaft anzuknüpfen. Es werden bereits die weiter in der Vergangenheit liegenden Ursachen der Insolvenz unter Sanktion gestellt. Die dogmatische Grundlage ist im Gegensatz zur Lösung des *BGH* jedoch nicht in einer Analogie zu §§ 128, 129 HGB zu suchen. Vielmehr handelt es sich um eine Schadensersatzhaftung wegen sorgfaltswidriger Fremdgeschäftsbesorgung. Die Haftung entstammt dem allgemeinen Rechtsgrundsatz des Zivil- und Gesellschaftsrechts, bei fremder Interessenwahrnehmung bestimmten Sorgfaltsanforderungen genügen zu müssen und im Falle des Verstoßes einem Schadensersatzanspruch ausgesetzt zu sein. Die zu qualifizierende Fremdheit der Geschäfte folgt zwingend aus der von der Rechtsordnung der GmbH verliehenen eigenständigen Rechtssubjekteigenschaft. Allein die GmbH ist Schuldnerin der Forderungen der Gläubiger. Gesellschafterhandlungen, die die Fähigkeit der GmbH zur Befriedigung dieser Forderungen betreffen, tangieren mithin das Eigeninteresse der GmbH.

Der Vorzug des Innenhaftungskonzepts liegt darin, dass es sich als Schadensersatzanspruch in ein bekanntes Haftungssystem einordnen lässt, das an klar definierbare Tatbestandsmerkmale anknüpft. Es ist in der Lage eine differenzierte, sachgerechte Lösung zu entwickeln. So begründet es eine Haftung der Gesellschafter nur insoweit wie sie auch vorwerfbar einen Schaden der Gläubiger verursacht haben. Eine nicht gerechtfertigte, unbegrenzte Haftung in Fällen, in denen der Gläubigerschaden teilweise auch auf vom Gesellschafterhandeln unabhängige externe Ursachen zurück zu führen ist, wird vermieden. Gleichwohl vernachlässigt es nicht die praktische Notwendigkeit einer unmittelbaren Zugriffsmöglichkeit der Gläubiger für den Fall der masselosen Insolvenz. Insoweit steht den Gläubigern ein eigenes Verfolgungsrecht analog den aktienrechtlichen Vorschriften[729] zu. Was die Schwierigkeit betrifft, schädigende Eingriffe zu isolieren und die Schadenshöhe zu beziffern, so schaffen die in *TBB*[730] aufgestellten Beweiserleichterungsgrundsätze sowie die zur Verfügung stehende Schätzungsmöglichkeit nach § 287 ZPO ausreichend Abhilfe. Würde man dagegen die Gesellschafter stets für sämtliche Verbindlichkeiten einstehen lassen wollen, käme das der pauschalen, undifferenzierten Haftung im qualifizierten faktischen Konzern gleich. Bereits dort hatte sich gezeigt, dass eine solch weite Haftung willkürliche Ergebnisse zur Folge hat.

Der Tatbestand der Existenzvernichtungshaftung setzt im einzelnen einen pflichtverletzenden Eingriff des Gesellschafters, einen Verletzungserfolg in Form eines Ausfallschadens der Gläubiger, Kausalität, Verschulden und Subsidiarität voraus.

Der pflichtverletzende Eingriff kann sich in jeder Art von direkter oder indirekter *aktiver* Einflussnahme des Gesellschafters auf das Gesellschaftsvermögen ausdrücken. Neben dem klassischen Fall des Entzugs von Vermögenswerten wird ebenso z.B. davon erfasst das Eingehen von Geschäften, die ein Missverhältnis von Gewinnchance und Verlustrisiko aufweisen; die Aufstellung von besonderen Satzungs- und Vertragskonstruktionen, die zwingend zur Folge haben, dass die eine Gesellschaft den Ertrag, die andere dagegen die Kosten trägt; die Begründung von Verbindlichkeiten, die angesichts der Ertragslage der Gesellschaft vor-

729 Vgl. §§ 62 Abs. 2, 93 Abs. 5, 116, 117 Abs. 5, 309 Abs. 4, S. 3, 310 Abs. 4, 317 Abs. 4, 318 Abs. 4, 323 Abs. 1, S. 2 AktG.

730 *BGHZ* 122, 123, 132 f.

aussichtlich nicht erfüllt werden können; strukturelle Maßnahmen wie die Neuausrichtung von Geschäftsfeldern. Eine Pflichtverletzung durch Unterlassen kommt hingegen nicht in Betracht. Der Gesellschafter hat seine Maßnahmen einer Liquiditäts- und Nettovermögensprüfung zu unterziehen. Bei der Liquiditätsprüfung hat er zu beurteilen, ob die Gesellschaft bei Vornahme der beabsichtigten Maßnahme fähig bleibt, ihren gegenwärtigen und absehbaren zukünftigen Verbindlichkeiten nachzukommen. Von besonderer Bedeutung ist dabei, dass sich die Prüfung nicht an den Bilanzen des Unternehmens, sondern an ihren internen Finanzplänen und -kalkulationen orientiert. Soweit der Maßnahme eine Gegenleistung gegenüber steht, ist darauf zu achten, dass ein rein bilanzieller Ausgleich den Gesellschafter vom Vorwurf der Pflichtverletzung noch nicht befreit. Um dem Gläubigerschutz hinreichend gerecht zu werden, ist der *materielle* Wert der Vermögensposition für die Liquiditätserhaltung in die Betrachtung einzubeziehen. Unter dem Nettovermögenstest hat der Gesellschafter zu prüfen, ob ex ante gesehen die Maßnahme nicht eine Überschuldung der Gesellschaft zur Folge haben wird, wobei sämtliche vermögenswerte Positionen ungeachtet ihrer Bilanzierungsfähigkeit in die Betrachtung einzubeziehen sind. Aufgrund der dem GmbH-Gesellschafter eingeräumten weiten Dispositionsfreiheit können Gesellschaftermaßnahmen jedoch nur dann als pflichtwidrig qualifiziert werden, wenn dem Gesellschafter die erhöhte Verschuldensform der groben Sorgfaltswidrigkeit vorzuwerfen ist. Es muss für einen gewissenhaften, sorgfältigen Kaufmann im Zeitpunkt der Vornahme der Handlung unter Zugrundelegung aller erkennbaren Umstände und der sich abzeichnenden Entwicklung evident sein, dass die Maßnahme in nächster Zeit zur Zahlungsunfähigkeit oder Überschuldung führen wird.

Adäquat kausal durch die Pflichtverletzung muss die Insolvenz der GmbH in naher Zukunft herbeigeführt werden. Die Gläubiger müssen einen Ausfallschaden erleiden. Festzustellen ist, ob und inwieweit ohne den Eingriff die Zahlungsunfähigkeit/Überschuldung nicht eingetreten und die Forderungen der Gläubiger erfüllt worden wären. Es genügt dabei der Eintritt einer Schadensvertiefung.

Schließlich ist das neue Haftungsinstitut subsidiär. Es greift erst ein, wenn die vorwerfbare Gesellschaftermaßnahme schon tatbestandlich nicht unter die gesetzlichen Kapitalerhaltungsregeln subsumierbar ist, oder aber die Stammkapitalvorschriften von ihren Rechtsfolgen her den eingetretenen Ausfall nicht vollständig abdecken können. Hierzu zählt auch der Fall, dass der Eingriff einen grob sorgfaltswidrigen Kapitalerhaltungsverstoß zum Gegenstand hat und der Rückerstattungsanspruch gegen einen Teil der Gesellschafter gemäß der Regelung des § 31 Abs. 3 GmbHG beschränkt ist.

Die Haftung aus existenzvernichtendem Eingriff gewährleistet auch im GmbH-Konzern ausreichend den gebotenen Gläubigerschutz. Es besteht kein Bedürfnis für eine darüber hinausgehende konzernspezifische Haftung. Die neue

Haftung erfasst in hinreichender Weise gleichermaßen die privat wie auch die konzernmäßig veranlasste Aushöhlung des Gesellschaftsvermögens. Die regelmäßig angeführte Interessendivergenz im Konzern rechtfertigt keine zusätzliche Haftung. Es würde auf eine unzulässige Präventivhaftung hinauslaufen. Entscheidend ist allein, ob ein Schaden eingetreten ist. Ex post gesehen ist es aber bedeutungslos, ob die rechtswidrige Schädigung konzernmäßig oder privat veranlasst war.

Des Weiteren ist der Existenzvernichtungshaftung der Durchbruch gelungen, dem unzulänglichen Tatbestand der materiellen Unterkapitalisierung ein Ende zu bereiten und den gebotenen Gläubigerschutz durch ein hinreichend differenziertes und auf das notwendige Maß begrenztes Haftungskonzept zu erreichen. Der wesentliche Kern des verfolgten Gläubigerschutzes liegt bei beiden Haftungskonzepten zwar in dem Gedanken, dass die Rechtsform der GmbH den Gesellschaftern die Möglichkeit geben soll, die Risiken ihrer Geschäftstätigkeit überschaubar zu halten und den Zugriff der Gläubiger auf das Gesellschaftsvermögen zu begrenzen, andererseits jedoch keine einseitige Risikoverlagerung auf Kosten der Gläubiger zuzulassen. Die Haftung aus existenzvernichtendem Eingriff geht aber die Problematik mit anderer Akzentsetzung und unter einer anderen Fragestellung heran. Angeknüpft wird an ein an kaufmännischen Standards zu messenden Verhalten des Gesellschafters und nicht an den Umstand der „missbräuchlichen Kapitalausstattung“. Dadurch werden die wirklichen Ursachen der Insolvenz zur Haftungsgrundlage genommen und die vielschichtigen Möglichkeiten zur Aushöhlung des Gesellschaftsvermögens allesamt überzeugend erfasst. Vor diesem Hintergrund ist auch die Durchgriffsfallgruppe des „Institutsmissbrauchs“ nunmehr überholt. Die Haftung aus existenzvernichtendem Eingriff bietet ein überzeugendes, differenziertes Konzept zur Bewältigung sämtlicher „Missbrauchsfälle“.

Die für die Gesellschafter entwickelten Grundsätze der Existenzvernichtungshaftung sind auf das Handeln der Geschäftsführer entsprechend anwendbar. Sie haften zwingend gemäß § 43 Abs. 2 GmbHG, wenn sie existenzvernichtende Weisungen des Gesellschafters ausführen oder solche Eingriffe aufgrund eigenständigen Entschlusses vornehmen.

Schließlich passen sich die in der vorliegenden Untersuchung näher entwickelten Voraussetzungen und Rechtsfolgen der Haftung aus existenzvernichtendem Eingriff gut in die zu beobachtende neuere Tendenz des insbesondere europäischen Gesellschaftsrechts ein, eine Wende dahin gehend vorzunehmen, auf ein gesetzlich garantiertes Stammkapital zu verzichten und statt dessen den Gläubigerschutz durch eine ex post Haftung sicher zu stellen. Der neuen Haftung kommt daher auch langfristig eine wichtige Rolle im Gläubigerschutzsystem des GmbH-Rechts zu.

Literaturverzeichnis

Die Abkürzungen entsprechen dem „Abkürzungsverzeichnis der Rechtssprache" von Hildebert Kirchner und Cornelie Butz, 5. Auflage Berlin 2003.

Adams, Michael, Eigentum, Kontrolle und beschränkte Haftung, Baden Baden 1991.

Altmeppen, Holger, Abschied vom „qualifiziert faktischen" Konzern, Heidelberg 1991.

–, Grenzenlose Vermutungen im Recht der GmbH, DB 1991, S. 2225-2230.

–, Probleme der Konkursverschleppungshaftung, ZIP 1997, S. 1173-1185.

–, Zur Disponibilität der Geschäftsführerhaftung in der GmbH, DB 2000, S. 657-661.

–, Grundlegend Neues zum „qualifiziert faktischen" Konzern und zum Gläubigerschutz in der Einmann-GmbH, ZIP 2001, S. 1837-1847.

–, Gesellschafterhaftung und „Konzernhaftung" bei der GmbH, NJW 2002, S. 321-324.

–, Ausfall- und Verhaltenshaftung des Mitgesellschafters in der GmbH, ZIP 2002, S. 961-968.

–, Zur Entwicklung eines neuen Gläubigerschutzkonzeptes in der GmbH, ZIP 2002, S. 1553-1563.

Armbrüster, Christian, Die treuhänderische Beteiligung an Gesellschaften, Köln, Berlin, Bonn, München 2001.

Assmann, Heinz-Dieter, Gläubigerschutz im faktischen GmbH-Konzern durch richterliche Rechtsfortbildung – Teil 2, JZ 1986, S. 928-938.

Bähr, Biner/ Hoos, Jan-Philipp, Anmerkung zu BGH, Urt. v. 24.11.2003 – II ZR 171/01, GmbHR 2004, S. 304-305.

Banerjea, Nirmal Robert, Haftungsfragen in Fällen materieller Unterkapitalisierung und im qualifizierten faktischen Konzern, ZIP 1999, S. 1153-1162.

Baumbach, Adolf / Hueck, Alfred, GmbH-Gesetz, Kommentar, 17. Auflage, München 2000.

Baums, Theodor, Höchststimmrechte, AG 1990, S. 221-242.

*Bayer, Walter / Fleischer, Holger / Hoffmann-Becking, Michael / Lutter, Marcus / Noack, Ulrich / Röhricht, Volker / Schmidt, Karsten / Ulmer, Peter / Wiedemann, Herbert / Winter, Martin / Zöllner, Wolfgang ("Group of German

Experts on Corporate Law"), Zur Entwicklung des Europäischen Gesellschaftsrechts: Stellungnahme der Group of German Experts on Corporate Law zum Konsultationsdokument der High Level Group of Experts on Corporate Law, ZIP 2002, S. 1310-1324.

–, Zur Entwicklung des Europäischen Gesellschaftsrechts: Stellungnahme der Arbeitsgruppe Europäisches Gesellschaftsrecht (Group of German Experts on Corporate Law) zum Report of the High Level Group of Company Law Experts on a modern Regulatory Framework for Company Law in Europe, ZIP 2003, S. 863-880.

Becker, Jörn, Das gesellschaftsrechtliche Wettbewerbsverbot in der Einmann-GmbH, Frankfurt am Main, Berlin, Bern, New York, Paris, Wien 1997.

Becker, Patricia, Verabschiedung des Gesetzes über die französische Blitz-S.A.R.L., GmbHR 2003, S. 1120-1121.

Behrens, Peter, Ausländisches Recht, Vereinigtes Königreich Großbritannien und Nordirland, Republik Irland, in: Die Gesellschaft mit beschränkter Haftung im internationalen und europäischen Recht, S. 840-895, Berlin, New York 1997.

–, Das Internationale Gesellschaftsrecht nach dem Centros-Urteil des EuGH, IPRax 1999, S. 323-331.

–, Internationales Gesellschaftsrecht nach dem Überseering-Urteil, IPRax 2003, S. 193-207.

Beinert, Stefanie, Die Konzernhaftung für die satzungsgemäß abhängig gegründete GmbH, Köln 1995.

Bender, Gregor, Anmerkung zu BGH, Urt. v. 25.02.2002 – II ZR 196/00, GmbHR 2002, S. 552-554.

Benecke, Martina, Existenzvernichtender Eingriff statt qualifiziert faktischer Konzern: Die neue Rechtsprechung des BGH zur Haftung von GmbH-Gesellschaftern, BB 2003, S. 1190-1195.

Biletzki, Gregor C., Das Prinzip der gesellschaftspolaren Haftungsorientierung – ein die Außenhaftung des GmbH-GF beschränkender Grundsatz?, NZG 1999, S. 286-291.

Bitter, Georg, Konzernrechtliche Durchgriffshaftung bei Personengesellschaften, Köln, Berlin, Bonn, München 2000.

–, Das „TBB“-Urteil und das immer noch vergessene GmbH-Vertragskonzernrecht, ZIP 2001, S. 265-278.

–, Der Anfang vom Ende des „qualifiziert faktischen GmbH-Konzerns“, WM 2001, S. 2133-2141.

–, Anmerkung zu BGH, Urt. v. 25.02.2002 – II ZR 196/00, WuB II C. § 13 GmbHG 2.02, S. 794-796.

Bitter, Walter / Bitter, Georg, Alles klar im qualifiziert faktischen Konzern? Oder: Die Ausweitung der BGH-Rechtsprechung durch das BAG, BB 1996, S. 2153-2160.

Bork, Reinhard, Haftung des GmbH-Geschäftsführers wegen verspäteten Konkursantrags, ZGR 1995, S. 505-528.

Boujong, Karlheinz, Das Trennungsprinzip des § 13 Abs. 2 GmbHG und seine Grenzen in der neueren Judikatur des Bundesgerichtshofes, in: Festschrift für Walter Odersky, S. 739-752, Berlin, New York 1996.

Brandes, Helmut, Grundsätze der Kapitalerhaltung im Vertragskonzern, in: Festschrift für Alfred Kellermann, S. 25-35, Berlin, New York 1991.

Bruns, Patrick, Das „TBB"-Urteil und die Folgen, WM 2001, S. 1497-1511.

–, Existenz-und Gläubigerschutz in der GmbH, WM 2003, S. 815-823.

–, Zur Reichweite der Haftung wegen existenzvernichtenden Eingriffs, NZG 2004, S. 409-411.

Bücker, Thomas, Freie Auswahl im europäischen Gesellschaftsrecht, FAZ vom 08.10.2003, S. 21.

Bundesministerium der Justiz, Bericht über die Verhandlungen der Unternehmensrechtskommission, Köln 1980.

Burbach, Hans-Adolf, Das Recht der konzernabhängigen Personenhandelsgesellschaft, Frankfurt am Main 1989.

Burgard, Ulrich, Die Tatbestandsmerkmale des qualifizierten faktischen GmbH-Konzerns und ihre Konkretisierung nach „TBB", WM 1993, S. 925-934.

–, Die Förder- und Treupflicht des Alleingesellschafters einer GmbH, ZIP 2002, S. 827-839.

–, Garantie- und Verschuldenshaftung von Mitgesellschaftern einer GmbH, NZG 2002, S. 606-608.

–, Anmerkung zu BGH, Urt. v. 17.08.2001 – II ZR 178/99 („*Bremer Vulkan*"), WuB II C. § 13 GmbHG 1.02, S. 149-154.

–, Anmerkung zu BGH, Urt. v. 24.06.2002 – II ZR 300/00 („*KBV*"), WuB II C. § 13 GmbHG 1.03, S. 74-76.

–, Cash Pooling und Existenzgefährdung, in: Gesellschaftsrecht in der Diskussion 2002, VGR Band 6, S. 45-66, Köln 2003.

Burow, Patrick, Einführung in die ökonomische Analyse des Rechts, JuS 1993, S. 8-12.

Bydlinski, Franz, Juristische Methodenlehre und Rechtsbegriff, 2. Auflage, Wien, New York 2001.

Cahn, Andreas, Verlustübernahme und Einzelausgleich im qualifizierten faktischen Konzern, ZIP 2001, S. 2159-2163.

–, Die Ausfallhaftung des GmbH-Gesellschafters, ZGR 2003, S. 298-315.

Canaris, Claus-Wilhelm, Die Feststellung von Lücken im Gesetz, 2. Auflage, Berlin 1983.

–, Die Haftung für fahrlässige Verletzungen der Konkursantragspflicht nach § 64 GmbHG, JZ 1993, S. 649-652.

Decher, Christian E., Die Zulässigkeit des qualifizierten faktischen Aktienkonzerns, DB 1990, S. 2005-2010.

–, Bemerkungen aus der Sicht der Praxis, in: Haftung im qualifiziert faktischen GmbH-Konzern – Verbleibende Relevanz nach dem TBB-Urteil?, S. 25-39, Heidelberg 2002.

Diem, Andreas, Besicherung von Gesellschafterverbindlichkeiten als existenzvernichtender Eingriff des Gesellschafters?, ZIP 2003, S. 1283-1289.

Döllerer, Georg, Verdeckte Gewinnausschüttungen und verdeckte Einlagen bei Kapitalgesellschaften, 2. Auflage, Heidelberg 1990.

Drax, Manfred, Durchgriffs- und Konzernhaftung der GmbH-Gesellschafter, München 1992.

Drüke, Heiner, Die Haftung der Muttergesellschaft für Schulden der Tochtergesellschaft, Köln, Berlin, Bonn, München 1990.

Drygala, Tim, Verhaltenshaftung im faktischen GmbH-Konzern, GmbHR 1993, S. 317-329.

–, Abschied vom qualifizierten faktischen Konzern – oder Konzernrecht für alle?, GmbHR 2003, S. 729-740.

Ebenroth, Carsten Thomas, Die verdeckten Vermögenszuwendungen im transnationalen Unternehmen, Bielefeld 1979.

Ebenroth, Carsten Thomas / Lange, Knut Werner, Sorgfaltspflichten und Haftung des Geschäftsführers einer GmbH nach § 43 GmbHG, GmbHR 1992, S. 69-76.

Ebert, Sabine, Folgepflicht und Haftung des Geschäftsführers beim Erhalt und bei der Ausführung von Weisungen, GmbHR 2003, S. 444-449.

Ehlke, Michael, Konzerninduzierter Haftungsdurchgriff auf den GmbH-Gesellschafter, DB 1986, S. 523-527.

Ehricke, Ulrich, Das abhängige Konzernunternehmen in der Insolvenz, Tübingen 1998.

–, Zur Begründbarkeit der Durchgriffshaftung in der GmbH, insbesondere aus methodischer Sicht, AcP 199 (1999), S. 257-304.

–, Zur Teilnehmerhaftung von Gesellschaftern bei Verletzungen von Organpflichten mit Außenwirkung durch den Geschäftsführer einer GmbH, ZGR 2000, S. 351-383.

Eidenmüller, Horst, Wettbewerb der Gesellschaftsrechte in Europa, ZIP 2002, S. 2233-2245.

Eidenmüller, Horst / Rehm, Gebhard M., Niederlassungsfreiheit versus Schutz des inländischen Rechtsverkehrs: Konturen des Europäischen Internationalen Gesellschaftsrechts, ZGR 2004, S. 159-188.

Elze, Hans, Lücken im Gesetz, München 1916.

Emmerich, Volker, Das GmbH-Konzernrecht (II), AG 1975, S. 285-293.

–, Anmerkung zu BGH, Urt. v. 04.05.1977 – VIII ZR 298/75, NJW 1977, S. 2163.

–, Anmerkung zu BGH, Urt. v. 16.09.1985 – II ZR 275/84, WuB II C. § 13 Abs. 2 GmbHG 1.86, S. 29-31.

–, Nachlese zum Autokran-Urteil des BGH zum GmbH-Konzernrecht, GmbHR 1987, S. 213-221.

–, Der heutige Stand der Lehre vom GmbH-Konzernrecht, AG 1987, S. 1-7.

Emmerich, Volker / Habersack, Mathias, Aktien- und GmbH-Konzernrecht, 2. Auflage, München 2001 und 3. Auflage, München 2003.

–, Konzernrecht, 8. Auflage, München 2005.

Engisch, Karl, Einführung in das juristische Denken, 9. Auflage, Stuttgart 1997.

Enneccerus, Ludwig / Nipperdey, Hans Carl, Allgemeiner Teil des Bürgerlichen Rechts, Erster Halbband, 15. Auflage, Tübingen 1959.

Ensthaler, Jürgen / Kreher, Markus, Verlustausgleichspflicht im qualifizierten faktischen GmbH-Konzern, BB 1995, S. 1422-1430.

Erman, Walter, Bürgerliches Gesetzbuch, Handkommentar, Bänder I und II, 11. Auflage, Köln 2004.

Eschenbruch, Klaus, Konzernhaftung: Haftung der Unternehmen und der Manager, Düsseldorf 1996.

Esters, Florian, Die GmbH als taugliches Objekt von Konzernfinanzierungen und LBOs nach „Bremer Vulkan“ und „KBV“?, GmbHR 2004, S. 105-110.

Fabritius, Andreas, Die Überlassung von Anlagevermögen an die GmbH durch Gesellschafter, Heidelberg 1988.

Fischer, Rudolf, Die Personenvereinigungen, in: Handbuch des gesamten Handelsrechts, Dritter Band, I. Abteilung, Leipzig 1916.

Fischer, Nicole N. / Gasteyer, Thomas, Grenzen der Sicherheitenbestellung bei der GmbH, NZG 2003, S. 517-523.

Fleck, Hans-Joachim, Die Drittanstellung des GmbH-Geschäftsführers, ZHR 149 (1985), S. 387-418.

–, Mißbrauch der Vertretungsmacht oder Treubruch des mit Einverständnis aller Gesellschafter handelnden GmbH-Geschäftsführers aus zivilrechtlicher Sicht, ZGR 1990, S. 31-49.

–, Der Grundsatz der Kapitalerhaltung – seine Ausweitung und seine Grenzen, in: Festschrift 100 Jahre GmbH-Gesetz, S. 391-419, Köln 1992.

Fleischer, Holger, Eigenkapitalersetzende Gesellschafterdarlehen und Überschuldungsstatus, ZIP 1996, S. 773-779.

–, Neue Entwicklungen im englischen Konzernrecht, AG 1999, S. 350-362.

–, Grundfragen der ökonomischen Theorie im Gesellschafts- und Kapitalmarktrecht, ZGR 2001, S. 1-32.

Flume, Werner, Der Gesellschafter und das Vermögen der Kapitalgesellschaft und die Problematik der verdeckten Gewinnausschüttung, ZHR 144 (1980), S. 18-33.

–, Allgemeiner Teil des Bürgerlichen Rechts, Erster Band, Zweiter Teil, Berlin, Heidelberg, New York, Tokio 1983.

–, Die Haftung des GmbH-Geschäftsführers bei Geschäften nach Konkursreife der GmbH, ZIP 1994, S. 337-342.

Franzmann, Knut H., Die sogenannten Durchgriffstatbestände im Privatrecht als Problem einer interessengerechten Risikoverteilung, Frankfurt am Main, Bern, New York, Nancy 1984.

Fuhrmann, Lambertus, Kreditgewährung an Gesellschafter: Ende des konzernweiten Cash-Managements?, NZG 2004, S. 552-555.

Gäbelein, Wolfgang, Unternehmensverträge mit abhängigen GmbH, GmbHR 1989, S. 502-508.

–, Definition eines qualifizierten faktischen Konzerns, AG 1990, S. 185-187.

–, Unternehmensverträge bei der Einpersonen-GmbH, GmbHR 1992, S. 786-788.

Geiger, Andreas, Ökonomische Analyse des Konzernhaftungsrechts, Bergisch-Gladbach, Köln 1993.

Geißler, Markus, Zukunft, Stillstand oder Geltungsverlust für die Durchgriffshaftung im Recht der GmbH?, GmbHR 1993, S. 71-79.

Geitzhaus, Georg, Verlustausgleichspflicht als Motor der Konzernplanung (I), GmbHR 1989, S. 397-406.

Georgiades, Apostolos, Die Anspruchskonkurrenz im Zivilrecht und Zivilprozessrecht, München 1967.

Geßler, Ernst, Bestandsschutz der beherrschten Gesellschaft im Vertragskonzern, ZHR 140 (1976), S. 433-441.

Geßler, Ernst/Hefermehl, Wolfgang/Eckardt, Ulrich/Kropff, Bruno, Aktiengesetz, Kommentar, Band VI: §§ 291-410, München 1994.

Godin, Freiherr von / Wilhelmi, Hans, Aktiengesetz, Kommentar, Band II: §§ 179-410, 4. Auflage, Berlin, New York 1971.

Goette, Wulf, Haftungsvoraussetzungen im qualifiziert faktischen Konzern, DStR 1993, S. 568-572.

–, Der Stand der höchstrichterlichen Rechtsprechung zur Kapitalerhaltung und zum Rückgewährverbot im GmbH-Recht, DStR 1997, S. 1495-1500.

–, Rechtsprechungsbericht, in: Haftung im qualifiziert faktischen GmbH-Konzern – Verbleibende Relevanz nach dem TBB-Urteil?, S. 11-24, Heidelberg 2002.

Görner, Andre/Kling, Michael, Die Ausfallhaftung des GmbH-Gesellschafters (II), GmbHR 2004, S. 778-785.

Gribbohm, Günter, Untreue zum Nachteil der GmbH, ZGR 1990, S. 1-30.

Haas, Ulrich, Geschäftsführerhaftung und Gläubigerschutz, München 1997.

–, Die Gesellschafterhaftung wegen „Existenzvernichtung", WM 2003, S. 1929-1941.

Habersack, Mathias, Anmerkung zu OLG Rostock, Urt. v. 14.10.1998 – 6 U 364/97, NZG 1999, S. 171.

Hachenburg, Max, Gesetz betreffend die Gesellschaften mit beschränkter Haftung (GmbHG), Großkommentar, Erster Band, 8. Auflage, Berlin, New York 1992, Zweiter Band, 8. Auflage, Berlin, New York 1997, Dritter Band, 8. Auflage, Berlin, New York 1997.

Hadden, Tom, Die Regelung der Konzerne in Großbritannien: Sonderbehandlung im Rahmen des allgemeinen Gesellschaftsrechts, in: Das Gesellschaftsrecht der Konzerne im internationalen Vergleich, S. 329-338, Baden-Baden 1991.

Helmke, Britta, Satzungsdurchbrechungen bei der GmbH, Hamburg 2001.

Helmreich, Kilian, Die Gewährung von Darlehen durch die GmbH in der Situation der Unterbilanz an ihre Gesellschafter nach der aktuellen Rechtsprechung des BGH, GmbHR 2004, S. 457-462.

Hennrichs, Joachim, Treupflichten im Aktienrecht, AcP 195 (1995), S. 221-273.

Henze, Hartwig, Die Treupflicht im Aktienrecht, BB 1996, S. 489-499.

–, Treupflichten der Gesellschafter im Kapitalgesellschaftsrecht, ZHR 162 (1998), S. 186-196.

–, Gesichtspunkte des Kapitalerhaltungsgebotes und seiner Ergänzung im Kapitalgesellschaftsrecht in der Rechtsprechung des BGH, NZG 2003, S. 649-659.

Hess, Harald / Weis, Michaela / Wienberg, Rüdiger, Kommentar zur Insolvenzordnung, Band 1, 2. Auflage, Heidelberg 2001.

Hesselmann, Stephan / Hüfner, Peter / Pinkwart, Andreas, Betriebsaufspaltung und Insolvenzrisiko, Stuttgart 1990.

Hirte, Heribert, Anmerkung zu BGH, Urt. v. 23.09.1991 – II ZR 135/90, („*Video*"), WuB II C. § 13 GmbHG 1.92, S. 36-38.

–, Anmerkung zu EuGH, Urt. v. 05.11.2002 – Rs. C-208/00 („*Überseering*"), EWS 2002, S. 573-574.

Hoffmann, Jochen, Das GmbH-Konzernrecht nach dem „Bremer Vulkan"-Urteil, NZG 2002, S. 68-74.

Hoffmann-Becking, Michael, Der qualifizierte faktische AG-Konzern – Tatbestand und Abwehransprüche –, in: Probleme des Konzernrechts, S. 68-86, Heidelberg 1989.

Hölzle, Gerrit, Existenzvernichtungshaftung, Klimapflege und Insolvenzanfechtung, ZIP 2003, S. 1376-1383.

–, Anmerkung zu LAG Köln, Urt. v. 20.06.2003 – 4 Sa 128/03, ZIP 2003, S. 1897-1898.

Hommelhoff, Peter, Die Konzernleitungspflicht, Köln, Berlin, Bonn, München 1982.

–, Eigenkapital-Ersatz im Konzern und in Beteiligungsverhältnissen, WM 1984, S. 1105-1118.

–, Konzernpraxis nach „Video“, DB 1992, S. 309-314.

–, Vorkehr gegen qualifizierte Abhängigkeits- und Konzernlagen, in: Heidelberger Konzernrechtstage: Der qualifizierte faktische GmbH-Konzern, S. 245-266, Köln 1992.

–, Die qualifizierte faktische Unternehmensverbindung: ihre Tatbestandsmerkmale nach dem TBB-Urteil und deren rechtsdogmatisches Fundament, ZGR 1994, S. 395-421.

Hommelhoff, Peter / Hopt, Klaus J. / Lutter, Marcus / Doralt, Peter / Druey, Jean-Nicolas / Wymeersch, Eddy („Forum Europaeum Konzernrecht“), Konzernrecht für Europa, ZGR 1998, S. 672-772.

Hormuth, Mark W., Recht und Praxis des konzernweiten Cash Managements, Berlin 1998.

Huber, Ulrich, Zivilrechtliche Fahrlässigkeit, in: Festschrift für Ernst Rudolf Huber, S. 253-289, Göttingen 1973.

Hueck, Götz / Lutter, Marcus / Mertens, Hans-Joachim / Rehbinder, Eckard / Ulmer, Peter / Wiedemann, Herbert / Zöllner, Wolfgang („Arbeitskreis GmbH-Reform“) Arbeitskreis GmbH-Reform, Thesen und Vorschläge zur GmbH-Reform, Band II, Heidelberg 1972.

Hueck, Goetz / Windbichler, Christine, Gesellschaftsrecht: ein Studienbuch, München 2003.

Hüffer, Uwe, Zur gesellschaftsrechtlichen Treupflicht als richterrechtlicher Generalklausel, in: Festschrift für Ernst Steindorff, S. 59-78, Berlin, New York 1990.

–, Aktiengesetz, Kommentar, 6. Auflage, München 2004.

Immenga, Ulrich, Die personalistische Kapitalgesellschaft, Bad Homburg 1970.

Jahraus, Gerd, Ordnung und Haftung im faktischen GmbH-Konzern, Mannheim 1988.

Joost, Detlev, Grundlagen und Rechtsfolgen der Kapitalerhaltungsregeln in der GmbH, ZHR 148 (1984), S. 27-55.

Jula, Rocco / Breitbarth, Carmen, Liquiditätsausgleich im Konzern durch konzerninterne Darlehen, AG 1997, S. 256-265.

Kahler, Ulrich, Die Haftung des Gesellschafters im Falle der Unterkapitalisierung einer GmbH, BB 1985, S. 1429-1434.

Karollus, Martin, Weitere Präzisierungen zur Konkursverschleppungshaftung, ZIP 1995, S. 269-273.

Kegel, Gerhard / Schurig, Klaus, Internationales Privatrecht, 8. Auflage, München 2000.

Keßler, Jürgen, Die aktienrechtliche Organhaftung im Lichte der „business judgement rule"-eine rechtsvergleichende Betrachtung zum deutschen und US-amerikanischen Recht, in: Festschrift für Prof. Dr. Horst Baumann, Karlsruhe 1999.

–, Kapitalerhaltung und normativer Gläubigerschutz in der Einpersonen-GmbH – zum „beiläufigen" Ende des „qualifizierten faktischen" GmbH-Konzerns, GmbHR 2001, S. 1095-1100.

–, Die Durchgriffshaftung der GmbH-Gesellschafter wegen „existenzgefährdender" Eingriffe – Zur dogmatischen Konzeption des Gläubigerschutzes in der GmbH, GmbHR 2002, S. 945-951.

Kiethe, Kurt / Groeschke, Peter, Darlegungs- und Beweislast für die Haftung im qualifizierten faktischen Konzern, BB 1994, S. 2149-2152.

Kindler, Peter, „Anerkennung" der Scheinauslandsgesellschaft und Niederlassungsfreiheit, IPRax 2003, S. 41-44.

–, Auf dem Weg zur Europäischen Aktiengesellschaft, NJW 2003, S. 1073-1079.

Kleffner, Thomas, Erhaltung des Stammkapitals und Haftung nach §§ 30, 31 GmbHG, Berlin 1994.

Kleindiek, Detlef, Strukturvielfalt im Personengesellschafts-Konzern, Köln, Berlin, Bonn, München 1991.

–, Strukturkonzepte für den qualifizierten faktischen GmbH-Konzern, ZIP 1991, S. 1330-1337.

–, Haftung, freie Beweiswürdigung und Beweiserleichterung im qualifizierten faktischen GmbH-Konzern, GmbHR 1992, S. 574-584.

Kohlmann, Günter, Untreue zum Nachteil des Vermögens einer GmbH trotz Zustimmung sämtlicher Gesellschafter?, in: Festschrift für Winfried Werner, S. 387-404, Berlin, New York 1984.

Kölner Kommentar zum Aktiengesetz, hrsg. von Wolfgang Zöllner, Band 6, Lieferung 1: §§ 291-328 AktG, 2. Auflage, Köln, Berlin, Bonn, München 1987.

Kölner Schrift zur Insolvenzordnung, hrsg. vom Arbeitskreis für Insolvenz- und Schiedsgerichtswesen e.V., 2. Auflage, Herne/Berlin 2000.

Koppensteiner, Hans-Georg, „Existenzvernichtung" der GmbH durch ihren einzigen Gesellschafter, in: Festschrift für Heinrich Honsell, S. 607-623, Zürich, Basel, Genf 2002.

Kort, Michael, Der Abschluss von Beherrschungs- und Gewinnabführungsverträgen im GmbH-Recht, Köln, Berlin, Bonn, München 1986.

–, Zur Vertragsfreiheit bei Unternehmensverträgen, BB 1988, S. 79-84.

–, Handelsregistereintragung bei Unternehmensverträgen im GmbH-Konzernrecht – de lege lata und de lege ferenda, AG 1988, S. 369-376.

–, Zur Treuepflicht des Aktionärs, ZIP 1990, S. 294-297.

Kowalski, André, „TBB" – Rückkehr zu „Autokran"?, GmbHR 1993, S. 253-259.

Krieger, Gerd, Der Tatbestand des qualifizierten faktischen Konzerns, in: Heidelberger Konzernrechtstage: Der qualifizierte faktische GmbH-Konzern, S. 41-59, Köln 1992.

–, Kann die Praxis mit TBB leben?, ZGR 1994, S. 375-394.

Kropff, Bruno, Aktiengesetz: Textausgabe mit Begründung des Regierungsentwurfs und Bericht des Rechtsausschusses, Düsseldorf 1965.

–, Zur Konzernleitungspflicht, ZGR 1984, S. 112-133.

–, Konzerneingangskontrolle bei der qualifiziert konzerngebundenen Aktiengesellschaft, in: Festschrift zum 65. Geburtstag von Dr. Dr. h.c. Reinhard Goerdeler, S. 259-278, Düsseldorf 1987.

Kübler, Bruno M., Die Konkursverschleppungshaftung des GmbH-Geschäftsführers nach der „Wende" des Bundesgerichtshofes – Bedeutung für die Praxis, ZGR 1995, S. 481-504.

Kübler, Bruno M. / Prütting, Hanns, Kommentar zur Insolvenzordnung, Band I, Köln 2004.

Kübler, Friedrich, Haftungstrennung und Gläubigerschutz im Recht der Kapitalgesellschaften, in: Festschrift für Theodor Heinsius, S. 397-424, Berlin, New York 1991.

–, Anmerkung zu BGH, Urt. v. 29.03.1993 – II ZR 265/91, NJW 1993, S. 1204-1205.

–, Gesellschaftsrecht, Lehrbuch, 5. Auflage, Heidelberg 1999.

Kühl, Kristian, Strafrecht Allgemeiner Teil, 4. Auflage, München 2002.

Larenz, Karl, Lehrbuch des Schuldrechts, Band I, Allgemeiner Teil, München 1987.

–, Methodenlehre der Rechtswissenschaft, 6. Auflage, Berlin, Heidelberg, New York, London, Paris, Tokyo, Hong Kong, Barcelona, Budapest 1991.

Larenz, Karl / Canaris, Claus-Wilhelm, Methodenlehre der Rechtswissenschaft, 3. Auflage, Berlin, Heidelberg, New York, Barcelona, Budapest, Hong Kong, London, Mailand, Paris, Tokyo 1995.

Lehmann, Jürgen, Der qualifizierte faktische Konzern – ein Phantom? in: Festschrift für Karl Beusch, S. 479-493, Berlin, New York 1993.

Lehmann, Michael, Das Privileg der beschränkten Haftung und der Durchgriff im Gesellschafts- und Konzernrecht, ZGR 1986, S. 345-370.

–, Schranken der beschränkten Haftung, GmbHR 1992, S. 200-206.

Leible, Stefan / Hoffmann, Jochen, Vom „Nullum" zur Personengesellschaft – Die Metamorphose der Scheinauslandsgesellschaft im deutschen Recht, DB 2002, S. 2203-2207.

–, „Überseering" und das vermeintliche Ende der Sitztheorie, RIW 2002, S. 925-936.

Limmer, Peter, Die Haftungsverfassung des faktischen GmbH-Konzerns, Köln 1992.

–, Die Haftung im qualifizierten faktischen Personengesellschaftskonzern, GmbHR 1992, S. 265-273.

Lutter, Marcus, Theorie der Mitgliedschaft, AcP 180 (1980), S. 84-159.

–, Die zivilrechtliche Haftung in der Unternehmensgruppe, ZGR 1982, S. 244-275.

–, Die Haftung des herrschenden Unternehmens im GmbH-Konzern, ZIP 1985, S. 1425-1435.

–, Der qualifizierte faktische Konzern, AG 1990, S. 179-185.

–, Anmerkung zu BGH, Urt. v. 29.03.1993 – II ZR 265/91 („TBB"), JZ 1993, S. 580-582.

–, Gefahren persönlicher Haftung für Gesellschafter und Geschäftsführer einer GmbH, DB 1994, S. 129-135.

–, Haftungsrisiken des Geschäftsführers einer GmbH, GmbHR 1997, S. 329-335.

–, „Überseering" und die Folgen, BB 2003, S. 7-10.

Lutter, Marcus / Banerjea, Nirmal Robert, Die Haftung wegen Existenzvernichtung, ZGR 2003, S. 402-440.

–, Die Haftung des Geschäftsführers für existenzvernichtende Eingriffe, ZIP 2003, S. 2177-2180.

Lutter, Marcus / Hommelhoff, Peter, GmbH-Gesetz, Kommentar, 16. Auflage, Köln 2004.

Lutter, Marcus / Scheffler, Eberhard / Schneider, Uwe H., Handbuch der Konzernfinanzierung, Köln 1998.

Lutter, Marcus / Timm, Wolfram, Konzernrechtlicher Präventivschutz im GmbH-Recht, NJW 1982, S. 409-420.

Martens, Klaus-Peter, Das Konzernrecht nach dem Referentenentwurf eines GmbH-Gesetzes (II), DB 1970, S. 865-869.

–, Die GmbH und der Minderheitsschutz, GmbHR 1984, S. 265-272.

Mattheus, Daniela / Witt, Carl-Heinz, Bericht über die Diskussion, in: Haftung im qualifiziert faktischen GmbH-Konzern – Verbleibende Relevanz nach dem TBB-Urteil?, S. 73-85, Heidelberg 2002.

Medicus, Dieter, Allgemeiner Teil des BGB, Lehrbuch, 8. Auflage, Heidelberg 2002.

Mertens, Hans-Joachim, Zur Bankenhaftung wegen Gläubigerbenachteiligung, ZHR 143 (1979), S. 174-194.

Mestmäcker, Ernst Joachim, Verwaltung, Konzerngewalt und Rechte der Aktionäre, Karlsruhe 1958.

–, Zur Systematik des Rechts der verbundenen Unternehmen im neuen Aktiengesetz, in: Festgabe für Heinrich Kronstein aus Anlass seines 70. Geburtstages am 12. September 1967, S. 129-150, Karlsruhe 1967.

Meyer, Justus, Haftungsbeschränkung im Recht der Handelsgesellschaften, Berlin 2000.

Michalski, Lutz, Kommentar zum Gesetz betreffend die Gesellschaften mit beschränkter Haftung (GmbH-Gesetz), Band II, München 2002.

Mock, Sebastian / Schildt, Charlotte, Anmerkung zu AG Hamburg, Beschl. v. 14.05.2003– 67 g IN 358/02, NZI 2003, S. 444-445.

Möhring, Ludwig, Schutz der Gläubiger einer konzernabhängigen GmbH, Berlin 1992.

Möhring, Philipp, Zur Systematik der §§ 311, 317 AktG, in: Festschrift für Wolfgang Schilling, S. 253-269, Berlin, New York 1973.

Mülbert, Peter O., Sicherheiten einer Kapitalgesellschaft für Verbindlichkeiten ihres Gesellschafters, ZGR 1995, S. 578-612.

–, Abschied von der „TBB"-Haftungsregel für den qualifizierten faktischen GmbH-Konzern, DStR 2001, S. 1937-1947.

Müller, Klaus J., Darlehensgewährung der GmbH an ihren Gesellschafter, BB 1998, S. 1804-1807.

Müller-Freienfels, Wolfram, Zur Lehre vom sogenannten „Durchgriff" bei juristischen Personen im Privatrecht, AcP 156 (1957), S. 522-543.

Münchener Handbuch des Gesellschaftsrechts, hrsg. von Hans-Joachim Priester und Dieter Mayer, Band 3, Gesellschaft mit beschränkter Haftung, 2. Auflage, München 2003.

Münchener Kommentar zum Aktiengesetz, hrsg. von Bruno Kropff und Johannes Semler, Band 8: §§ 278-328, 2. Auflage, München 2000.

Münchener Kommentar zum Bürgerlichen Gesetzbuch, hrsg. von Kurt Rebmann, Franz Jürgen Säcker und Roland Rixecker, Band 2, §§ 241-432, 3. Auflage,

München 1994, 4. Auflage, München 2001, Band 5, §§ 705-853, 4. Auflage, München 2004.
Münchener Kommentar zur Insolvenzordnung, hrsg. von Hans-Peter Kirchhof, Hans-Jürgen Lwowski und Rolf Stürner, Band 1: §§ 1-102, München 2001.

Nacke, Ralf, Die Durchgriffshaftung in der U.S. amerikanischen Corporation, München 1988.
Nassall, Wendt, Der existenzvernichtende Eingriff in die GmbH: Einwendungen aus verfassungs- und insolvenzrechtlicher Sicht, ZIP 2003, S. 969-977.
Nerlich, Jörg / Römermann, Volker, Insolvenzordnung, Kommentar, München 2004.
Nissing, Karin, Eigeninteresse der Gesellschaft oder Liquidation auf kaltem Wege?, Baden-Baden 1993.

Palandt, Otto, Bürgerliches Gesetzbuch, Kommentar, 64. Auflage, München 2005.
Pleyer, Klemens, Aktienrecht und Unternehmenskonzentration, AG 1959, S. 8-13.
Priester, Hans-Joachim, Unbeschränkte Konzernhaftung des GmbH-Gesellschafters, ZIP 1986, S. 137-146.
–, Liquiditätsausstattung der abhängigen Gesellschaft und unterjährige Verlustdeckung, ZIP 1989, S. 1301-1308.
–, Uneingeschränkter Verlustausgleich – zwingende Folge qualifizierter Konzernherrschaft?, in: Festschrift für Johannes Semler, S. 561-579, Berlin, New York 1993.
–, Die eigene GmbH als fremder Dritter – Eigensphäre der Gesellschaft und Verhaltenspflichten ihrer Gesellschafter, ZGR 1993, S. 512-532.

Raiser, Thomas, 100 Bände BGHZ: GmbH-Recht, ZHR 151 (1987), S. 422-443.
–, Konzernhaftung und Unterkapitalisierungshaftung, ZGR 1995, S. 156-169.
–, Die Haftungsbeschränkung ist kein Wesensmerkmal der juristischen Person, in: Festschrift für Marcus Lutter, S. 637-650, Köln 2000.
–, Recht der Kapitalgesellschaften, 3. Auflage, München 2001.
–, Die Haftung einer Schwestergesellschaft für die Schulden einer anderen Schwester nach dem Urteil „Bremer Vulkan" des BGH, in: Festschrift für Peter Ulmer, S. 493-509, Berlin 2003.
Rehbinder, Eckard, Konzernaußenrecht und allgemeines Privatrecht, Bad Homburg v.d.H., Berlin, Zürich 1969.
–, Treuepflichten im GmbH-Konzern, ZGR 1976, S. 386-399.

–, Zehn Jahre Rechtsprechung zum Durchgriff im Gesellschaftsrecht, in: Festschrift für Robert Fischer, S. 579-603, Berlin, New York 1979.

–, Minderheiten- und Gläubigerschutz im faktischen GmbH-Konzern, AG 1986, S. 85-99.

Riegger, Bodo, Centros – Überseering – Inspire Art: Folgen für die Praxis, ZGR 2004, S. 510-530.

Röhricht, Volker, Die GmbH im Spannungsfeld zwischen wirtschaftlicher Dispositionsfreiheit ihrer Gesellschafter und Gläubigerschutz, in: Festschrift aus Anlaß des fünfzigjährigen Bestehens von Bundesgerichtshof, Bundesanwaltschaft und Rechtsanwaltschaft beim Bundesgerichtshof, S. 83-122, Köln, Berlin, Bonn, München 2000.

–, Die aktuelle höchstrichterliche Rechtsprechung zum Gesellschaftsrecht, in: Gesellschaftsrecht in der Diskussion 2002, VGR Band 6, S. 3-35, Köln 2003.

Römermann, Volker / Schröder, Henning, Aufgabe des qualifiziert faktischen GmbH-Konzerns, GmbHR 2001, S. 1015-1020.

Roth, Günter H., Zur „economic analysis" der beschränkten Haftung, ZGR 1986, S. 371-382.

–, Die Haftung als faktischer Geschäftsführer im Konkurs der GmbH, ZGR 1989, S. 421-433.

–, Unterkapitalisierung und persönliche Haftung, ZGR 1993, S. 170-209.

–, Gläubigerschutz durch Existenzschutz, NZG 2003, S. 1081-1085.

Roth, Günter H. / Altmeppen, Holger, Gesetz betreffend die Gesellschaften mit beschränkter Haftung, 5. Auflage, München 2005.

Rowedder, Heinz, Gesetz betreffend die Gesellschaften mit beschränkter Haftung, 4. Auflage, München 2002.

Schäfer, Hans-Bernd / Ott, Claus, Lehrbuch der ökonomischen Analyse des Zivilrechts, 4. Auflage, Berlin, Heidelberg, New York 2005.

Schanze, Erich, Konzernspezifischer Gläubigerschutz: Vergleich der Regelungsansätze, in: Das Gesellschaftsrecht der Konzerne im internationalen Vergleich, S. 473-504, Baden-Baden 1991.

Schanze, Erich / Jüttner, Andreas, Anerkennung und Kontrolle ausländischer Gesellschaften – Rechtslage und Perspektiven nach der Überseering-Entscheidung des EuGH, AG 2003, S. 30-36.

Scheel, Hansjörg, Konzerninsolvenzrecht, Köln 1995.

Scheffler, Eberhard, Zur Problematik der Konzernleitung, in: Festschrift zum 65. Geburtstag von Dr. Dr. h.c. Reinhard Goerdeler, S. 469-485, Düsseldorf 1987.

–, Der qualifizierte faktische Konzern, AG 1990, S. 173-178.

Schellhammer, Kurt, Schuldrecht nach Anspruchsgrundlagen, 5. Auflage, München 2003.

Schießl, Maximilian, Die Ersatzpflicht des herrschenden Unternehmens im qualifizierten faktischen Konzern, AG 1985, S. 184-188.

Schilling, Wolfgang, Schlusswort am 16. Juni 1988, in: Probleme des Konzernrechts, S. 106-109, Heidelberg 1989.

Schilmar, Boris, Kapitalerhaltung versus Konzernfinanzierung? – Cash Pooling und Upstream Besicherung im Lichte der neuesten BGH-Rechtsprechung, DB 2004, S. 1411-1416.

Schmidt, Karsten, Anmerkung zu BGH, Urt. v. 4.5.1977 – VIII ZR 298/75, NJW 1977, S. 1451-1452.

–, Konzernrecht, Minderheitenschutz und GmbH-Innenrecht, GmbHR 1979, S. 121-134.

–, Zum Haftungsdurchgriff wegen Sphärenvermischung und zur Haftungsverfassung im GmbH-Konzern, BB 1985, S. 2074-2079.

–, Konzernhaftung oder mitgliedschaftliche Haftung des privaten GmbH-Gesellschafters, ZIP 1986, S. 146-149.

–, Konkursverschleppungshaftung und Konkursverursachungshaftung, ZIP 1988, S. 1497-1508.

–, Verlustausgleichspflicht und Konzernleitungshaftung im qualifizierten faktischen GmbH-Konzern, ZIP 1989, S. 545-551.

–, Zum Stand des Konzernhaftungsrechts bei der GmbH, ZIP 1991, S. 1325-1330.

–, Die Vereinsmitgliedschaft als Grundlage von Schadensersatzansprüchen, JZ 1991, S. 157-162.

–, Anmerkung zu BGH, Beschl. v. 20.09.1993 – II ZR 292/91, NJW 1993, S. 2934-2935.

–, Die wundersame Karriere des Unternehmensbegriffs im Reich der Konzernhaftung, AG 1994, S. 189-195.

–, Gesellschafterhaftung und „Konzernhaftung“ bei der GmbH, NJW 2001, S. 3577-3581.

–, Gesellschaftsrecht, 4. Auflage, Köln, Berlin, Bonn, München 2002.

–, Entwicklungen im Recht der Unternehmensinsolvenz, in: Insolvenzrecht 2003, S. 19-36, Köln 2003.

–, Insolvenzverursachungshaftung, in: Die GmbH in Krise, Sanierung und Insolvenz, S. 937-944, 3. Auflage, Köln 2003.

–, Kapitalausstattungsgebot und Kapitalsicherung, in: Die GmbH in Krise, Sanierung und Insolvenz, S. 22-39, 3. Auflage, Köln 2003.

Schnauder, Franz / Müller-Christmann, Bernd, Durchblick: Der zivilrechtliche Schutz des GmbH-Vermögens vor dem Zugriff der Gesellschafter, JuS 1998, S. 980-985.

Schneider, Uwe H., Konzernbildung, Konzernleitung und Verlustausgleich im Konzernrecht der Personengesellschaften, ZGR 1980, S. 511-547.

–, „Kapitalmindernde Darlehen" der GmbH an ihre Gesellschafter, in: Festschrift für Georg Döllerer, S. 537-551, Düsseldorf 1988.

–, Konzernleitung als Rechtsproblem, BB 1981, S. 249-259.

–, Das Recht der Konzernfinanzierung, ZGR 1984, S. 497-537.

–, Neues zum qualifizierten faktischen GmbH-Konzern: Das „TBB"-Urteil, WM 1993, S. 782-784.

Scholz, Franz, Kommentar zum GmbHG, Band I, 9. Auflage, Köln 2000, Band II, 9. Auflage, Köln 2002.

Schön, Wolfgang, Kreditbesicherung durch abhängige Kapitalgesellschaften, ZHR 159 (1995), S. 351-374.

–, Zur „Existenzvernichtung" der juristischen Person, ZHR 168 (2004), S. 268-297.

Schrell, Thomas K. / Kirchner, Andreas, Fremdfinanzierte Unternehmenskäufe nach der KBV-Entscheidung des BGH: Sicherheitenpakete als existenzvernichtender Eingriff?, BB 2003, S. 1451-1456.

Schröder, Henning, Anmerkung zu BGH, Urt. v. 24.06.2002 – II ZR 300/00 („*KBV*"), GmbHR 2002, S. 904-905.

Schulz, Wolf, Die masselose Liquidation der GmbH, Heidelberg 1986.

Schulz, Martin / Sester, Peter, Höchstrichterliche Harmonisierung der Kollisionsregeln im europäischen Gesellschaftsrecht: Durchbruch der Gründungstheorie nach „Überseering", EWS 2002, S. 545-552.

Schwabe, Jörg von, Abgrenzung der weisungsfesten Regelungsbereiche im Vertragskonzern, 1986.

Schwark, Eberhard, Die Haftung des herrschenden Unternehmens im qualifizierten faktischen GmbH-Konzern – BGHZ 95, 330 („*Autokran*"), JuS 1987, S. 443-451.

Serick, Rolf, Rechtsform und Realität juristischer Personen, 2. Auflage, Tübingen 1980.

Servatius, Wolfgang, Nutzungsweise Überlassung von Betriebsmitteln der GmbH an Gesellschafter als Auszahlung gemäß §§ 30, 31 GmbHG, GmbHR 1998, S. 723-727.

Sina, Peter, Grenzen des Konzern-Weisungsrechts nach § 308 AktG, AG 1991, S. 1-10.

Sonnenhol, Jürgen / Groß, Wolfgang, Besicherung von Krediten Dritter an Konzernunternehmen, ZHR 159 (1995), S. 388-417.

Sonnenschein, Jürgen, Der aktienrechtliche Vertragskonzern im Unternehmensrecht, ZGR 1981, S. 429-454.

Sotiropoulos, Georgios, Fragen der Darlehensgewährung der GmbH an ihre Gesellschafter, insbesondere im Gründungs- und Liquidationsstadium, GmbHR 1996, S. 653-658.

Staudinger, Julius von, Kommentar zum Bürgerlichen Gesetzbuch, §§ 249-254, Berlin 1998, §§ 826-829, Berlin 2003.

Stein, Ursula, Das faktische Organ, Köln, Berlin, Bonn, München 1984.

–, Die Normadressaten der §§ 64, 84 GmbHG und die Verantwortlichkeit von Nichtgeschäftsführern wegen Konkursverschleppung, ZHR 148 (1984), S. 207-237.

Stimpel, Walter, Bemerkungen zur BGH-Rechtsprechung zum Gläubigerschutz im faktischen GmbH-Konzern, in: Entwicklungen im GmbH-Konzernrecht, S. 39-52, Berlin, New York 1986.

–, Die Rechtsprechung des Bundesgerichtshofes zur Innenhaftung des herrschenden Unternehmens im GmbH-Konzern, AG 1986, S. 117-123.

–, „Durchgriffshaftung" bei der GmbH: Tatbestände, Verlustausgleich, Ausfallhaftung, in: Festschrift zum 65. Geburtstag von Dr. Dr. h.c. Reinhard Goerdeler, S. 601-621, Düsseldorf 1987.

–, Haftung im qualifizierten faktischen GmbH-Konzern, ZGR 1991, S. 144-161.

–, Zum Auszahlungsverbot des § 30 Abs. 1 GmbHG, in: Festschrift 100 Jahre GmbH-Gesetz, S. 335-361, Köln 1992.

Stobbe, Michael, Die Durchsetzung gesellschaftsrechtlicher Ansprüche der GmbH in Insolvenz und masseloser Liquidation, Köln 2001.

Stodolkowitz, Heinz Dieter, Die Haftung im qualifizierten faktischen GmbH-Konzern nach der Rechtsprechung des Bundesgerichtshofs, ZIP 1992, S. 1517-1528.

Strohn, Lutz, Die Verfassung der Aktiengesellschaft im faktischen Konzern, Köln, Berlin, Bonn, München 1977.

Timm, Wolfram, Grundfragen des „qualifizierten" faktischen Konzerns im Aktienrecht, NJW 1987, S. 977-987.

–, Anmerkung zu BGH, Urt. v. 20.02.1989 – II ZR 167/88, WuB II A. § 302 AktG 1.89, S. 1292-1294.

Tries, Hermann Josef, Verdeckte Gewinnausschüttungen im GmbH-Recht, Köln 1991.

Ulmer, Peter, Der Gläubigerschutz im faktischen GmbH-Konzern beim Fehlen von Minderheitsgesellschaftern, ZHR 148 (1984), S. 391-427.

–, Gesellschafterpflicht zur Erhaltung des satzungsmäßigen Haftungsfonds der GmbH?, ZGR 1985, S. 598-608.
–, Verlustübernahmepflicht des herrschenden Unternehmens als konzernspezifischer Kapitalerhaltungsschutz, AG 1986, S. 123-130.
–, Der Gläubigerschutz im GmbH-Konzern, WPg. 1986, S. 685-692.
–, Schutz der GmbH gegen Schädigung zugunsten ihrer Gesellschafter?, in: Festschrift für Gerd Pfeiffer, Köln, Berlin, Bonn, München 1988.
–, Anmerkung zu BGH, Beschl. v. 01.03.1993 – II ZR 292/91, ZIP 1993, S. 769-772.
–, Zur Haftungsverfassung in der Vor-GmbH, ZIP 1996, S. 733-739.
–, Schutzinstrumente gegen die Gefahren aus der Geschäftstätigkeit inländischer Zweigniederlassungen von Kapitalgesellschaften mit fiktivem Auslandseinsatz, JZ 1999, S. 662-665.
–, Von „TBB" zu „Bremer Vulkan" – Revolution oder Evolution?, ZIP 2001, S. 2021-2029.
–, Gesellschafterhaftung im faktischen Einmann-Konzern ("Konzernhaftung"), in: Haftung im qualifiziert faktischen GmbH-Konzern – Verbleibende Relevanz nach dem TBB-Urteil?, S. 41-72, Heidelberg 2002.
–, Anmerkung zu BGH, Urt. v. 24.06.2002 – II ZR 300/00 („*KBV*"), JZ 2002, S. 1049-1052.

Versteegen, Peter, Konzernverantwortlichkeit und Haftungsprivileg, Köln, Berlin, Bonn, München 1993.
–, Das TBB-Urteil als Wegbereiter einer allgemeinen Intransparenzhaftung in der GmbH?, DB 1993, S. 1225-1231.
Vetter, Jochen, Rechtsfolgen existenzvernichtender Eingriffe, ZIP 2003, S. 601-612.
Vonnemann, Wolfgang, Die Haftung im qualifizierten faktischen GmbH-Konzern, BB 1990, S. 217-223.
–, Haftung von GmbH-Gesellschaftern wegen materieller Unterkapitalisierung, GmbHR 1992, S. 77-83.

Weber, Dolf, GmbH-rechtliche Probleme des Management Buy-Out, ZHR 155 (1991), S. 120-131.
Weber, Martin, Vormitgliedschaftliche Treubindungen, München 1999.
Weimar, Robert, Grundprobleme und offene Fragen um den faktischen GmbH-Geschäftsführer (I), GmbHR 1997, S. 473-480.
Weitbrecht, Cornelius, Haftung der Gesellschafter bei materieller Unterkapitalisierung der GmbH, Köln 1990.

Weller, Marc-Philippe, Scheinauslandsgesellschaften nach Centros, Überseering und Inspire Art: Ein neues Anwendungsfeld für die Existenzvernichtungshaftung, IPRax 2003, S. 207-210.

Wessels, Johannes / Beulke, Werner, Strafrecht Allgemeiner Teil, Lehrbuch, 33. Auflage, Heidelberg 2003.

Westermann, Harm Peter, Grundsatzfragen des GmbH-Konzerns, in: Der GmbH-Konzern, S. 25-49, Köln 1976.

–, Der Tatbestand des qualifizierten faktischen Konzerns, in: Heidelberger Konzernrechtstage: Der qualifizierte faktische GmbH-Konzern, S. 21-40, Köln 1992.

–, Das TBB-Urteil – ein Neuansatz bei der Haftung wegen qualifizierter faktischer Konzernierung?, ZIP 1993, S. 554-558.

–, Haftungsrisiken eines „beherrschenden" GmbH-Gesellschafters, NZG 2002, S. 1129-1138.

Wiedemann, Herbert, Die Bedeutung der ITT-Entscheidung, JZ 1976, S. 392-397.

–, Gesellschaftsrecht, Band I, Lehrbuch, München 1980.

–, Spätlese zu Autokran, ZGR 1986, S. 656-671.

–, Die Unternehmensgruppe im Privatrecht, Tübingen 1988.

–, Reflexionen zur Durchgriffshaftung, ZGR 2003, S. 283-297.

Wilhelm, Jan, Rechtsform und Haftung bei der juristischen Person, Köln, Berlin, Bonn, München 1981.

–, Konzernrecht und allgemeines Haftungsrecht, DB 1986, S. 2113-2120.

–, Kapitalgesellschaftsrecht, 2. Auflage, Berlin 2005.

–, Zurück zur Durchgriffshaftung – das „KBV"-Urteil des II. Zivilsenats des BGH vom 24.6.2002, NJW 2003, S. 175-180.

–, Umgehungsverbote im Recht der Kapitalaufbringung, ZHR 167 (2003), S. 520-545.

Wilhelmi, Rüdiger, Der Grundsatz der Kapitalerhaltung im System des GmbH-Rechts, Baden Baden 2001.

–, Die „neue" Existenzvernichtungshaftung der Gesellschafter der GmbH, DZWiR 2003, S. 45-57.

Winter, Martin, Mitgliedschaftliche Treubindungen im GmbH Recht, München 1988.

–, Eigeninteresse und Treupflicht bei der Einmann-GmbH in der neueren BGH-Rechtsprechung, ZGR 1994, S. 570-594.

Winter, Jaap / Garrido Garcia, José Maria / Hopt, Klaus J. / Rickford, Jonathan / Rossi, Guido / Schans Christensen, Jan / Simon, Joëlle ("*High Level Group of Company Law Experts*"), Report of the High Level Group of Company

Law Experts on a modern regulatory framework for Company Law in Europe, Brussels, 4 November 2002.
Wolf, Martin, Konzernhaftung in Frankreich und England, Köln, Berlin, Bonn, München 1995.
Wüst, Günther, Die unzureichende Eigenkapitalausstattung bei Beschränkthaftern, JZ 1995, S. 990-996.

Ziegler, Klaus, Verlustausgleich und Haftungsdurchgriff beim qualifiziert faktischen GmbH-Konzern, WM 1989, S. 1041-1047.
Ziemons, Hildegard, Die Haftung der Gesellschafter für Einflussnahmen auf die Geschäftsführung der GmbH, Köln, Berlin, Bonn, München 1996.
Zimmer, Daniel, Internationales Gesellschaftsrecht, Heidelberg 1996.
Zöllner, Wolfgang, Die Schranken mitgliedschaftlicher Stimmrechtsmacht bei den privatrechtlichen Personenverbänden, München, Berlin 1963.
–, Einführung in das Konzernrecht, JuS 1968, S. 297-304.
–, Qualifizierte Konzernierung im Aktienrecht, in: Gedächtnisschrift für Brigitte Knobbe-Keuk, S. 369-382, Köln 1997.

Kolibri 360 GmbH
Ferdinand-Jühlke-Straße 7
99095 Erfurt, Deutschland
produktsicherheit@kolibri360.de

Druck:
CPI Druckdienstleistungen GmbH
im Auftrag der
Kolibri 360 GmbH
Ferdinand-Jühlke-Str. 7
99095 Erfurt